财经类专业"十四五"规划新形态教材

智能财务共享服务

主　编／高晓华　陈小梅　吴晓莉
副主编／王珑珑　白　翔　张建峰
　　　　李树叶　伊永莉　张昭君
主　审／侯君邦

图书在版编目(CIP)数据

智能财务共享服务 / 高晓华,陈小梅,吴晓莉主编
. —上海:立信会计出版社,2023.12
 ISBN 978-7-5429-7520-1

 Ⅰ.①智… Ⅱ.①高… ②陈… ③吴… Ⅲ.①财务管理系统-教材 Ⅳ.①F232

 中国国家版本馆 CIP 数据核字(2024)第 013807 号

策划编辑　　王斯龙
责任编辑　　王秀宇
美术编辑　　吴博闻

智能财务共享服务
ZHINENG CAIWU GONGXIANG FUWU

出版发行	立信会计出版社			
地　　址	上海市中山西路 2230 号	邮政编码	200235	
电　　话	(021)64411389	传　　真	(021)64411325	
网　　址	www.lixinaph.com	电子邮箱	lixinaph2019@126.com	
网上书店	http://lixin.jd.com		http://lxkjcbs.tmall.com	
经　　销	各地新华书店			
印　　刷	上海万卷印刷股份有限公司			
开　　本	787 毫米×1092 毫米	1/16		
印　　张	14.75			
字　　数	350 千字			
版　　次	2023 年 12 月第 1 版			
印　　次	2023 年 12 月第 1 次			
书　　号	ISBN 978-7-5429-7520-1/F			
定　　价	48.00 元			

如有印订差错,请与本社联系调换

前　言

在党的二十大精神指导下，为落实《国家职业教育改革实施方案》《会计改革与发展"十四五"规划纲要》（财会〔2021〕27号）、《会计信息化发展规划（2021—2025年）》《教育部关于职业院校专业人才培养方案制订与实施工作的指导意见》等相关职教改革方案的部署指导，本书编写团队立足"十四五"经济社会发展对财务人员的新要求，落实立德树人的教育根本任务，为配合职业院校财会专业的人工智能技术与"财务数字化"职业技能等级证书的"岗课赛证"融通教学，推进各职业院校财务会计类专业的数智化升级和改造，以财政部颁布的最新《企业会计准则》及相关财经法规为依据，契合岗位需求，融合现代新技术、新工艺编写了本书。

本书以智能会计与金融高水平专业群系列教材服务东西部协作为出发点，与新道科技股份有限公司深度合作，以DBE财务共享服务中心实践教学为平台，以实时会计、智能财务、精准税务、敏捷财资为核心理念，将财务会计、管理会计、税务服务、报账服务、财资管理、企业绩效、电子会计档案融为一体。全书基本以鸿途集团水泥有限公司2023年3月的业务为载体，依据岗位需求，选取典型工作任务进行项目式教材内容构建，分为8个项目共20个任务。根据学习规律，从理论认知到实践操作的特点，8个项目具体涉及财务共享认知、财务共享业务处理、财务共享中心运营管理三大方面，项目之间层层渗透、递进，同时本书将相关职业标准、技能等级标准等有关内容及要求有机融合，推进"岗课赛证"融通，使学生全方位理解财务共享服务是什么、为什么需要它、怎样做才能实现它，提升学生对财务共享服务的理论认知、工作基本技能和综合职业素养。

本书具有以下显著特点。

1. 融入思政，深化改革

本书积极响应教育部"思政课程＋课程思政"格局的提倡，坚持"立德树人"的根本目标，挖掘专业思政元素，把思政元素融入会计知识或技能中，进行"会计思政"建设，实现全员、全过程、全方位育人，进一步深化"三教改革"。

2. 内容新颖，结构合理

本书结合数智时代会计转型的特点，内容编写融入新知识、新内容，体现新业态，深入浅出、通俗易懂，结构安排将财务共享理念与会计基本理论知识、实践操作技能有机融合，将枯燥乏味的会计知识系统性、趣味性地呈现出来，力求做到理论知识必要、够用，实践操作突出、扎实，实现会计理论和实训一体化。

3. 项目驱动，任务导向

全书按照业务工作流程编排，设计贯穿"认知＋处理＋总结"的结构并以做项目、完成任务的形式加以设计，所有相关知识点均融入任务，帮助学生在完成任务的过程中掌握相关知识和技能。

4. 岗课赛证，相互融通

全书将"智能财务共享服务"课程与"1＋X"职业技能等级标准中典型的工作岗位、职业院校职业技能大赛"会计实务"赛项中业财一体信息化模块相融汇，实现产教融合、岗课赛证融合，助力学生全面成长。

本书还配套了智慧树在线精品课程，课程网址为 https://coursehome.zhihuishu.com/courseHome/1000092502#teachTeam。

5. 与时俱进，贴近现实

本书利用大数据新技术赋能更新内容，紧跟财政部会计政策、会计准则的新变化，内容及时更新、贴近现实，具有时效性。

6. 校企协同，对接企业

本书的编写团队中来自企业的专家具有丰富的软件操作、财务管理的一线经验，将企业新技术、新理念、新要求融入，根据岗位典型工作任务设计内容，更加满足工作岗位需要。

本书的受众对象较为广泛，既适用于财经商贸类会计专业学生，又适用于财务共享自学者、已有一定会计基础提升技能的职场人士等。

本书由高晓华（山东经贸职业学院）、陈小梅（山东经贸职业学院）、吴晓莉（宁夏财经职业技术学院）共同主编，王珑珑（山东经贸职业学院）、白翔（山东经贸职业学院）、张建峰（山东经贸职业学院）、李树叶（山东经贸职业学院）、伊永莉（山东经贸职业学院）、张昭君（新道科技股份有限公司）担任副主编。侯君邦（山东经贸职业学院）担任本书的主审。此外，李志（山东商业职业技术学院）、魏亚丽（山东省潍坊商业学校）给予了教材思路的设计指导。编者在本书的编写过程中，参考了大量专家、学者的著作、教材等资料，得到了立信会计出版社、新道科技股份有限公司管清喜、王静静的大力支持，在此表示衷心感谢！

由于人工智能技术日新月异，加之编者水平有限，本书可能存在疏漏和不妥之处，敬请广大读者批评指正。

编者

2023 年 12 月

目 录

项目一　财务共享服务认知 ·· 1
　　任务一　认知财务共享服务 ·· 2
　　任务二　走进财务共享服务中心 ·· 8
　　知识巩固 ··· 25
　　技能提升 ··· 25

项目二　智能费用报销共享业务 ··· 26
　　任务一　差旅费报销共享业务 ··· 27
　　任务二　智能商旅报销共享业务 ·· 38
　　任务三　专项费用报销共享业务 ·· 48
　　知识巩固 ··· 56
　　技能提升 ··· 56

项目三　智能采购共享业务 ··· 60
　　任务一　原燃料采购共享业务 ··· 61
　　任务二　备品备件采购共享业务 ·· 75
　　知识巩固 ··· 80
　　技能提升 ··· 81

项目四　智能销售共享业务 ··· 82
　　任务一　产成品销售共享业务 ··· 83
　　任务二　其他商品销售共享业务 ·· 96
　　知识巩固 ··· 105
　　技能提升 ··· 105

项目五　资金共享业务 ·· 107
　　任务一　资金上收下拨共享业务 ·· 108
　　任务二　外部委托付款共享业务 ·· 125
　　任务三　其他收付款结算共享业务 ··· 132

知识巩固 ··· 140
　　技能提升 ··· 140

项目六　固定资产共享业务 ··· 142
　　任务一　固定资产新增共享业务 ·· 143
　　任务二　固定资产变动共享业务 ·· 158
　　任务三　固定资产折旧共享业务 ·· 163
　　知识巩固 ··· 168
　　技能提升 ··· 168

项目七　期末业务智能共享 ··· 170
　　任务一　税务共享 ··· 171
　　任务二　账表共享 ··· 179
　　任务三　电子会计档案管理 ··· 192
　　知识巩固 ··· 203
　　技能提升 ··· 203

项目八　财务共享服务中心运营管理 ····································· 204
　　任务一　财务共享作业绩效管理 ·· 205
　　任务二　财务共享作业质量稽核 ·· 217
　　知识巩固 ··· 228
　　技能提升 ··· 228

参考文献 ·· 229

项目一

财务共享服务认知

知识目标

1. 掌握财务共享服务的概念。
2. 熟悉财务共享服务中心的模式。
3. 理解财务共享服务中心的产生、运营。

能力目标

1. 能够将大数据技术应用于财务共享服务。
2. 能够辨别不同的财务共享服务中心模式。
3. 能够创建财务共享服务中心平台的操作。

素养目标

1. 培养学生爱岗敬业、诚实守信的品质。
2. 培养学生团结协作的从业素质。
3. 提高学生自主学习的能力、分析问题、解决问题的能力。

知识导图

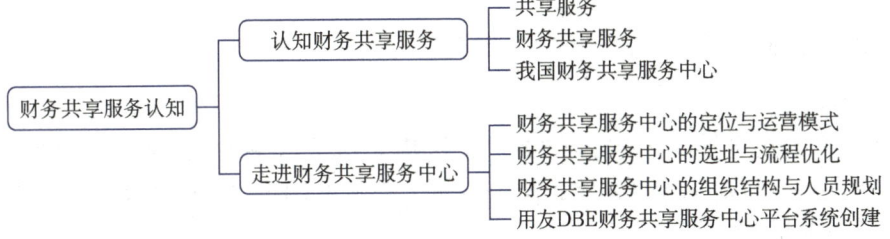

项目导读·思政园地

"坚持科技是第一生产力、创新是第一动力"[①]

2021年12月,财政部印发的《会计信息化发展规划(2021—2025年)》,明确指出了以

[①] 习近平在中国共产党第二十次全国代表大会上作报告,https://www.12371.cn/2022/10/25/ARTI1666705047474465.shtml。

人工智能等新技术为支撑,推动会计工作数字化转型,实现会计职能拓展升级。习近平总书记在中国共产党第二十次全国代表大会上作报告时指出:"坚持科技是第一生产力、人才是第一资源、创新是第一动力,深入实施科教兴国战略、人才强国战略、创新驱动发展战略,开辟发展新领域新赛道,不断塑造发展新动能新优势。"以科技强支撑经济强国家强。

本项目要求学生了解新时代、新技术、新标准的发展,促使财务共享服务产生。财务共享服务不仅仅是核算、报账,而是将业务、财务、管理、考核连接起来,作为新时代下的财务工作者,要转变思路、转变模式,学习新技术,做终身学习的成长者。

任务一　认知财务共享服务

任务情境

1-1-1
鸿途集团的基本情况及管理制度

鸿途集团股份有限公司(简称鸿途集团)始创于1987年,是主要以生产水泥为主的多元化集团民营公司。经过三十余年的发展,已成为集水泥、旅游、铸造为主体的多元化股份制企业。2012年开始,鸿途集团全面实施用友财务产品,2016年启动财务共享服务项目,2018年启动管理会计项目。鸿途集团以160亿元的营业收入进入2018中国企业500强。

任务要求

作为会计人员的你,如何理解财务共享服务?

任务准备

一、共享服务

(一)内涵

1986年,通用电气(GE)成立了"客户业务服务"组织,被视为共享服务的早期模型。

1998年,芭芭拉·奎因在《分享服务:挖掘公司财富》中提到:共享服务 = 以客户为中心 + 服务收费商业经营。

2004年,布莱恩·伯杰伦在《服务共享精神》中提到:共享服务是一种将一部分现有的经营职能(business function)集中到一个新的半自主的业务单元的合作战略设有专门的管理机构,目的是提高效率、创造价值、节约成本以及提高对母公司内部客户的服务质量。

因此,共享服务的本质是一种创新的管理模式、新的管理理念和新的组织架构。

(二)特点

1. 服务性

共享服务以客户需求为导向,以客户满意度为宗旨。

2. 协议性

共享服务需要签署服务水平协议。

3. 规模性

共享服务将业务整合,形成规模经济,进而降低成本。

4. 专业性

共享服务提供专业的知识和人员。

5. 统一性

共享服务有着标准化的业务流程、统一的操作模式、统一流程、统一标准。

6. 技术性

共享服务依靠高效、集成的新一代信息技术。

二、财务共享服务

(一) 概念

财务共享服务是集团企业将分散在各成员单元的同质化、重复性和易于标准化的财务工作剥离出来进行集中处理,这个集中处理的组织被称为财务共享服务中心。

简单讲,财务共享服务中心就是把成员单位的部分财务工作抽取出来集中处理,为成员单位提供财务相关服务。

(二) 特点

财务共享服务同样具备共享服务的相关特点。从企业实践来看,财务工作是最先采用共享服务模式的业务,主要有资源共享与优化利用、成本节约、专业化服务、数据安全与保密性、灵活性与定制化的特点。

1. 资源共享与优化利用

财务共享服务可以在财务管理上实现标准化和优化。不同企业或部门在财务管理上可能存在各自独立的流程和操作习惯,导致资源的碎片化和低效。企业通过引入财务共享服务,可以实现财务流程的标准化,优化资源配置和管理,提高工作效率和财务数据的准确性。

2. 成本节约

通过财务共享服务,企业可以共享财务团队和设备,从而减少重复投资和成本。中小型企业或跨国企业集团,通过共享财务资源可以降低运营成本,可以提高财务管理的效率,大大节约成本。

3. 专业化服务

专业化服务是财务共享服务的重要特点之一,财务共享服务通常由专业的财务人员和团队提供,能够提供高质量的财务服务和建议。它强调在提供财务服务时所涉及的人员和团队具备专业的财务知识和经验。

4. 数据安全与保密性

它是财务共享服务的重要特点之一,财务共享服务通常会涉及企业的敏感财务数据,因此数据安全和保密性是非常重要的。财务共享服务提供商通常会采取严格的安全措施,确保客户数据的安全和保密。

5. 灵活性与定制化

灵活性与定制化是财务共享服务的另一个重要特点。财务共享服务可以根据客户的需求和要求进行定制化，灵活调整服务内容和范围，以满足不同企业的特定需求和目标。

（三）实质

财务共享服务是依托信息技术，以财务业务流程处理为基础，以优化组织结构、规范工作流程、提升管理效率、降低运营成本和创造服务价值为目的，将不同地域、不同法人、同一时间范围内的会计业务拿到一个平台来统一报账、统一核算和报告，从而保证会计记录和报告的标准规范和结构统一。

（四）发展前提

随着全球经济不确定性因素增加，全球化竞争进一步加剧。企业集团如何实现向现代企业集团转型，在多个市场地域保持统一、高效的管理机制，以最低的运营成本获得高效的运作流程，成为企业数字化转型的核心战略之一。

财务共享服务作为财务领域的重大变革，是一项在观念创新基础上流程再造、组织再造、人员再造、系统再造的系统性工程。通过实施财务共享服务，企业可以实现优化组织结构、规范业务流程、提升工作效率、降低运营成本、创造管理价值等目的。

（五）发展历程

财务共享服务发展经历了从1.0到3.0提升的过程，分别为财务信息集中管理阶段、业财税资一体化阶段和财务数智化阶段，每个阶段都有显著的特点。

1. 财务信息集中管理阶段

这是财务共享服务发展的1.0阶段，此阶段主要是对影像平台、作业平台、运营平台，实现移动报账、影像采集、资料邮寄、派单抢单（共享作业）和档案管理；业务主要包括内部员工报销、总账报表、资产管理和合同管理；外部与供应商、客户相关的流程处理以及与银行、税务机关的对接，需要银企直联和报税软件处理。

2. 业财税资一体化阶段

这是财务共享服务发展的2.0阶段，此阶段连接外部的商旅、供应商、电子采购、电子商务及内部的各种业务系统搭建企业实时的交易系统，打通端到端流程的实时数据流；连接政府税务平台，搭建税务管理系统；连接银行金融机构，搭建企业全球资金管理和结算支付系统；通过社会级的连接构建业财税资一体化的财务共享服务中心。

3. 财务数智化阶段

这是财务共享服务发展的3.0阶段，此阶段通过打通企业内外上下游价值链，实现对企业更广泛业务的数字化管理，支持企业实现财务体系、业务流程、商业模式的整合与升级，让财务人员回归以管理会计为核心的企业运营体系，深入企业业务的价值链，基于数据做出前瞻性的分析和预测。此阶段通过应用人工智能、物联网、机器人流程自动化、区块链和协作网络等技术，打造智能预测、自动化报告和交易、前瞻性生态伙伴管理，助力企业降低成本和管控风险并发掘新价值来源，将财务部门打造成企业新的价值创造中心和赋能平台。

我国的企业财务共享服务发展相对晚且缓慢。近几年，随着经济全球化以及信息技术的飞速发展，以中兴、中国平安、中国移动、华为、长虹、海尔、中国工商银行、鞍钢集团、中国国旅、北汽集团、绿城物业等为代表，我国大部分企业构建了本土的财务共享服务中心。

三、我国财务共享服务中心

(一) 产生背景

财务共享服务中心(financial shared service center,FSSC)是近年来出现并流行起来的会计和报告业务管理方式。它是将不同国家、地点实体的会计业务汇总到一个共享服务中心(shared service center,SSC)来记账和报告。

企业集团化经营面临的内生困境和新兴技术应用引发的新外因,促使集团财务管理面临新挑战,从而造就了财务共享服务中心的产生。

1. 集团自身财务管理变革的需要

企业集团总部组织和下属成员企业的组织具有高度的一致性、下属成员企业与下属成员企业之间的内部机构设置又具有高度的相似性。管理层次过多,导致集团从上到下的决策执行力度、管理效果不一。企业集团建立财务共享服务中心后,可以通过将大量分公司、子公司的会计运营工作集中到一个或多个机构中,实行会计处理的规模化"生产",从而大幅度降低运作成本,使整个集团的运作能力比各分散部门独立运作更加有效。

2. 企业财务变革与创新的需求

经济发展促使财务运作模式全方位改变,通过财务组织和流程再造,会计人员从"账房先生"转变为"军事参谋",尽可能挖掘完整信息、优化资源配置、降低财务成本,帮助财务职能实现从会计核算型向价值创造型转变,促进会计管理信息化的快速发展,从而实现经济长远发展。

3. 新信息技术发展的推动

随着移动互联网、电子发票、光学字符识别(OCR)、电子档案、云存储等新一代信息技术在会计领域得到广泛应用,数据采集前端化、核算处理自动化、财务档案无纸化、会计职能服务化、会计核算智能化,财务朝向共享化、数字化、智能化发展,将财务人员从单调而繁重的重复性核算工作中解放出来,进而使财务人员能够更多地投入成本控制、风险管理等高价值工作,推动财务工作从"守护价值"向"创造价值"转型。

1-1-2
电子影像与
电子档案

4. 国家政策颁布的鼓励

2011年8月,国资委发布的《关于加强中央企业财务信息化工作的通知》(国资发〔2011〕99号)中明确指出:"具备条件的企业应当在集团层面探索开展会计集中核算和共享会计服务。"

2013年12月,财政部下发《企业会计信息化工作规范》(财会〔2013〕20号),该规范中的第三十四条明确规定"分公司、子公司数量多、分布广的大型企业、企业集团应当探索利用信息技术促进会计工作的集中,逐步建立财务共享服务中心"。

2014年10月,财政部下发《财政部关于全面推进管理会计体系建设的指导意见》,该意见提出"推进面向管理会计的信息系统建设,鼓励大型企业和企业集团充分利用专业化分工和信息技术优势,建立财务共享服务中心,加快会计职能从重核算到重管理决策的拓展,促进管理会计工作的有效开展"。

2015年12月11日,财务部、国家档案局《会计档案管理办法》,为远程电子化影像进行会计处理和档案管理提供了法规上的有力支撑。

2016年10月,财政部印发的《会计改革与发展"十三五"规划纲要》要求"密切关注大数据、'互联网＋'发展对会计工作的影响,及时完善相关规范,研究探索会计信息资源共享机制、会计资料无纸化管理制度"。

2021年11月,财政部印发了《会计改革与发展"十四五"规划纲要》,明确提出了大力推动会计职能对内对外拓展,研究人工智能等新技术应用于会计基础工作、管理会计实践、财务会计工作和单位财务会计信息系统建设。强调以数字化和标准化为突破口,通过建立会计数据标准体系,推动会计数据治理能力建设。同年12月,财政部印发的《会计信息化发展规划(2021—2025年)》,也明确指出了以人工智能等新技术为支撑,推动会计工作数字化转型,实现会计职能拓展升级。

2022年3月,国务院国有资产监督管理委员会印发《关于中央企业加快建设世界一流财务管理体系的指导意见》,提出主动运用人工智能等新技术,充分发挥财务作为天然数据中心的优势,推动财务管理,从信息化向数字化、智能化转型,努力成为企业数字化转型的先行者、引领者、推动者。

一系列国家政策的出台,促进企业转型升级。

(二) 模式

财务共享服务中心建设是一次财务变革,难度大、风险高,不同企业根据不同的管理基础、业务重点、行业特点以及风险偏好来选择不同模式的财务共享中心。我国企业财务共享中心的模式有单中心模式(又分为单中心业态模式和单中心区域模式)、多中心模式、专业化中心模式等。每种模式各有特点。

1. 单中心业态模式

这种模式是按照不同产业细分共享服务中心,产业共享服务中心负责本产业单位财务共享业务处理。其适用于集团多业态并存,且每种业态内的业务单位较多的情况。其可以根据产业单位的业务特点进行体系定义,体现产业业态的特点。

2. 单中心区域模式

这种模式是在区域设置共享服务中心,负责该区域内不同产业单位财务共享业务处理。其适用于集团规模超大,区域内可服务的单位较多的情况。其优点是距离服务对象较近,业务响应快,便于沟通交流。

3. 多中心模式

这种模式是一套或多套作业系统,建立多个财务共享服务中心,财务共享服务中心相互间没有关联及协作关系。其适用于超大型集团,下设有多个子集团的企业。集团对子集团实行战略管控或财务管控。如果各子集团业务相同,按照行政区域管理;如果各子集团业务差异大,按照业务线管理。例如,中国铝业、中国移动。其优点是多种业态针对性强,贴近客户,便于进行专业服务和业务监督;缺点是财务管理权限分散,多个共享中心协同性差。

4. 专业化中心模式

这种模式是多中心模式下设专业化中心或单中心模式下设专业化分中心,其某类单一业务量足够大。其适用于对税务、资金等某类业务有独立管理需求的集团。其显著特点是某类单一业务量足够大。

(三) 发展历程

我国财务共享服务中心的发展经历了三个阶段。

1. 第一个阶段（2004—2010 年）

这是中国财务共享服务中心启蒙阶段。例如，中国平安、华为、海尔、长虹等企业开始尝试建立财务共享中心，并且以费用流程为最早阶段的主要共享内容。该阶段实现了国内财务共享服务从无到有的突破，技术上以费控系统改造结合影像系统实现对财务共享的支撑。

此阶段的特点是组织结构简单，以实现某区域的单一业务共享服务，不以跨智能资源共享为主要考虑因素，每个共享中心由自身职能负责人进行运营管理。

2. 第二个阶段（2010—2015 年）

国家一系列政策的出台，促使财务共享服务中心进入高速发展和扩张的阶段。财务共享中心从外资、民企进入央企，市场上建设财务共享服务中心逐渐演变成一个浪潮。技术上，财务共享中心追求后发先进性会进行全流程的建设。同时，一些具有前瞻性的企业，在建设共享的同时都会同步进行从业务端到财务端的流程的优化，实现深度的业财融合。

此阶段的特点是实现单个区域多种智能的共享服务，区域内的多职能共享中心运营管理，基础设置、服务管理的资源共享。

3. 第三个阶段（2016 年至今）

随着智能化技术的发展，财务共享服务中心开始注重内部的自动化和智能化变革，通过 OCR、AI 等新信息技术的应用，将财务共享中心从重人力模式向智能化、数智化转变。

此阶段的特点是大量新兴信息技术的出现，促使财务共享服务中心提供更为标准化、专业化、高效率的管理服务。

4. 未来财务共享服务中心发展趋势

数据共享、云服务、全球多职能中心将是财务共享服务中心的未来趋势。领先的财务共享服务中心已经进行自动化与数智化的探索，财务共享服务中心转型成大数据处理及分析中心，为企业实现价值创造。全球化业务布局，成本节约必然促使共享服务中心使用新兴技术，提高业务处理自动化与智能化，系统向云端部署。向更创新、更拓展的全球多职能中心发展，实现共享服务中心全球化，这将是我国现有财务共享服务中心未来的发展趋势。

学习共享服务、财务共享服务、财务共享服务中心的不同点，理解未来会计的发展趋势为数字化、智能化发展。

通过书籍阅览、网络查询等多种方式，查找目前我国采用财务共享模式的企业案例。

认知财务共享服务所涉及的知识点包括共享服务、财务共享、财务共享中心等理论性知识，侧重理解。通过案例查询帮助理解掌握。

 任务评价

表1-1 "认知财务共享服务"任务清单评价表

评价点	权重	工作任务清单	分值	得分
知识	40%	熟悉财务共享的特点、实质、发展历程	20	
		理解财务共享服务中心的模式	20	
技能	20%	查阅资料寻找财务共享模式企业案例	20	
素养	40%	小组成员之间团结协作	20	
		学生能够自主分析案例问题并解决问题	20	
总体评价			100	

任务二 走进财务共享服务中心

 任务情境

鸿途集团是多元化经营的企业集团，主营业务为水泥及熟料销售，另外生产领域铸造、焦化、发电等业务，在旅游板块有旅游景点、酒店及娱乐业务。本书主要业务发生的主体鸿途集团水泥有限公司（以下简称鸿途水泥）是鸿途集团的子公司集团之一。鸿途集团的主营销售应收业务包括以下内容：水泥销售、熟料销售、铸件销售、酒店客房销售、景点门票销售等。鸿途集团的组织结构如图1-1所示。

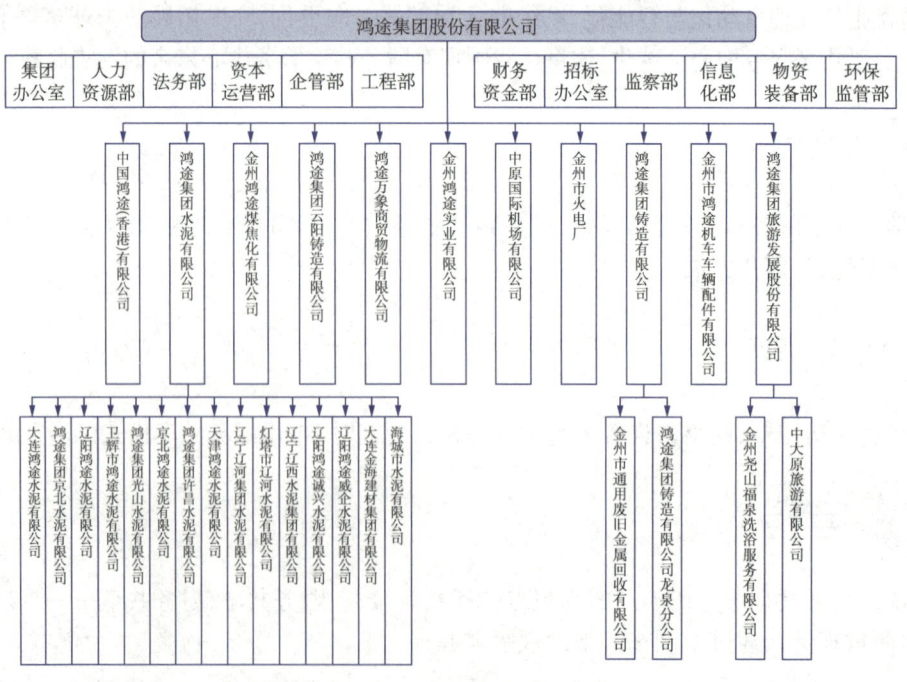

图1-1 鸿途集团的组织结构

鸿途集团顺应时代发展潮流，对传统产业进行数字化变革。集团将从数字水泥进一步拓展到数字铸造、数字焦化、数字旅游等多个领域，以推动打造"数字鸿途"，实现集团的全面转型升级。

任务要求

根据班级情况划分小组，推荐小组长一名，以小组为单位，利用 ERP 沙盘、财务平台等技术搭建财务共享服务中心。

1-2-1
ERP 沙盘
空表

任务准备

一、财务共享服务中心的定位与运营模式

（一）战略定位

财务共享服务中心战略定位有以下几个方面，企业需要根据自身的企业战略来进行优先级排序和选择。

1. 加强集团管控

制定统一的流程制度、建设统一的管理信息系统，形成集团集中化和标准化管理模式，整合财务管理和风险控制资源，对集团下属公司实施财务全程化、实时性监控，提高集团的综合掌控能力，支撑集团公司的发展战略。

2. 降低财务成本

通过对基础性、事务性工作的集中处理，一个财务人员可以处理几个公司的相同岗位的业务，从而在业务量不变的同时减少人员，以此提高财务核算的效率，降低原分散在各单位工作量的处理费用，节约人工成本。

3. 支持企业发展

财务共享服务中心能为新建的子公司提供服务。同时，使更多财务人员从会计核算中解脱出来，能够为公司业务部门的经营管理和高层领导的战略决策提供高质量的财务决策支持，促进核心业务发展。

4. 挖掘数据价值

财务发挥更多的管理职能，为决策层提供具有参考价值的决策分析数据和报表。财务核算也必须更加细致化和专业化，为企业提供更加具有管理价值的财务分析数据，而财务共享服务中心就是企业集团集聚数据资源的最佳平台。

（二）建设目标

财务共享服务中心建设立足财务本身，与公司财务管理战略目标保持一致，纵向服务于公司发展战略，横向匹配公司 IT 信息化建设战略规划，在此基础上明确财务共享服务中心战略定位，定义财务共享服务中心建设的短期目标、中期目标和长期目标。

（三）推进路径选择

财务共享服务的引入是一次财务革命，因此，在建设中不同企业会采用不同的建设路径。一般表现为两种推进路径：一是先试点后推广，即从单业务或单组织试点，逐步推广到全业务或全组织;二是一次性建设,即一次性在全业务全组织范围建设财务共享服务中心。

（四）模式选择

不同企业根据不同的管理基础、业务重点、行业特点以及风险偏好来选择不同模式的财务共享中心。

（五）服务内容

纳入共享服务中心业务的筛选原则如下。

1. 集中管控原则

考虑集中管理的必要性、集中管控力度的要求、业务的重要程度以及异地处理的业务。

2. 财务工作强度原则

考虑占财务工作时间最长的业务、财务工作量最大的业务。

3. 成本效益原则

考虑管理成本的增幅和对管理水平的提高。

依据上述原则,确定共享服务内容,如费用共享、采购到应付共享、销售到应收共享、固定资产共享、资金结算共享以及总账报表共享等。

二、财务共享服务中心的选址与流程优化

（一）选址

选址工作是财务共享服务中心规划建设的关键环节之一,企业在进行财务共享服务中心选址时主要考虑以下因素。

1. 成本因素

成本在财务共享中心的设立过程中始终扮演着原始驱动力的角色。成本远远不止简单的账面计算,而更多地向综合运营效率方向聚焦。

2. 人才保障

企业可以重点考察当地人才的专业技能、教育水平、流动性、人力成本,考察房产价格、自然环境、通信成本和通信质量等因素,还应考虑当地的人文环境、居民的幸福指数。丰富的人力资源供给是财务共享中心选址的核心要素,有利于财务共享服务中心的持续运营与长远发展。

3. "新基建"

"新基建"基础设施、融合平台和科研创新平台是共享服务中心进行选址时的重要决策因素。信息安全等技术问题也是企业评估是采用自建财务共享服务中心模式还是采用外包方式的重要因素。

4. 中西部产业集群

中西部产业集群的形成必将成为我国服务外包产业布局的未来走向。目前,我国服务外包产业已初步形成了"围绕中心城市,协同共进发展"的格局。

（二）流程优化

1. 流程优化路径

所谓流程优化路径,是指企业采取怎样的计划,将财务共享的业务范围和组织范围逐

步扩大。流程优化路径的选择,要考虑对现有业务、组织和人员的影响、人力资源和技能的就绪度、财务共享的实施周期、项目推进难度、系统和基础设施就绪度。

2. 业务职责切分

财务共享服务中心流程梳理和优化的核心是对于财务共享服务中心产生业务交互的流程进行重新评估与再造。借助财务共享服务中心所带来的组织和业务交互模式变革,改善企业在成本、质量服务与响应速度的绩效。

通过一系列包括"风险、复杂和专业程度""规模经济收益""与业务紧密程度""技术可行性"以及"经济可行性"的特质分析,企业可以确定组织内适合建立共享服务的财务工作或流程。

3. 端到端业务流程设计

"端"指企业外部的输入或输出点,这些外部的输出或输入点包括客户、市场、政府或机构以及企业的利益相关者。"端到端业务流程"指以客户、市场、政府或机构及企业利益相关者为输入或输出点的,一系列连贯、有序的活动的组合。

三、财务共享服务中心的组织结构与人员规划

(一)财务组织的总体结构

共享服务建设不仅仅是新增一个职能部门,而是对整个财务组织的全面重组。企业借此变革契机,重新审视财务组织的定位、愿景与发展规划,并相应调整组织、岗位和人员。例如,新增一个组织/部门——财务共享服务中心,减少各级组织中被共享的职能与岗位,结合管理需求,强化部分职能,如业务分析、战略支持、财务组织运营等,梳理各级组织(包括财务与业务、财务内部)的定位与职责,厘清管理界面,消除管理空白、重复与冗余。

(二)财务组织职责调整

当基于财务共享的财务组织向三角财务组织转换后,势必要对相关岗位和职责进行调整,即依据三角财务组织转型,明确划分战略财务、共享财务与业务财务职能的边界。

总体上的做法,是通过适当的财务工作专业分层、分工,形成三角财务组织即战略财务、业务财务、共享财务。

1. 战略财务

集团财务部作为战略财务负责集团运营监控和决策支持,行使对下属企业财务管理职能,包括制定和监督财务会计政策、支撑集团投资决策、进行风险控制,对集团税务筹划、全面预算、成本进行统筹管理等管控型、专家型财务工作。

2. 业务财务

各业务板块或业务单元的财务部门作为业务财务参与到业务全过程,及时发现经营问题,基于财务角度对业务过程进行支持和控制,承担业财融合职责。其中总部财务部门受集团财务领导,负责本公司及下属分支机构一般财务监督、成本费用审核、总部纳税筹划、经营财务分析与决策支持;分支机构财务部负责财务业务监督控制、决策支撑和高附加值的运营管控型及现场型财务工作。

3. 共享财务

财务共享中心负责集团各公司及分支机构的会计基础核算、费用、资金结算等规模型、重复性可标准化处理的财务工作。共享财务要做到专业化、标准化、流程化、集约化。

(三) 财务共享服务中心人员规划——人员三定

所谓人员三定,是指建立财务共享服务中心后,全集团财务人员的定责、定岗、定编。

1. 定责

将从事标准化工作的会计核算人员分离出来,调整到财务共享中心,将财务核算工作和财务管理工作分开,使会计核算工作集中后按专业岗位进行分工作业,实现由财务共享中心集中处理基础性核算服务,有效控制成本与风险。

2. 定岗

集团财务部、原板块及业务单位财务部的岗位中,如果职责保留则岗位保留,否则将取消相应岗位、人员待转岗。

3. 定编

财务共享中心岗位人员配置测算方法有 3 种:业务分析法、对标评测法与数据测算法。

1) 业务分析法

业务分析法是基于对业务性质的特点,并结合现有管理人员及业务人员经验,进行分析评估,最终确定人员需求数量的方法。

2) 对标评测法

对标评测法是对于原先没有岗位设置、无经验值参考、无法进行数据测算的业务,则选取相近口径其他单位的业务进行对标,并在此基础上进行估测。

3) 数据测算法

数据测算法,又称工时法。数据测算法是在业务量和工作效率(人均业务量)确定的基础上,确定人员需求数量的方法。此方法适用于对能够提取到可靠业务量,并能够对单笔业务量所用时间进行测量的项目。

四、用友 DBE 财务共享服务中心平台系统创建

用友 DBE 财务共享服务中心平台系统创建流程如图 1-2 所示。

图 1-2　DBE 财务共享服务中心平台系统创建流程

综合考虑财务共享服务中心的选取,选取后用友 DBE 平台系统创建鸿途集团财务共享服务中心的流程是关键。

任务实施

一、确定财务共享服务中心信息

根据 ERP 沙盘,分小组确定了鸿途集团财务共享服务中心信息表如表 1-2 所示。

表 1-2 鸿途集团财务共享服务中心信息表

项目名称	信息内容
财务共享服务中心名称	鸿途集团财务共享服务中心
财务共享服务中心模式	单中心板块模式
财务共享服务中心地址	河南郑州
财务共享服务中心服务对象	鸿途集团水泥有限公司
	鸿途集团水泥中部区公司 4 家
	鸿途集团水泥北部区公司 12 家
财务共享服务中心服务内容	费用业务共享
	采购应付业务共享
	销售应收业务共享
	固定资产业务共享
	资金结算业务共享
	总账报表共享

二、鸿途集团财务共享服务中心财务职能分工

鸿途集团财务共享服务中心财务职能分工如表 1-3 所示。

表 1-3 鸿途集团财务共享服务中心财务职能分工

职能类别	职能细分	战略财务	板块财务	企业财务	共享财务
基础业务核算职能	交易处理与会计核算			△	▲
	财务报表管理			△	▲
	薪酬税务及财务其他事项			▲	△
	资金收付			△	▲
	票据与档案管理			△	▲
财务运行监控	财务政策与制度	▲	△		
	财务内部控制与风险管理	△	▲	△	
	财务监督检查	▲	▲		

(续表)

职能类别	职能细分	战略财务	板块财务	企业财务	共享财务
价值创造	投筹资管理	▲	△	△	
	资金运作	▲	△		
	纳税筹划	▲	△		
决策支持	财务战略	▲			
	全面预算管理	▲	△	△	
	业绩考核与报告	▲	△	▲	
	公司经济运行监控	▲	△	▲	
	财务状况分析	▲	△	▲	

> 💡 提示
> 主导职能▲辅助职能△，企业财务及板块财务统称公司财务。

三、鸿途集团财务共享服务中心人员规划

1. 定责

对于共享后职责为0的原集团或板块（企业）财务人员全部撤到调整区，等待优化调岗。

2. 定岗

鸿途集团在同时考虑共享后的职责分工、财务人员职级薪酬现状后，设计了共享后财务岗位职级和薪酬水平如表1-4所示。

表1-4 共享后财务岗位职级和薪酬水平

集团职级	战略财务职级序列		板块财务职级序列		共享财务职级序列		年薪（万元）平均13月薪
	经营管理序列M	专业技术序列P	经营管理序列M	专业技术序列P	经营管理序列M	专业技术序列P	
3级	财务总监/部长	首席专家					20
4级	集团财务处长	高级专家	财务经理/部长	高级专家	总经理/主任	高级专家	18
5级	集团财务主管	专家	财务处长	专家	共享财务处长	专家	15
6级	集团财务主办	助理专家	主管	助理专家	主管	助理专家	12
7级	业务员		主办		主办		10
8级					业务员		8

> 3~5 级为财务管理人员。

3．定编

（1）集团财务方面：战略财务全面向管控指导型高端财务人员转型，拟增 2 名财务专家。

（2）业务财务方面：共享后，水泥公司业务财务全面向业财融合的管理会计及成本管控专家转型，初期每家公司（包含拟新建公司）保留 3 名财务编制，包含财务经理 1 人，专家 2 人。

（3）财务共享服务中心财务：鸿途集团财务共享中心人员包含管理人员、业务人员、运营人员，其中管理人员包含中心主任及各处长。业务交易处理人员采用工时法定编；运营人员采用对标评测法定编；管理人员采用业务分析法定编。

四、鸿途集团财务共享服务中心的设定部门

规划设定鸿途集团财务共享服务中心部门如图 1-3 所示。

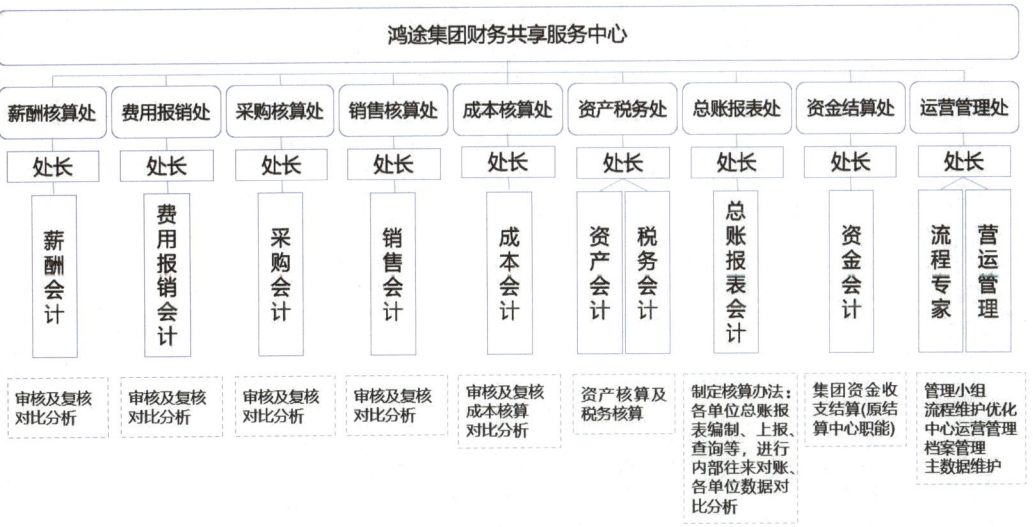

图 1-3　鸿途集团财务共享服务中心部门设置

鸿途集团部分人员及岗位职责如表 1-5 所示。

表 1-5 鸿途集团部分人员设置及职责

用户名称	组织	一级部门	二级部门	角色	职责简要
张春艳	共享中心	采购核算处		应付初审岗角色	审核成本类单据及自动生成会计凭证等
王 希	共享中心	销售核算处		应收审核岗角色	审核收入类单据及自动生成记账凭证等
龚紫棋	共享中心	费用资产处		费用初审岗角色	初审费用类单据等
郑云琪	共享中心	总账成本处		总账主管岗角色	审核记账凭证、总账业务处理等
贾 萌	共享中心	资金结算处		中心出纳岗角色	结算确认付款等
丁 军	共享中心	运营管理处		档案综合岗角色	审核合同及档案存档、管理等
刘 飞	共享中心	费用资产处		资产核算岗角色	负责资产类业务核算等
李兆林	共享中心	采购核算处		应付复核岗角色	复核成本类单据等
刘 涛	共享中心	费用资产处		费用复核岗角色	复核费用类单据等
谭定珍	成员单位	综合办公室	办公室	综合办公室专员角色	负责固定资产实物管理、会议统筹安排及发起相关业务单据流程等
杨天波	成员单位	综合办公室	办公室	综合办公室经理角色	审批固定资产采购、会议安排及资金单据等
王玉兰	成员单位	财务处	财务处办公室	业务财务角色	签订资金类合同;依据业务现状发生收支类与资金类单据等
王 彬	成员单位	财务处	财务处办公室	财务经理角色	审批资金类合同、收支类与资金单据等
范海亮	成员单位	供应处	供应处办公室	采购员角色	负责各类原材料的采购及发起相关业务单据流程等
常 松	成员单位	供应处	供应处办公室	采购经理角色	审批各类原材料的采购及发起相关业务单据等
罗 成	成员单位		仓库	仓管员角色	负责各类原材料采购到货、入库等

(续表)

用户名称	组织	一级部门	二级部门	角色	职责简要
李 军	成员单位	销售处	销售服务办公室	销售员角色	负责各类产成品、其他商品的销售及发起相关业务单据流程等
王 燕	成员单位	销售处	销售服务办公室	销售经理角色	审批各类产成品、其他商品的销售及发起相关业务单据等
陈 岩	成员单位	质控处	物检组	质检员角色	负责各类原材料的到货检验等
郭小明	鸿途集团公司	结算中心		结算中心主任角色	稽核资金类单据、账目等
刘志高	鸿途集团公司	结算中心		资金审核岗角色	审核资金拨付、账实核对等
曲 宁	鸿途集团公司	结算中心		资金结算岗角色	负责成员单位资金归集、拨付指令等
李 玉	鸿途集团公司	总账成本处		共享中心作业组长	作业效率管理
张 强	鸿途集团公司	运营管理处		共享中心运营管理角色	质量管理
刘金涛	成员单位	董事会		总经理角色	审批公司各类授权范围内业务
李 杰	鸿途集团公司	运营管理处		全权用户角色	进行全部功能菜单检查
郑 鸿	鸿途集团公司	运营管理处		集团管理员角色	负责系统配置等
智能审核	鸿途集团公司	费用资产处		岗位智能审核角色	自动审批单据

五、完成财务共享中心基础配置

根据上述情况,创建"01 鸿途集团财务共享服务中心",其业务单元为鸿途集团水泥有限公司及其下属公司共 16 家公司,服务范围为"采购管理""销售管理"以外的所有业务服务。鸿途集团财务共享服务中心有作业组如表 1-6 所示。

表 1-6　财务共享中心作业组

编码	作业组名称	作业组职责	单据类型
01	应付组	处理应付付款类单据	应付单、付款单、主付款结算单
02	应收组	处理应收收款类单据	应收单、收款单、主收款结算单
03	费用组	处理费用报销类单据	主报销单
04	档案综合组	处理收付款合同	供应商申请单、收款合同、付款合同
05	资产组	处理资产类业务	资产变动、新增资产审批单

备注:①不需要复核环节;②提取方式为处理完毕后提取,每次提取任务量为"1"。

共享中心作业组用户及岗位分工如表 1-7 所示。

表 1-7　共享中心作业组用户及岗位分工

用户名称	作业组	角色
李　玉	共享中心作业组长	作业效率管理
张春艳	应付组	应付初审岗
王　希	应收组	应收审核岗
龚紫琪	费用组	费用初审岗
丁　军	档案综合组	档案综合岗
刘　飞	资产组	资产核算岗

1-2-2 财务共享中心创建

操作步骤为:

(1)创建共享中心。系统管理员登录 NCcloud 平台(简称 NCC 系统),点击【共享中心委 01 托关系】,再点击【创建共享中心】,进入创建共享中心界面。点击【新增】,录入信息:编码 01,名称鸿途集团财务共享服务中心,业务单元选择 1003 鸿途财务共享服务中心,点击【确定】,点击【保存】。创建共享中心如图 1-4 所示。

(2)设置委托关系。点击【设置委托关系】,选择创建的共享中心"鸿途集团财务共享服务中心",点击【新增】,选择业务单元"2001 鸿途集团水泥有限公司",勾选"包含下级",点击【确定】。勾选服务范围"费用管理""应付管理""现金管理""总账""资产管理""应收管理""固定资产""工单""收付款合同""基础档案",注意"销售管理"和"采购管理"不勾选。设置委托关系如图 1-5 所示。

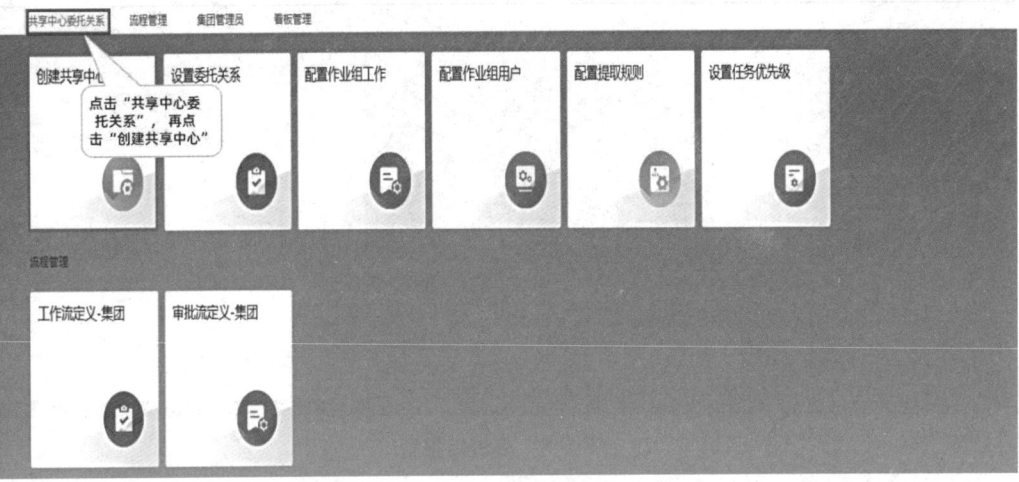

图 1-4 创建共享中心

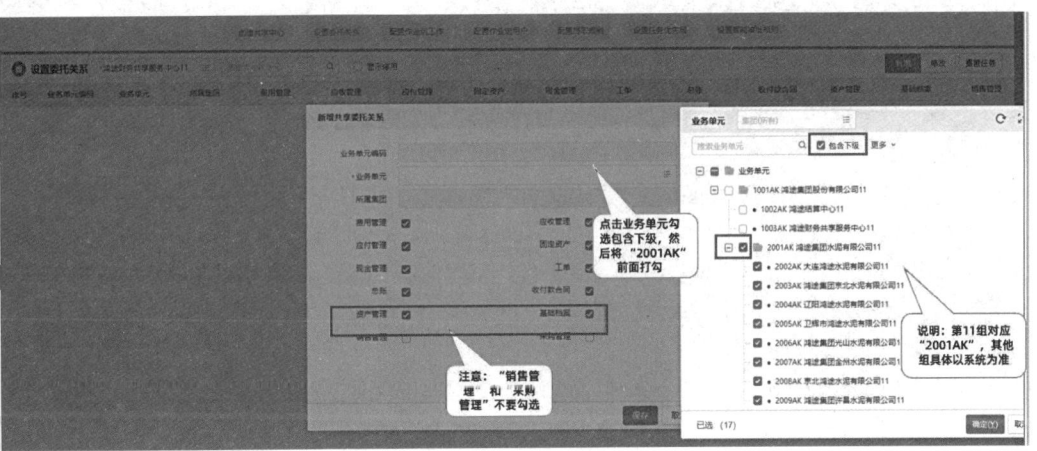

图 1-5 设置委托关系

(3) 配置作业组作业。选择共享中心"鸿途集团财务共享服务中心",选中【工作组】,点击【新增】。录入编码 01,名称应付组,点击【保存新增】。依次按要求录入 02 应收组至 05 资产组并【保存新增】,关闭退出。设置作业组职责,以应付组为例,选中【应付组】,点击【新增】,规则名称"应付审核",共享环节选择【共享审核】,单据类型选择"应付单、付款单、主付款结算单",点击【确定】。交易类型、单位范围等选择默认即可,点击【保存】。依次根据资料,依次增加"应收组""费用组""档案综合组""资产组"的职责,包括规则名称、共享环节和单据类型,其他选择默认。配置的各作业组如图 1-6 至图 1-10 所示。

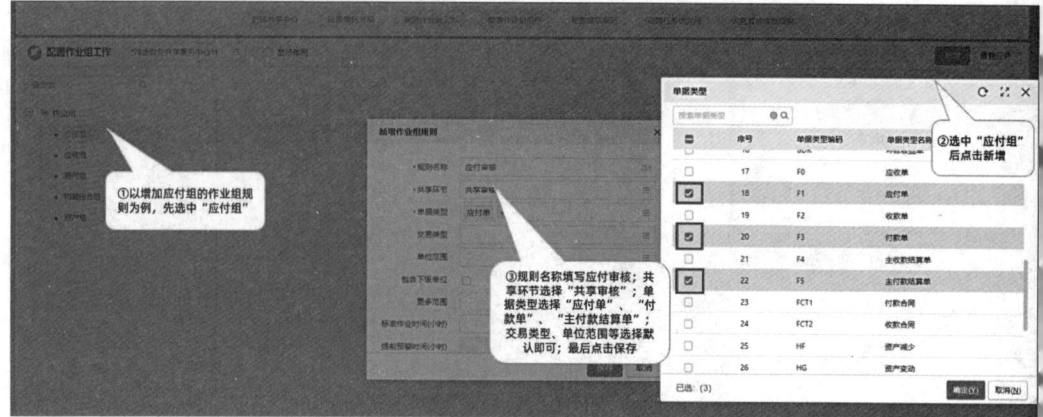

图 1-6 应付组配置

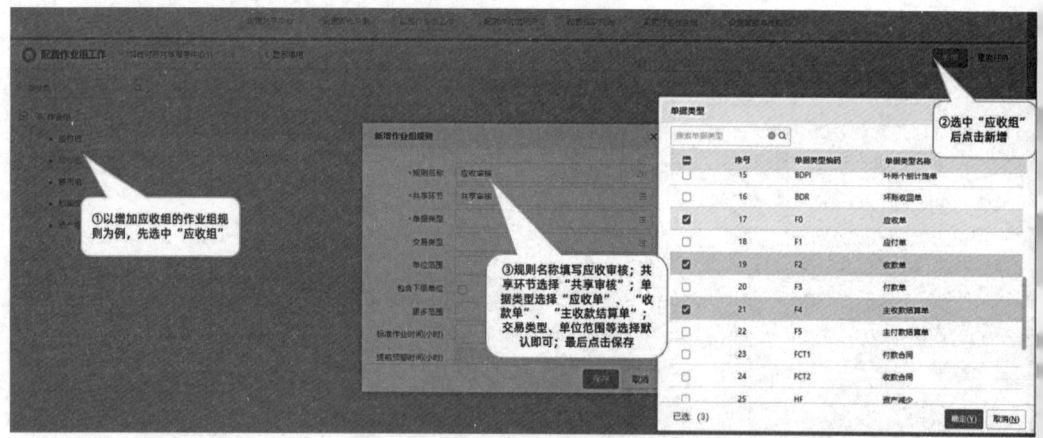

图 1-7 应收组配置

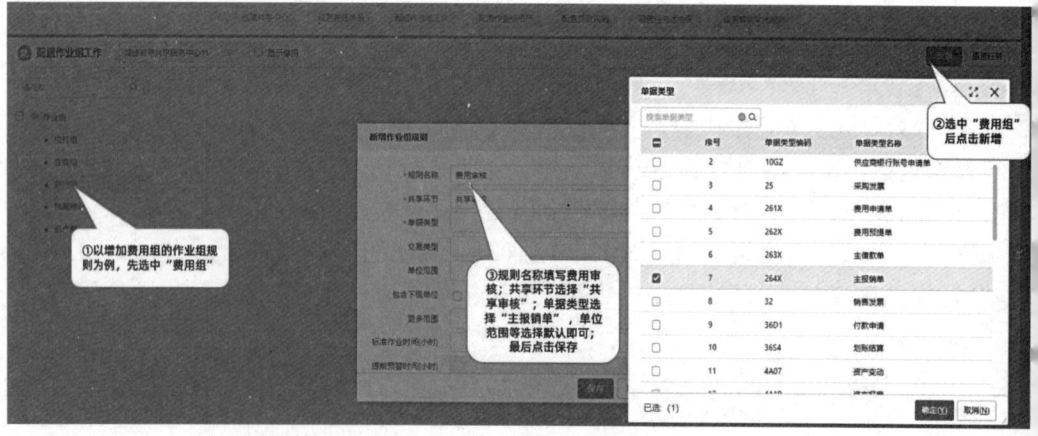

图 1-8 费用组配置

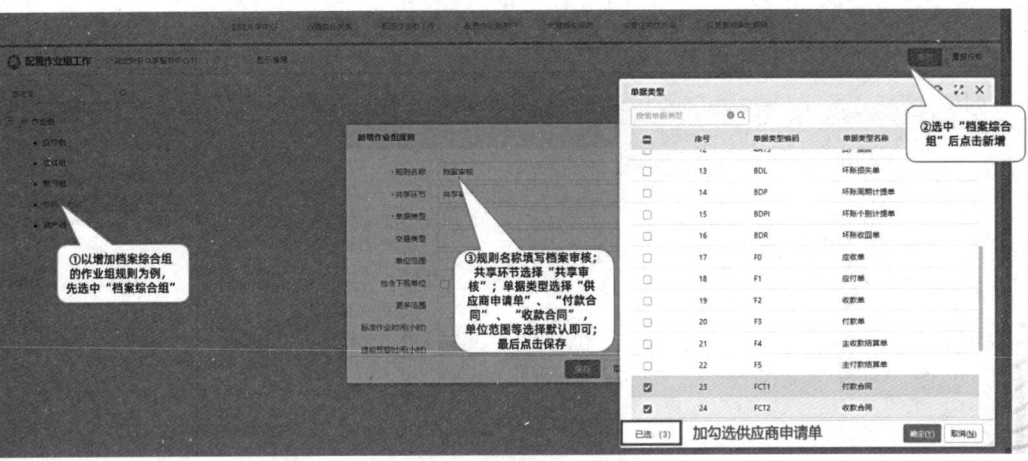

图 1-9 档案综合组配置

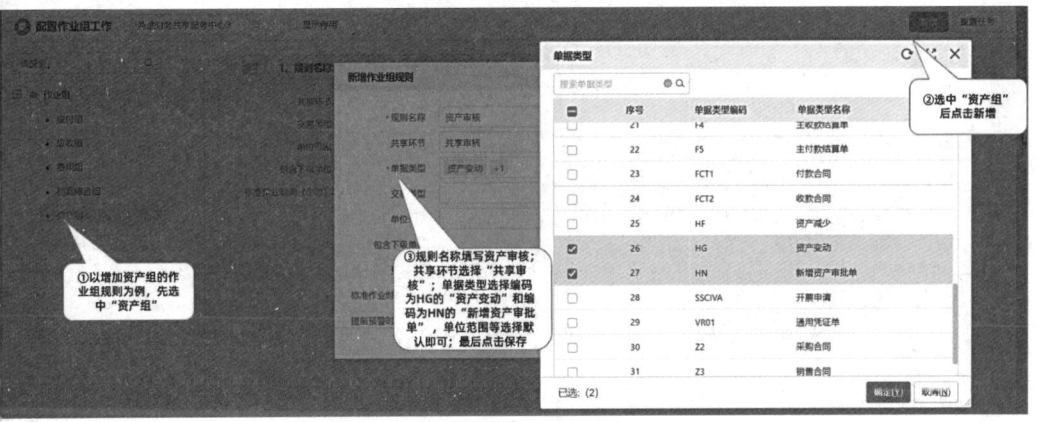

图 1-10 资产组配置

> **提示**
>
> "资产组"中的"资产变动"选择编码是"HG"的"资产变动",只增加"共享审核"环节,视情况增加"共享复核"。

(4) 配置工作组用户。点击【配置工作组用户】,首先设置作业组组长李玉。先选择共享中心"鸿途集团财务共享服务中心",选中"应付组",点击【+组长】,增加组长。点击【用户】后面的搜索框,然后在弹出的【业务单元+集团】中勾选包含下级,然后将根节点前面的框进行勾选,搜索李玉,勾选"李玉",然后点击【确定】。依次设置"应收组""费用组""档案综合组""资产组"组长都是李玉,增加共享中心组长李玉如图 1-11 所示。

其次设置各工作组组员。先选中"应付组"这一行,点击【+组员】,点击【用户】后面的搜索框,然后在弹出的【业务单元+集团】中勾选包含下级,然后将根节点前面的框进行勾选,搜索张春艳,勾选"张春艳",然后点击【确定】。增加应付组组员张春艳如图 1-12 所示。依次设置"应收组"组员王希,"费用组"组员龚紫琪,"档案综合组"组员丁军,"资产组"组员刘飞,依次增加各组组员如图1-13所示。

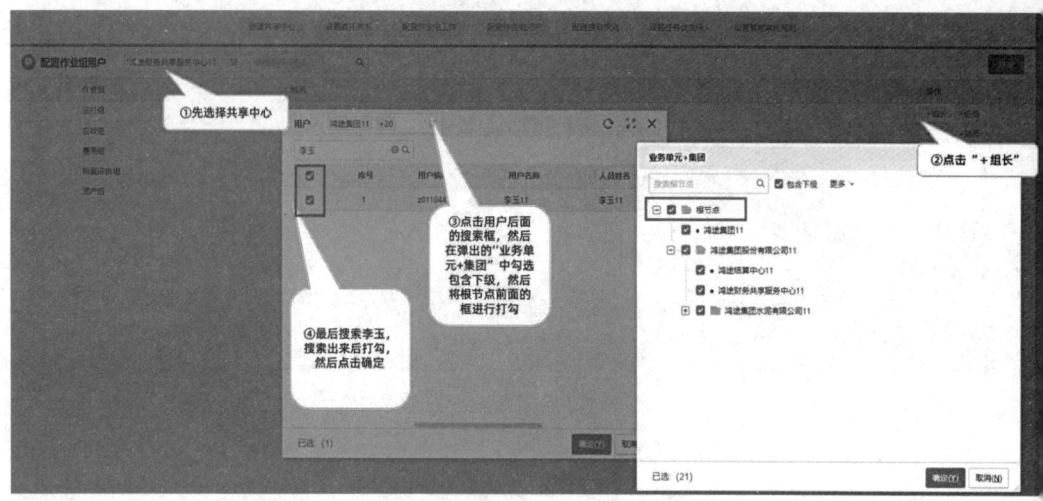

图1-11 增加共享中心组长李玉

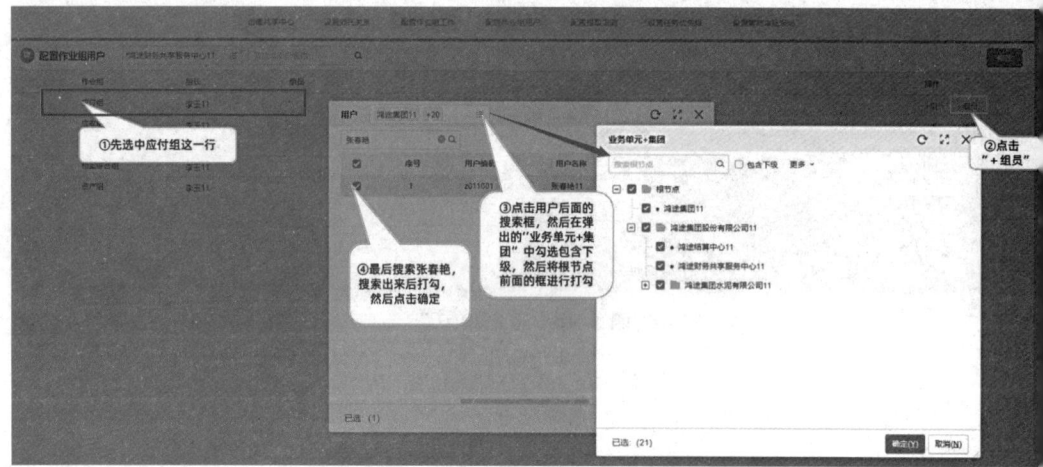

图1-12 增加应付组组员张春艳

图1-13 依次增加各组组员

提示

如果组长、组员加错了,则选中有问题行,然后点击【修改】。然后,单击有问题的组长或组员即可选择到下方的已选框里面,检查已选里面待删除的组长或组员无误后点击【删除】,删除后点击【保存】即可。例如,"资产组"组员误加了"郑云琪",选中"资产组"所在行,点击【修改】,单击"郑云琪",检查无误,点击【删除】,删除后点击【保存】即可,删除非小组组员的操作如图1-14所示。

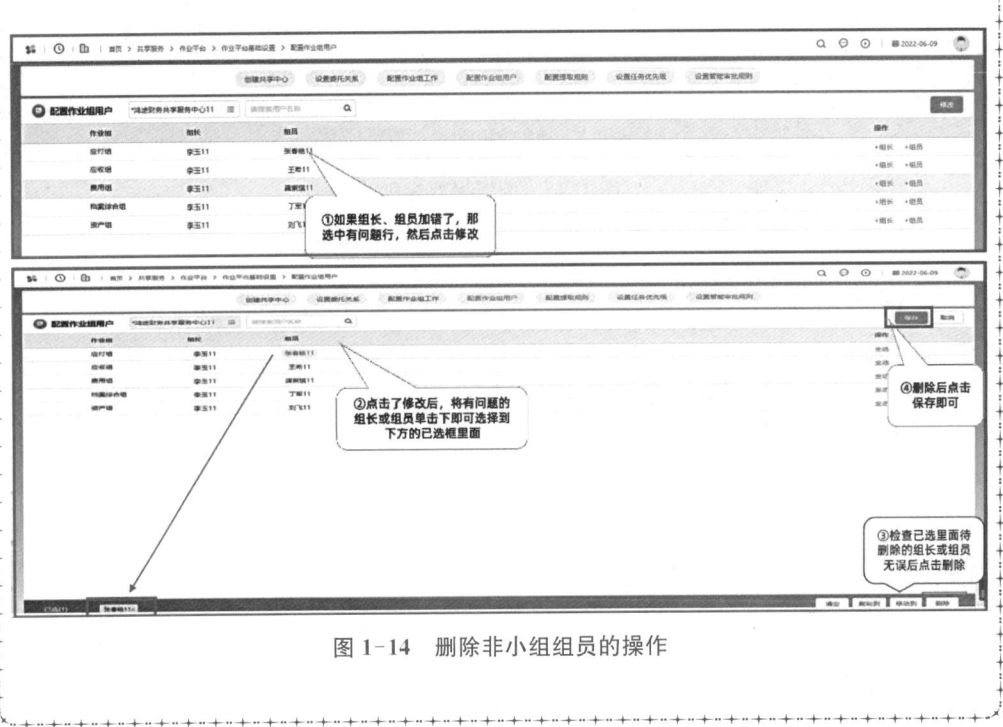

图1-14　删除非小组组员的操作

（5）配置提取规则。先选择【共享中心】为"鸿途集团财务共享服务中心",点击【新增】,注意编码和名称与"创建共享中心"里面的编码和名称一致,只是名称需要在原来共享中心名称基础上加上"提取规则"。例如,编码是01,名称是鸿途集团财务共享服务中心01提取规则。提取方式选择"处理完毕后提取","每次提取数量"是1,其他的"在手任务阈值""管理层级""任务提取规则"明细默认即可,检查无误后点击【保存】。配置提取规则完成后财务共享中心基础配置（俗称共享中心建模）就已完成,设置任务优先级、设置智能审批规则无需配置,配置提取规则如图1-15所示。

提示

提取规则的方式有3种,分别是"不限制提取""处理完毕后提取""阈值限制"。"不限制提取"即作业人员可以无限次地提取任务;"处理完毕后提取"即作业人员必须把当前任务处理完后才能提取下一次任务;"阈值限制"即当作业人员当前在手任务数量不大于阈值的时候,可再次提取。

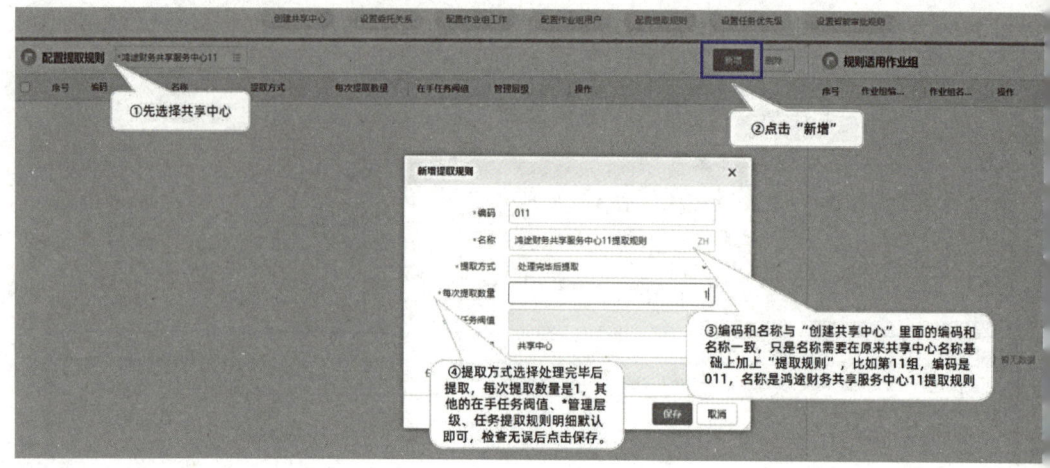

图 1-15　配置提取规则

 任务总结

走进财务共享服务中心涉及知识点和技能点。知识点包括财务共享服务中心的定位与运营模式、选址与流程优化、组织结构与人员规划以及用友 DBE 财务共享服务中心平台系统创建；技能点是财务共享服务中心的定位建立和系统创建。

 任务评价

表 1-8　"走进财务共享服务中心"工作任务清单评价表

评价点	权重	工作任务清单	分值	得分
知识	30%	理解财务共享服务中心的定位与运营	10	
		熟悉财务共享服务中心的选址与流程优化	10	
		掌握财务共享服务中心人员规划	10	
技能	30%	能够利用 ERP 沙盘规划财务共享服务中心	15	
		能够在平台系统中创建财务共享服务中心	15	
素养	40%	小组成员之间团结协作	20	
		学生能够自主分析案例问题并解决问题	20	
总体评价			100	

知识巩固

项目一 知识巩固

技能提升

请利用互联网查询我国有哪些集团企业建立了财务共享中心。各集团企业的财务共享中心运用的模式是怎样的?

项目二 智能费用报销共享业务

 知识目标

1. 熟悉费用报销的内容、费用报销的模式。
2. 理解智能商旅的产生背景和概念。
3. 掌握费用报销共享业务的处理流程。

 能力目标

1. 能够设计并绘制集团共享后不同费用报销业务的流程图。
2. 能够在财务共享服务平台中完成集团差旅费报销业务系统流程配置和业务处理。
3. 能够在财务共享服务平台中完成集团智能商旅报销业务系统流程配置和业务处理。
4. 能够在财务共享服务平台中完成集团专项费用报销业务系统流程配置和业务处理。

 素养目标

1. 培养学生在工作中遵循法律法规、会计准则以及企业规章的态度。
2. 培养学生团队协作、互帮互助的意识。
3. 培养学生严格遵循企业管理制度,严格实施会计监督的职业操守。
4. 提高学生自主学习的能力、分析问题、解决问题的能力。

 **知识导图**

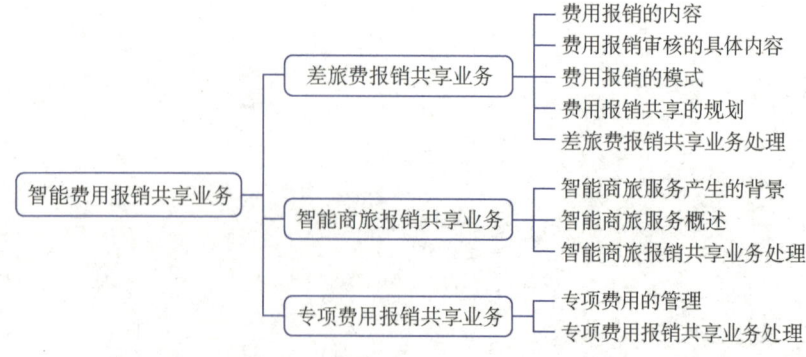

项目导读·思政园地

"完善会计法治体系,加强会计执法检查"[①]

2021年11月,财政部印发的《会计改革与发展"十四五"规划纲要》明确指出:"紧抓质量提升主线,守住诚信操守底线,筑牢法律法规红线。建立健全监管合作机制,实现财会监督与其他监督有机贯通、协同发力。坚持问题导向,规范会计资料、审计底稿出境,保障会计审计数据安全。多措并举,进一步激发现代会计服务业市场主体活力。"

在本项目中,学生将在财务共享模式下学习差旅费的报销、智能商旅报销、专项费用报销等知识,树立遵守法律法规、企业制度意识,形成诚实守信的职业操守,建立正确的世界观、人生观、价值观。

任务一　差旅费报销共享业务

 任务情境

鸿途水泥销售服务部的销售员李军2023年3月8日和9日从郑州到北京出差,事前已报备,出差回来后,3月10日报销差旅费。

资料一:相关单据

出租车发票等相关票据如图2-1至图2-3所示。

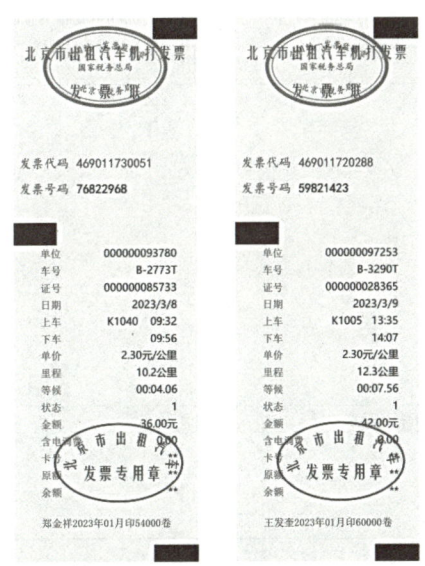

图 2-1　出租车发票

---

① 财政部《会计改革与发展"十四五"规划纲要》(财会〔2021〕27号)。

图 2-2 往返火车票

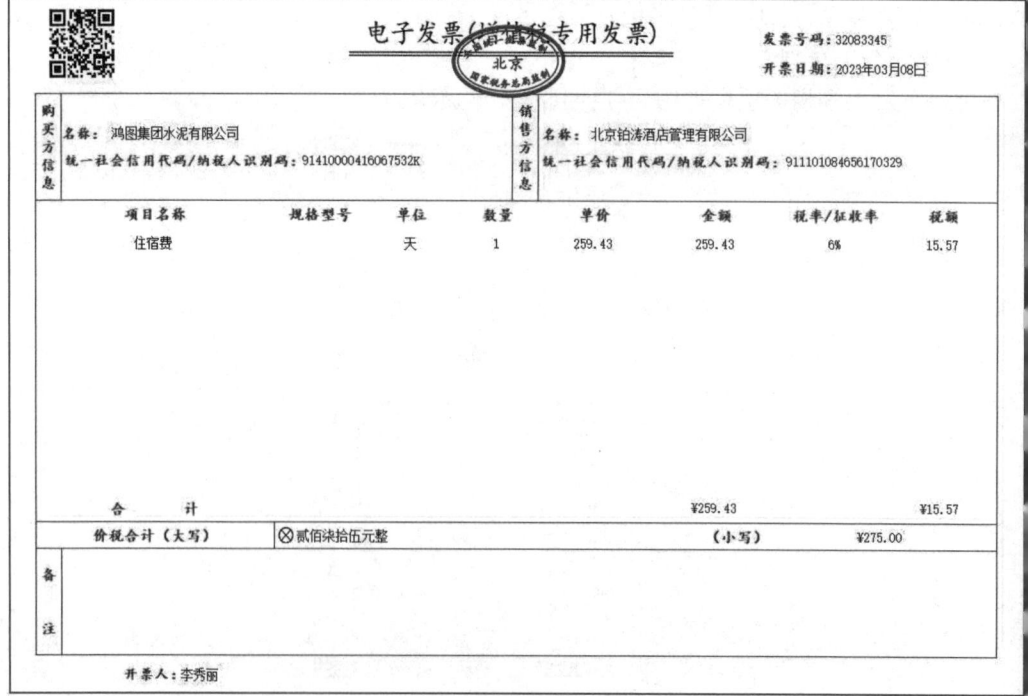

图 2-3 住宿费增值税发票

资料二:员工结算方式

员工报销"结算方式"为网银,"单位银行账号"选账号编码较大的支出户。

任务要求

假设你是鸿途水泥的财务人员,按照该公司的财务情况,上述差旅费报销业务共享后流程应该如何设计?该业务在财务共享服务平台中如何处理?

任务准备

费用是指企业在日常活动中发生的,会导致所有者权益减少的、与向所有者分配利润无关的经济利益总流出。费用包括成本费用(主营业务成本、其他业务成本和税金及附加)和期间费用。期间费用是指与企业收入的取得密切相关,但无法直属于某个特定对象的各种费用,主要包含管理费用、销售费用以及财务费用。我们课程中主要介绍的是期间费用的报销。

一、费用报销的内容

费用报销包括公司各部门日常发生的人员费用、办公费用的报销。人员费用主要包含差旅费、业务招待费、日常费用、福利费等;办公费用主要包含会务费、会议培训费、咨询费等。

费用报销内容要根据费用发票的内容来填写,如办公用具报销时,报销内容填写购买办公用品。

二、费用报销时审核的具体内容

费用报销应遵循业务部门审批、财务部门审核原则,且业务部门审批在前,财务审核在后。

(一)业务部门侧重开支事项真实性的审批

1. 真实性、必要性和合理性审核

报销单据必须真实有效。

2. 合同条款完备性审核

对附有合同的报销单据,需审核合同条款是否完备,各条款内容是否具体、明确、切实可行,避免因合同条款不全和过于简单、抽象、原则,给履行带来困难,为以后发生纠纷留下隐患。对合同不完备的,告知报销人完善合同或签订补充协议。

3. 价格合理性审核

即审核商品或服务的价格是否合理。与以往价格相比有较大变化的,需要了解其变化原因。对价格不合理的,告知报销人对价格做出书面说明或拒绝报销。

(二)财务部门侧重报销单据合规性的审核

1. 流程合规性审核

报销单据的审批流程是否符合公司财务开支授权审批表的规定;一笔费用需由两个

及两个以上部门共同承担的,是否取得各个费用承担部门负责人的审批。

2. 单据合规性、真实性审核

报销单据能否证明经济业务真实发生,开具的发票是否真实合规有效,报销所必需的附件是否完整。对不真实的单据,不予受理;对附件不完整的,要求补足附件。

3. 报销额度审核

有文件规定有报销额度的,需审核本次报销或累计报销是否超出规定的报销额度。对报销额度超标的,核减报销金额或拒绝报销。

4. 正确性审核

费用科目填写是否正确,报销单据的摘要和数字填写是否清晰、正确,金额计算有无差错,大小写金额是否相等。报销金额不能大于批示金额,不能大于发票、合同上的金额。

5. 及时性审核

已发生的费用支出,应及时整理费用单据报销,符合公司所规定的报销时间要求。超期报销的,应依据公司文件给予处罚。

6. 预算审核

支付的款项是否已在预算内列支,是否超出预算指标。如果公司上线了费用报销系统,则是否超预算的审核由系统自动判断。

7. 借款及预付款审核

查询报销人是否有借款。凡借款经办业务的,其报销应首先用于归还借款。询问并验证报销人所报销费用是否前期已经预付过款项。

8. 粘贴规范性审核

原始单据的粘贴是否符合便于装订归档、便于审阅复核的要求。单据粘贴不规范的,退还报销人重新按规范粘贴。

三、费用报销的模式

费用报销有以下4种模式。

1. 员工直接报销

当业务发生时,先由员工垫资;业务发生后,员工进行报销;报销完成后,公司将报销款支付给员工。这是常用的报销模式。

2. 员工借款报销

业务发生前,员工借款;业务发生时,员工付款;业务发生后,员工报账冲借款、还款、报销。

3. 跨组织报销

报销人所属的组织(单位)与费用承担组织(单位)不同。跨组织报销中有一种情况是需要多个组织来承担(分摊)同一笔费用。例如,费用归口管理部门(比如是集团市场部)的张三报销会议费1500元,但按照分摊协议要由A公司A1部门和B公司B1部门分别承担1000元和500元。

4. 先申请再报销

这种模式是指企业为达到费用事前控制的目的,要求在办理某些业务(如出差、营销活动)报销之前需先申请才能办理。企业年初做了全面预算,在具体业务发生时需每次申请明细的费用额度。如果需要支出企业做的全面预算或费用预算中未包括的费用,需要另行申请,申请获批后才可以支出。

四、费用报销共享的规划

(一) 总体思路

财务共享中心模式借助云会计以及大数据技术的融入与运用,能够实现财务共享服务模式的搭建,进而为进一步提高财务管理工作的效率与质量提供了新出路。而在企业开展经营管理活动的过程中,费用报销贯穿于始终,呈现动态化发展特点,相应管控的难度相对较大。而要想提升费用管控的水平,则可借助云计算服务中心,将集团企业各个子公司的费用报销业务进行融合,以实现统一的管理,进而在提高资金利用率的同时,为实现对资金风险的有效规避与控制奠定基础。在此过程中,要想提升费用管控的实效性,并充分发挥出费用管控这一管理事项的作用,以全面提升集团企业财务管理工作的质量与经济效益,就需要实现基于云会计下相应财务共享中心费用管控框架模型的完善搭建。

(二) 具体实施

财务共享服务中心的财务核算都是分组管理的,下设费用组,负责日常报销单据审核和处理、审核单据的准确性及合规性、借还款审核及管控、账务检查和调整等工作,明确工作职责,具体分工如下。

1. 费用组组长

(1) 承接财务共享中心的年度工作计划,设立本科(组)的年度服务绩效目标,并推动目标执行。

(2) 负责本流程小组的服务质量管理,保证时效性、准确率。

(3) 负责内外部接口部门的沟通协调,推进各项工作顺利开展。

(4) 对于外部接口部门和本科(组)内部提出的问题,跟踪进展,必要时与相关服务支持岗位共同制定问题解决方案。

(5) 承接新业务的迁入。

(6) 调整科(组)内人员的处理单据。

(7) 协助新系统实施。

(8) 定期对本科(组)成员的业绩考核提出主要评价意见。

(9) 组织和规划本科(组)人员的日常培训。

(10) 负责与相关部门人员进行沟通协作。

(11) 承接上级安排的其他工作。

2. 费用初审岗

(1) 审核费用系统推送的费用报销、员工借款和还款单据及生成会计凭证。

(2) 复核电子影像资料的合规性,完整性。

(3) 负责不合格报销单据的退回(分/子公司财务或者制单人)。

(4) 与分/子公司财务就日常工作进行沟通。

(5) 配合质量管理岗、持续优化岗的质量稽查、内部审核、业务流程优化等活动开展。

(6) 配合相关岗位完成月结工作。

(7) 指导/协助新入员工的工作,临时性承接离职员工的工作内容。

(8) 不定期总结审核中发现的问题(制度、流程、系统等)并提交至费用管理组经理。

(9) 协助费用科(组)经理完成临时性的工作任务。

3. 费用复核岗

费用复核岗位根据公司实际情况设置。

(1) 负责费用报销账务的二次复核及审核会计凭证。

(2) 复核费用报销岗审核通过的单据及附件,发现问题时退回费用审核岗。

(3) 配合质量管理岗、持续优化岗的质量稽查、内部审核、业务流程优化等活动开展。

(4) 负责业务流程优化等活动,提出系统更新改造需求。

(5) 配合费用管理部经理控制本组月结工作进程,配合相关岗位完成月结工作。

(6) 指导或协助新入员工的工作,临时性承接离职员工的工作内容。

(7) 不定期总结审核中发现的问题(制度、流程、系统等)并提交至费用管理部经理。

(8) 负责与相关部门人员进行沟通协作。

(9) 协助费用科(组)经理完成临时性的工作任务。

五、差旅费报销共享业务处理

1. 岗位设置及职责

差旅费报销共享业务岗位设置及职责如表2-1所示。

表2-1 差旅费共享业务岗位设置及职责表

机构	岗位	职责
成员单位	销售员	负责销售及发起相关业务单据流程等
	业务财务	签订资金类合同;依据业务现状生成收支类、资金类单据等
共享中心	费用初审岗	初审费用类单据等
	中心出纳岗	结算确认收付款等
	总账主管岗	审核记账凭证,总账业务处理等

2. 处理流程设计

鸿途集团差旅费报销共享业务流程如图2-4所示。

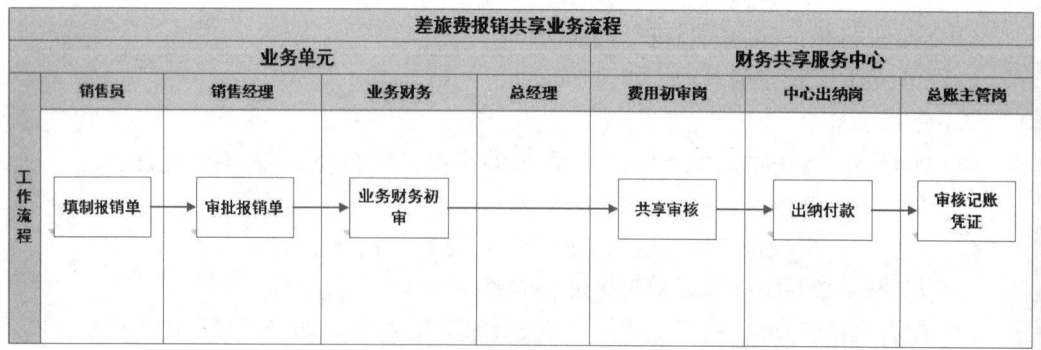

图2-4 鸿途集团差旅费报销共享业务流程

任务要领

差旅费报销业务的关键点在于岗位责任明确。

任务实施

具体操作步骤如下。

(1) 系统管理员进行系统流程配置。点击【工作流定义-集团】,左侧选择"费用管理"中的"主报销单",选中"差旅费报销单",点击右侧【启用】,差旅费报销单工作流启用如图2-5所示。

图 2-5　差旅费报销单工作流启用

(2) 销售员填制报销单。销售业务员李平登录财务共享平台 NCC,填制费用报销单。修改登录日期时间 2023 年 3 月 10 日,选择报账平台下的【差旅费报销单】。进入"差旅费报销单"界面后,根据火车票和住宿发票信息,填写的差旅费报销信息如下:

"报销事由"填写为"差旅费报销"。

"收支项目"选择为"销售费用-差旅费"。

"单位银行账号"选择"鸿途集团水泥有限公司"账号编码较大的支出户。

"结算方式"选择"网银"。

"个人银行账户"进行选择。

点击【交通费用】行,点击【增行】,填写郑州、北京往返火车票信息,注意火车票的增值税是可以抵扣的,含税价格为 309 元,税率为 9%。出租车车票的增值税是不可以抵扣的。

点击【住宿费用】行,点击【增行】,根据住宿发票信息填写住宿费用,注意住宿发票为增值税专用发票,税率为 6%。

点击【出差补贴】行,点击【增行】,根据出差补助标准每天 60 元,出差天数 2 天,补助金额自动计算。

2-1-2
销售员填制
报销单

点击【保存】按钮，完成差旅费报销单的填制。差旅费报销单填制如图2-6所示。

图2-6 差旅费报销单填制

点击【差旅费报销单】的【影像扫描】，进入"影像管理系统"界面，上传原始凭证可以采用两种方式：第一，如有高拍仪，可以利用高拍仪进行扫描，此时需要点击【扫描】，进入扫描界面后点击【扫描】，全部扫描完成之后点击【上传】；第二，如需通过【本地上传】则点击【导入】，上传单据，点击【提交】后保存。

当影像扫描完成后，点击【保存】，退出【影像扫描】界面。在【差旅费报销单】界面，点击【提交】，该差旅费报销单提交给差旅费报销流程的下一环节。提交差旅费报销单如图2-7所示。

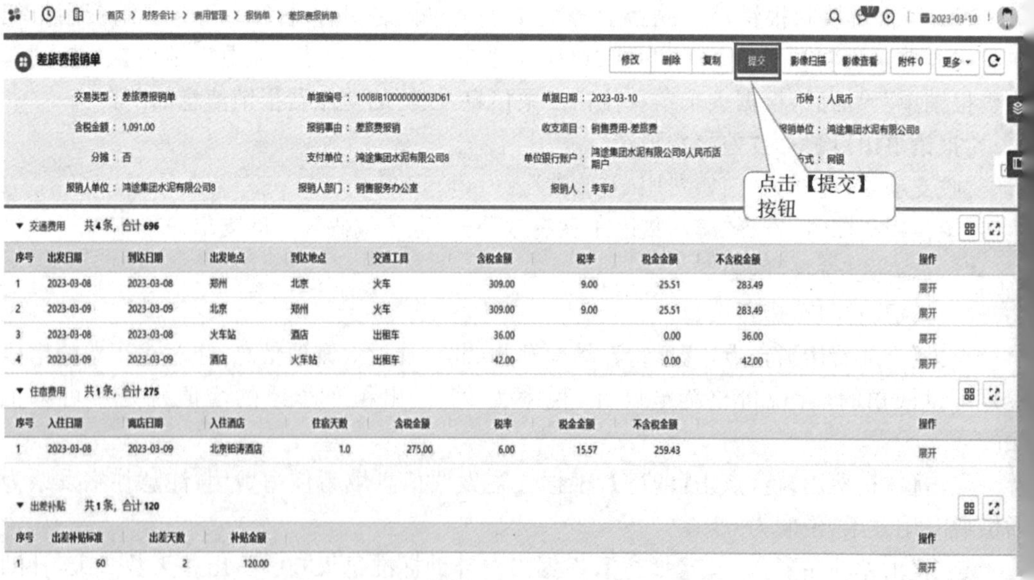

图2-7 差旅费报销单提交

(2)销售经理审批。点击【审批中心】进入"审批中心界面"。进入"审批中心界面"后,处理状态点击【未审】,查看未审批的单据。点击单据号进入单据详情界面,查看单据信息与影像是否正确,检查无误后,销售经理点击【批准】按钮确认审批。审批差旅费报销单如图 2-8 所示。

2-1-3
销售经理
审批

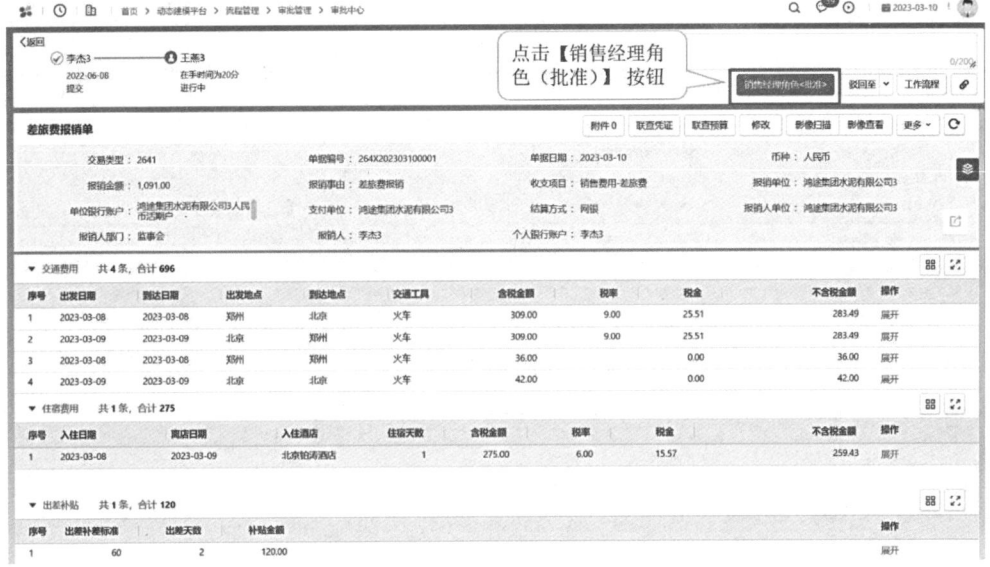

图 2-8　销售经理审批差旅费报销单

(3)业务财务初审费用报销单。业务财务岗登录,点击【审批中心】的【未处理】进入审批中心界面。打开单据查看详情,点击【影像查看】,查看原始影像资料,确认无误后,点击【批准】按钮,审批费用报销单如图 2-9 所示。

2-1-4
业务财务
审批

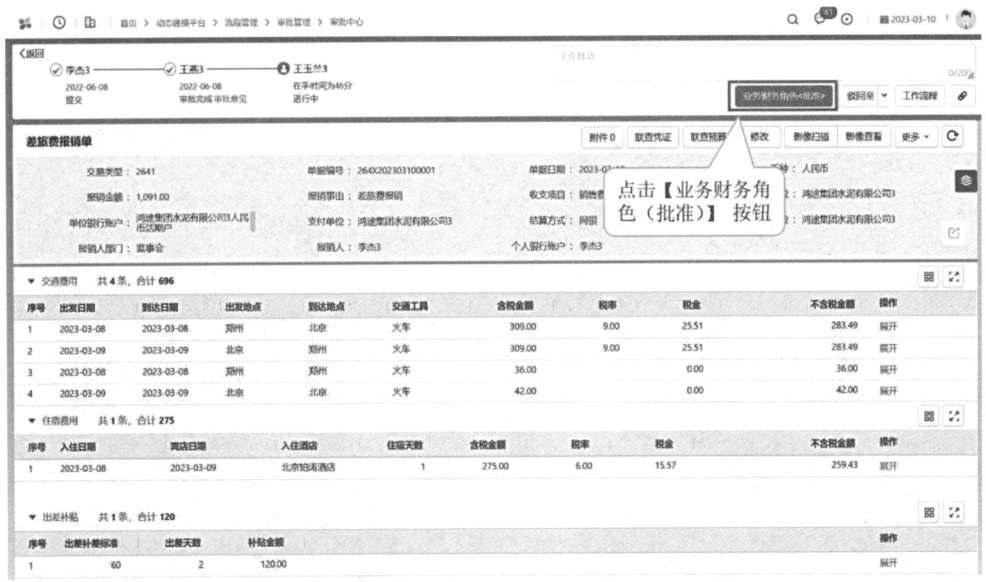

图 2-9　业务财务审批报销单

2-1-5
共享审核

(4) 费用初审岗共享审核。进入平台后，点击【我的作业】的【待提取】，进入"我的作业"界面详情，点击【任务提取】，已提取的报销单据出现，选择已提取的报销单据，点击此单据编号进入单据详情，点击【影像查看】，查看原始影像资料，核对影像信息与单据详情图 2-10 所示，确认无误后，点击【批准】，完成共享审核。

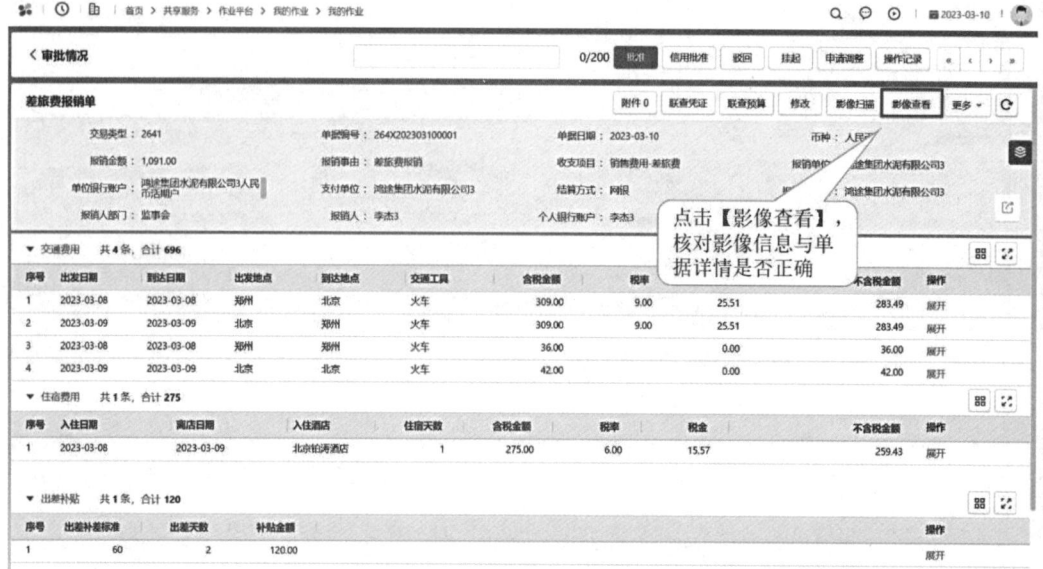

图 2-10　费用初审核对影像信息与单据信息

2-1-6
中心出纳付款

(5) 中心出纳付款。进入平台，点击【结算处理】下的【结算】进入结算界面。【财务组织】选择"鸿途集团水泥有限公司"，查询日期区间为"2023 年 03 月 01 日至 2023 年 03 月 31 日"，点击【查询】，在【待结算】页签中点击"业务单据编号"进入结算详细信息界面，勾选凭证信息，点击【支付】下【网上支付】进行网上支付结算，点击【确定】完成网上转账如图 2-11 所示。

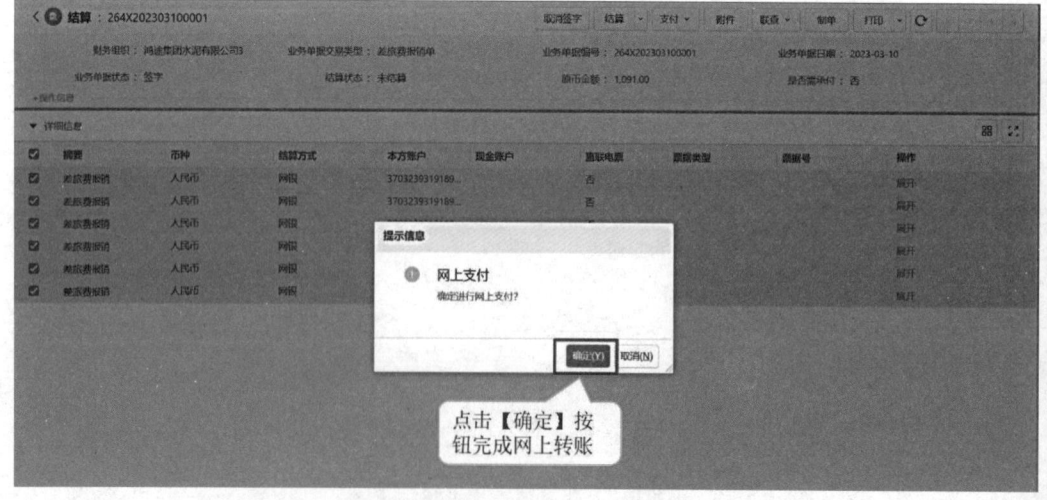

图 2-11　中心出纳网上转账付款

（6）总账主管审核记账凭证。网上支付自动生成凭证后，总账主管岗位进入财务共享服务平台 NC cloud，登录时间【2023-03-10】，点击【凭证审核】，进入凭证审核界面，选择【财务组织】为"鸿途集团水泥有限公司-基准账簿"，日期为"2023 年 3 月 1 日至 2023 年 3 月 31 日"，选择审核状态为"待审核"，点击【查询】，查询差旅费报销的相关记账凭证。出现已查询的凭证，双击凭证进入凭证详情界面，检查凭证无误后，点击【审核】，审核该凭证如图 2-12 所示。

2-1-7
总账主管审核记账凭证

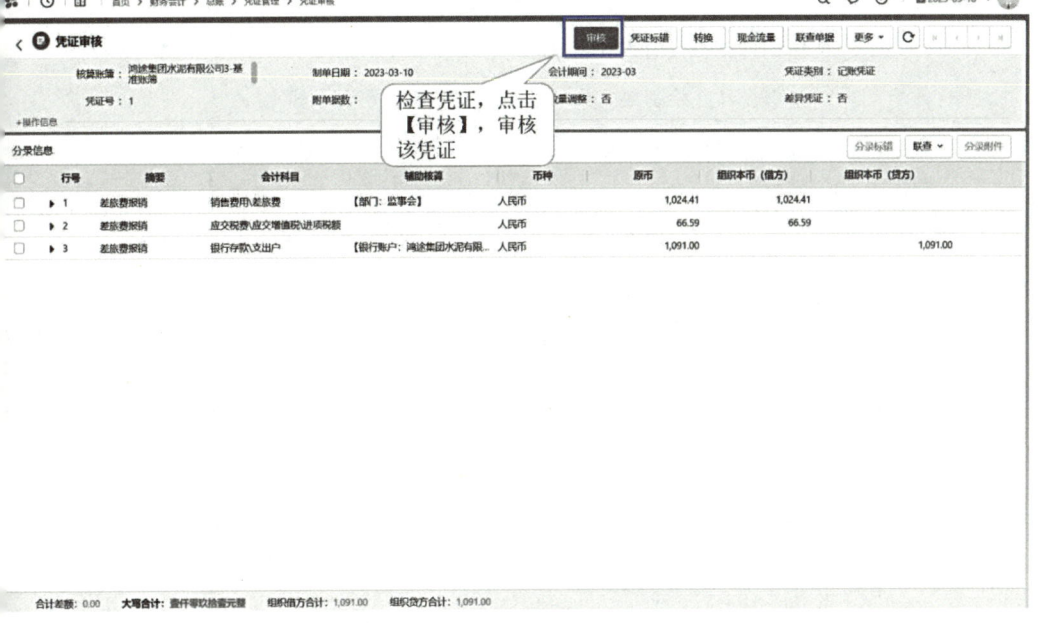

图 2-12　总账主管审核记账凭证

任务总结

财务共享模式下差旅费报销共享业务的处理涉及知识点和技能点两部分内容。知识点包括费用报销的内容、费用报销时审核的具体内容、费用报销的模式、费用共享的规划和差旅费报销共享业务规划；技能点主要是差旅费报销共享业务的处理流程。需要注意的是财务共享模式下，差旅费报销业务的单据中我们要对差旅费报销单进行工作流的建模及启用。

任务评价

表 2-2 "差旅费报销共享业务"任务清单评价表

评价点	权重	工作任务清单	分值	得分
知识	30%	熟悉费用报销的内容、费用报销的模式	10	
		掌握费用报销审核的内容、费用共享的理念	10	
		掌握差旅费报销共享业务的内容及主要控制点	10	
技能	40%	能够设计并绘制集团共享后差旅费报销业务流程图	15	
		能够在财务共享服务平台中完成差旅费报销业务共享的处理	25	
素养	30%	小组成员之间能有效沟通、团结合作	10	
		学生具备严谨细致的工作作风和职业责任感	10	
		学生能够自主分析案例问题并解决问题	10	
		总体评价	100	

任务二　智能商旅报销共享业务

任务情境

　　鸿图水泥销售服务办公室的销售员李军2023年3月11日下午1点前从郑州到三亚出差,3月11日下午1点与客户洽谈,3月12日支持三亚水泥市场推介活动,活动5点结束。根据《鸿图集团费用管理制度》,李军只能选用经济舱,住宿酒店标准300元/日/人。

　　鸿图水泥使用的商旅预订均为对公结算,3月9日李军通过智能商旅平台完成机酒店预订服务,入住酒店为三亚凤凰岛酒店,酒店有免费接送机服务;同时通过滴滴完成住所(联合花园北门)到郑州新郑国际机场的往返交通出行。

　　3月13日,李军(身份证信息1504291981120102X,电话13401987665)出差结束,通过智能商旅平台完成报销。

　　提示
　　(1)鸿图集团使用的智能商旅平台为公对公结算,因此通过智能商旅平台报销时无需外部原始凭证(机票行程单、滴滴打车票、住宿费发票等)。
　　(2)根据《鸿途集团费用管理制度》规定出差期间每人差旅补贴为60元/天,补贴天数按实际出差天数计算。

（3）智能商旅订票平台中的机票金额随时变动，具体票价以自己搜索出来的票价为准。

任务要求

假设你是鸿途水泥的财务人员，按照该公司的财务情况，上述智能商旅业务共享流程该如何设计？该业务在财务共享服务平台中如何处理？

任务准备

一、智能商旅服务产生的背景

企业商旅存在差旅申请方面重事项、轻管控，即员工差旅申请只重事项的审批，不太看重费用预算以及费用标准的管控；商旅预定方面重结果、轻过程，即商旅部分预定大部分由员工完成，在报账后才审核结果，对差旅预定过程无管控；差旅报账方面重控制、轻服务，即差旅报销单驳回、开票信息不准确单据驳回以及报销填写不规范驳回等情况。云计算、大数据、移动互联网、人工智能等技术变革，社会化商业连接协同共享、数字企业、数据驱动、平台型企业共享经济、交易平台化等商业创新促使智能商旅服务应声而出。

二、智能商旅服务概述

（一）含义

智能商旅平台功能主要包括差旅申请，差旅行程查询预订机票、酒店等、申请及超规审批，在线支付。

差旅报销平台功能主要包括行程记录、发票 OCR 查验、差旅标准判别、商旅报账自动推送集团财务共享平台等功能。

智能商旅报账平台作为企业差旅报销数据采集终端，面向企业全员应用；同时为企业员工提供端到端的一站式互联网服务，打通从申请、审批、交易、报账、支付、核算所有环节，实现数据不落地，全线上应用，全程管控。

（二）支持企业三种报账模式

1. 企业垫付企业月结

智能商旅平台可以根据企业需求，实现员工消费免垫付、免收票、免报销，实现企业一张发票核算新模式。

2. 员工垫付员工报销

智能商旅平台为企业员工提供同一预定入口，实现合规透明，简化员工报销。

3. 员工垫付企业开票

智能商旅平台为企业员工提供同一预定入口，实现合规透明，员工免贴票。

(三)智能商旅服务目标

1. 财务服务转型

移动互联网时代,财务手工报账模式将被自动智能化所替代,大型企业财务人员职能将从财务审核转变为服务创新。

2. 社会化商业整合

企业与服务商连接融合,为员工提供更丰富的商旅资源,互联互通的商旅平台让员工享受更便捷的机票预订、出行服务。

3. 智能化报账服务

通过移动互联网技术,企业实现云端商旅预订,费用自动报账全线上的智能化报账实现 B2B 的结算方式,免除员工垫付。

4. 大数据分析洞察

企业获得员工商旅数据,实时有效地了解员工商旅出行、费用支出等情况,通过数据分析提出企业商旅管理建议,提升企业商旅管理水平,实现商旅费用节省。

三、智能商旅报销共享业务处理

(一)设计理念

本着"让出行更高效,让服务更便捷"的理念,智能商旅报销业务共享实现事前、事中、事后、实时实现。

(二)岗位职责

与差旅费报销业务共享设计相同,财务共享服务中心设置费用初审岗,负责初审费用类单据。

(三)智能商旅报销共享业务流程

智能商旅报销共享业务流程可以分为以下两步。

1. 智能商旅订票

由销售员可通过手机 App 端、电脑 PC 端等多端口在智能商旅平台订票。

2. 智能商旅审批

①销售经理审批;②业务财务初审;③财务共享服务中心费用初审岗进行共享审核;④中心出纳岗付款结算,自动生成付款凭证;⑤总账主管岗审核记账凭证。鸿途集团智能商旅报销共享业务流程如图 2-13 所示。

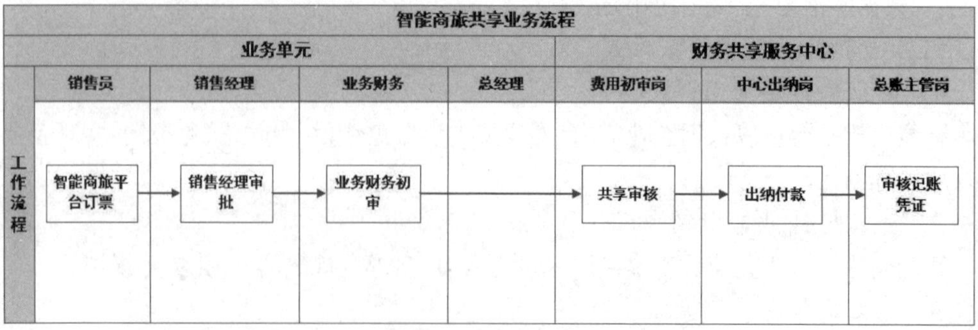

智能商旅共享业务流程							
	业务单元				财务共享服务中心		
	销售员	销售经理	业务财务	总经理	费用初审岗	中心出纳岗	总账主管岗
工作流程	智能商旅平台订票	销售经理审批	业务财务初审		共享审核	出纳付款	审核记账凭证

图 2-13 鸿途集团智能商旅报销共享业务流程

 任务要领

智能商业共享业务的处理前提是差旅费报账单在工作流中启用,然后智能商旅通过网页端或、APP端智能填写并进行差旅费报账。

 任务实施

具体操作步骤如下。

一、智能商旅平台订票

（1）销售员李军进入移动商旅 App 订购机票如图 2-14 所示。点击【订购机票】进入填制界面:国内飞机票,出发地为"郑州",目的地为"三亚",去程日期为"2023-03-11",如图 2-15 所示,点击【搜索】。通过前一步骤输入 2023-03-11 查询出结果后,选择任意一到达时间为 13:00 前的航班进行订票,如点击【南方航空-波音 787-9（大型）】进入订票界面。查看机票信息,点击【下一步】搜索机票,如图 2-16 所示。

2-2-1
智能商旅
订票

图 2-14 智能移动商旅登录

 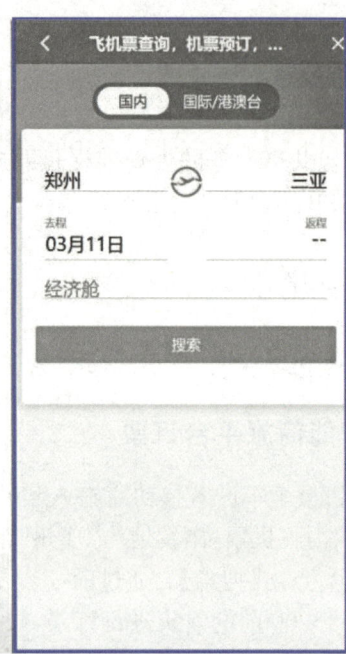

图 2-15 订购机票界面

图 2-16 搜索机票

 **提示**

智能商旅平台订票时机票金额实时变动,金额以 3 月 11 日查询出来的金额为准。

新增乘机人信息：姓名李军、身份证信息1504291981120102X、联系电话3401987665，新增乘机人信息如图2-17所示，点击【确定】按钮。

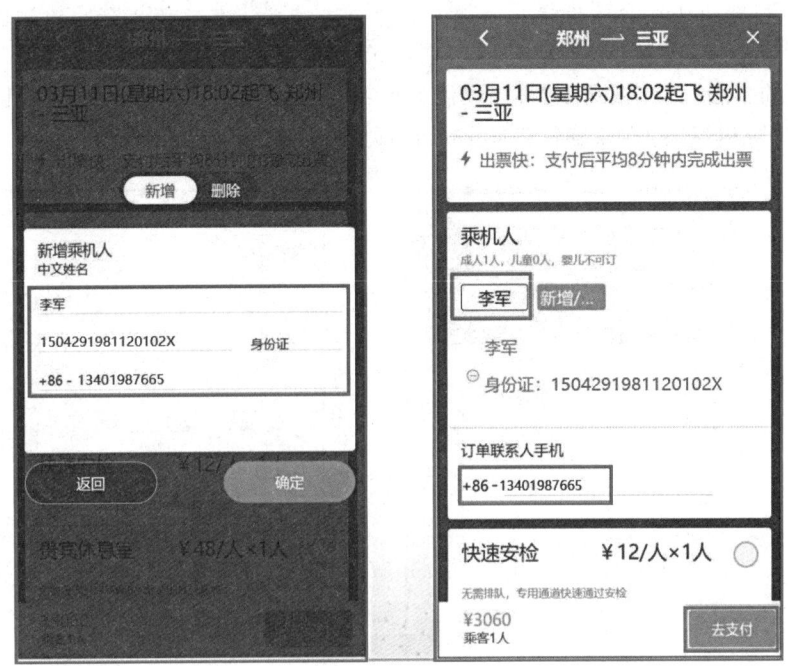

图 2-17　新增乘机人信息

选择乘机人、填写订单联系人手机，点击【去支付】，选择【企业支付】进行购票付款，支付机票如图2-18所示。

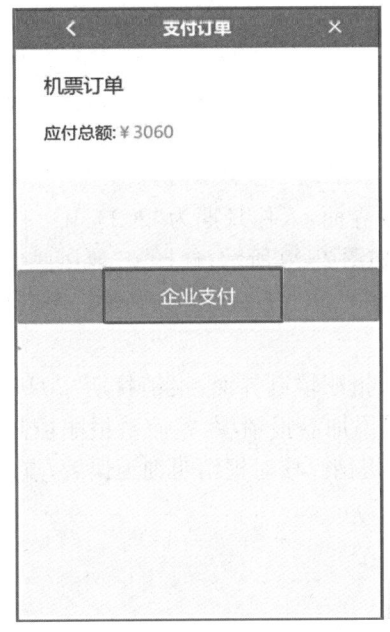

图 2-18　支付机票

> **提示**
>
> 三亚到郑州的返程购票操作步骤与郑州至三亚的去程购票操作步骤相同。

（2）预约滴滴。点击【滴滴】进入填制界面：起始地选择"联合花园北门"，目的地选择"郑州新郑国际机场"；点击【确认呼叫】按钮，预约滴滴如图 2-19 所示。

图 2-19　预约滴滴

> **提示**
>
> 郑州新郑国际机场至联合花园北门的操作步骤与联合花园北门至郑州新郑国际机场步骤相同。

（3）预订酒店。点击【预订酒店】进入填制界面：入住日期为"2023-03-11"离店日期为"2023-03-12"，点击【开始搜索】，预订酒店如图 2-20 所示；选择"三亚凤凰岛酒店"进行预定，如图 2-21 所示，填写入住人信息、联系方式；点击【去支付】，确认订房信息，点击【企业支付】进行订购，支付房费如图 2-22 所示。

（4）差旅费报账。点击【差旅费报账】进入报账填制界面：报销日期"2023-03-13"事由填写"差旅费用报销"，点击【添加报销明细】添加需报销项，差旅费报账填制如图 2-23 所示。勾选需要报销的信息，点击【确定】进行报销。核对报销明细无误后，点击【提交】完成差旅费报账，差旅费报账完成如图 2-24 所示。

2-2-2 差旅费报账

项目二 智能费用报销共享业务 45

图 2-20 预订酒店

图 2-21 选择入住酒店及房型

46 智能财务共享服务

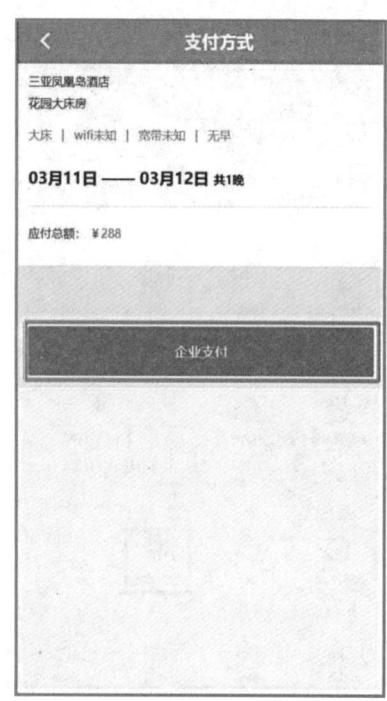

图 2-22 支付房费

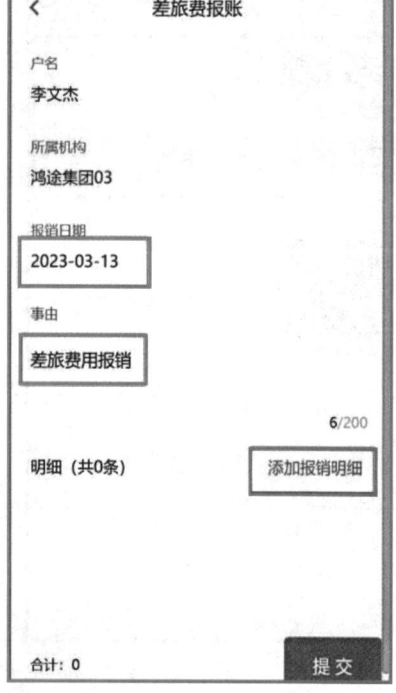

图 2-23 差旅费报账填制

图 2-24　差旅费报账完成

二、智能商旅审批

（1）销售经理审批。销售经理登录 NC cloud 平台，登录日期为 2023 年 3 月 14 日，点击【审批中心】的【未处理】查询需审批的单据。进入"审批中心界面"后，处理状态点击【未审】，查看未审批的单据。点击单据号进入单据详情界面，查看单据信息与影像是否正确，检查无误后销售经理点击【批准】，确认审批。

（2）业务财务审批。业务财务登录 NC cloud 平台，登录日期为 2023 年 3 月 14 日，点击【审批中心】的【未处理】进入"审批中心界面"。打开单据查看详情，点击【影像查看】，查看原始影像资料，与单据信息是否正确，确认无误后，点击【批准】，审批费用报销单。

（3）费用初审岗共享审核。进入平台后，点击【我的作业】下的【待提取】，进入"我的作业"界面详情，点击【任务提取】，已提取的报销单据出现，选择已提取的报销单据，点击此单据编号进入单据详情，点击【影像查看】，查看原始影像资料，核对影像信息与单据详情是否正确。确认无误后点击【批准】，完成共享审核。

（4）中心出纳付款。财务共享服务中心出纳岗登录 NC cloud 平台，登录时间"2023-03-14"，点击【结算处理】下的【结算】进入结算界面。【财务组织】选择"鸿途集团水泥有限公司"，查询日期区间为"2023 年 3 月 1 日至 2023 年 3 月 31 日"，点击【查询】，在【待结算】页签中，点击"业务单据编号"进入结算详细信息界面，勾选凭证信息，点击【支付】下【网上转账】进行支付结算，点击【确定】，完成网上转账付款。

（5）总账主管审核记账凭证。网上支付自动生成凭证后，总账主管岗位进入财务共享服务平台 NC cloud，点击【凭证审核】进入凭证审核界面，选择【财务组织】为"鸿途集团水泥有限公司-基准账簿"，日期为"2023 年 3 月 1 日至 2023 年 3 月 31 日"，选择审核状态为"待审核",点击【查询】,查询差旅费报销的相关记账凭证。出现已查询的凭证,双击凭证进入凭证详情界面,检查凭证无误后,点击【审核】,审核该凭证。

> 智能商旅审批的流程与差旅费报销业务的审批流程相同。

任务总结

财务共享模式下智能商旅报销共享业务的处理涉及知识点和技能点两部分内容。知识点包括智能商旅服务产生的背景、智能商旅服务概述、智能商旅报销业务共享设计;技能点主要是智能商旅共享业务的处理。需要注意的是智能商旅报销共享业务处理前,需要对差旅费报销单进行工作流的建模及启用。

表 2-3 "智能商旅报销共享业务"任务清单评价表

评价点	权重	工作任务清单	分值	得分
知识	30%	了解智能商旅服务产生背景	10	
		掌握智能商旅服务的报账模式、服务目标	10	
		掌握智能商旅报销共享业务的内容及主要控制点	10	
技能	40%	能够设计并绘制集团智能商旅报销业务流程图	15	
		能够在财务共享服务平台中完成智能商旅报销共享业务的处理	25	
素养	30%	小组成员之间能有效沟通、团结合作	10	
		学生具备严谨细致的工作作风和职业责任感	10	
		学生能够自主分析案例问题并解决问题	10	
		总体评价	100	

任务三　专项费用报销共享业务

任务情境

水泥协会 2023 年 3 月 15 日在大连举办 2023 年水泥技术及装备展览会,鸿途集团水泥有限公司组织大连属地的子公司参加,会务费 2 万元,鸿图水泥统一支付,但具体由大连鸿途水泥有限公司等 5 家子公司承担。

2023 年 3 月 5 日,鸿途集团水泥有限公司综合办公室专员发起费用申请,费用承担部门是各家单位的销售服务办公室,经鸿途水泥综合办公室经理、总经理和业务财务审批,通过后生效,会议分摊如图 2-25 所示。

公司	分摊比例
大连鸿途水泥有限公司	30%
鸿途集团京北水泥有限公司	15%
鸿逮集团金州水泥有限公司	46%
大连金海建材集团有限公司	3%
海城市水泥有限公司	6%

制单人:谭定珍　　批准人:杨天波
日期:2023.3.7　　日期:2023.3.8

图 2-25　会议分摊

3 月 16 日,鸿途水泥综合办公室专员发起会务费支付,支付给会展承办方白云国际会议中心;由上述五家公司的销售服务办公室承担各家公司的会务费,原始单据如图 2-26 至图 2-30 所示。

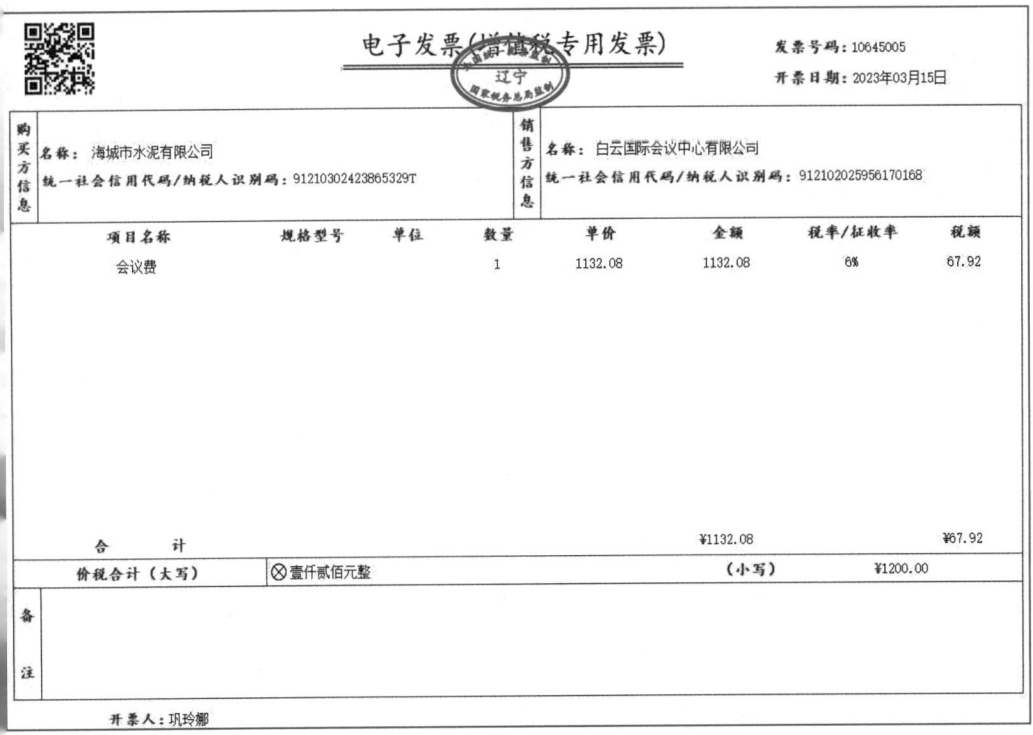

图 2-26　1 200 元会议费发票

电子发票(增值税专用发票)

发票号码：10645002
开票日期：2023年03月15日

购买方信息	名称：鸿途集团京北水泥有限公司 统一社会信用代码/纳税人识别号：91210402422465428N	销售方信息	名称：白云国际会议中心有限公司 统一社会信用代码/纳税人识别号：912102025956170168

项目名称	规格型号	单位	数量	单价	金额	税率/征收率	税额
会议费			1	2830.19	2830.19	6%	169.81

合计					¥2830.19		¥169.81
价税合计（大写）	⊗叁仟元整				（小写）		¥3000.00

备注：

开票人：巩玲娜

图 2-27　3 000 元会议费发票

电子发票(增值税专用发票)

发票号码：10645001
开票日期：2023年03月15日

购买方信息	名称：大连鸿途水泥有限公司 统一社会信用代码/纳税人识别号：91210200422423419L	销售方信息	名称：白云国际会议中心有限公司 统一社会信用代码/纳税人识别号：912102025956170168

项目名称	规格型号	单位	数量	单价	金额	税率/征收率	税额
会议费			1	5660.38	5660.38	6%	339.62

合计					¥5660.38		¥339.62
价税合计（大写）	⊗陆仟元整				（小写）		¥6000.00

备注：

开票人：巩玲娜

图 2-28　6 000 元会议费发票

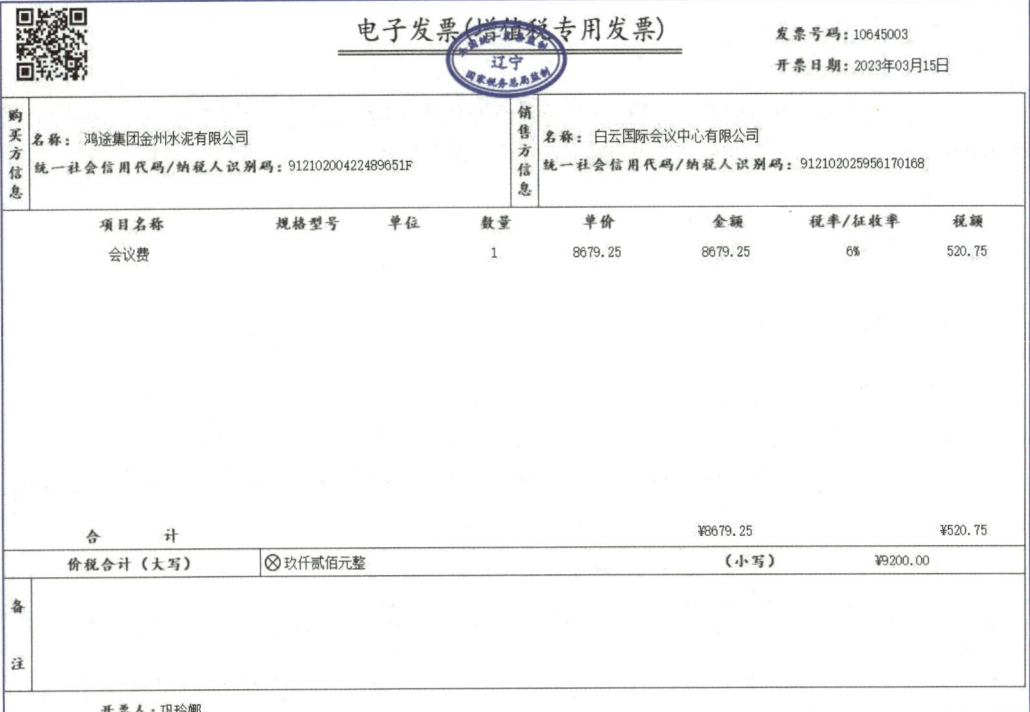

图 2-29　9 200 元会议费发票

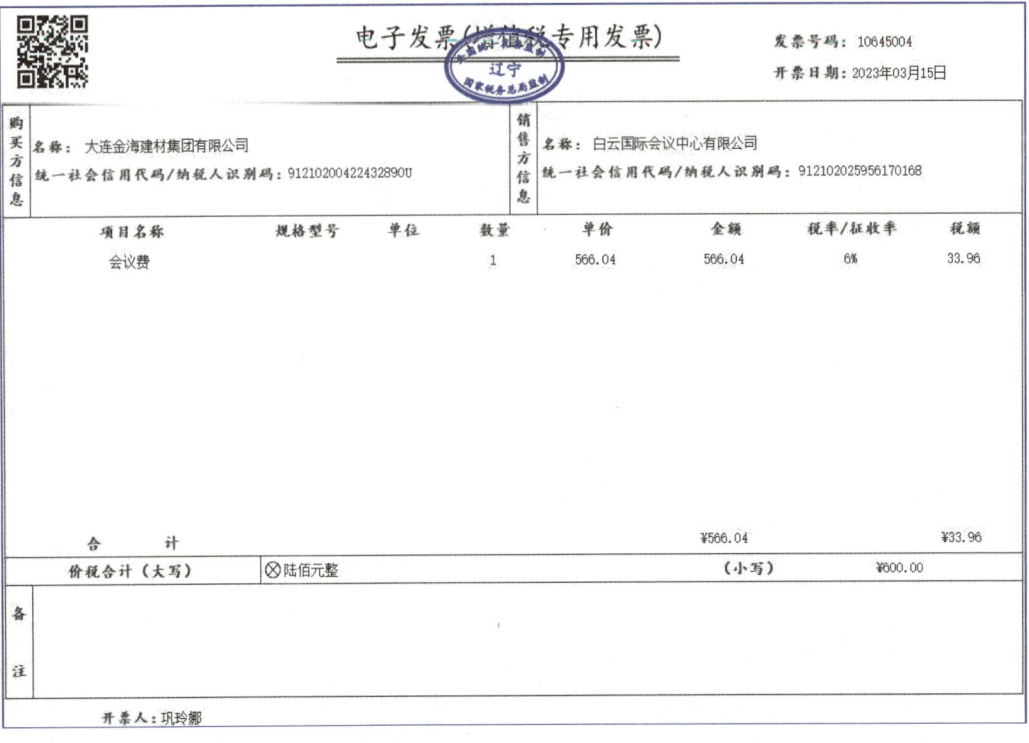

图 2-30　600 元会议费发票

 **任务要求**

假设你是鸿途水泥的财务人员,按照该公司的财务情况,上述会议费业务共享后流程应该如何设计?该业务在财务共享服务平台中如何处理?

 **任务准备**

一、专项费用的管理

(1)专项费用适用于因工作需要发生的广告、宣传、印刷、咨询、会议、培训等费用。
(2)专项费用实行的是预算单项控制,报销时必须对应正确的预算项目。
(3)超过1万元(含)的市场活动、培训等所有的费用必须事前进行专项预算审批。例如,鸿途水泥的专项费用预算标准如表2-4所示。

表2-4 鸿途水泥专项费用预算标准

业务审批人	财务审批人	交通费/通信费	招待费	差旅费	其他支出/借款
部门经理	分管财务会计-财务经理	0.04万元(不含)以下	0.1万元(不含)以下	0.5万元(不含)以下	1万元(不含)以下
总经理		0.04~0.06万元(不含)	0.1~0.2万元(不含)	0.5~0.8万元(不含)	1~3万元(不含)
副总裁		0.06~0.1万元(不含)	0.2~0.3万元(不含)	0.8~1万元(不含)	3~5万元(不含)
公司总裁/董事长		≥0.1万元	≥0.3万元	≥1万元	≥5万元

二、专项费用报销共享业务处理

专项费用报销共享业务流程如图2-31所示,分为2步。

1. 专项费报销申请
(1)综合办公室专员填制费用申请单。
(2)综合办公室经理审批费用申请单。
(3)总经理审批。
(4)业务财务初审。

2. 专项费用报销
(1)综合办公室专员填制专项费用报销单。
(2)综合办公室经理审批。
(3)总经理审批。
(4)业务财务初审。
(5)财务共享服务中心费用初审岗共享审核。
(6)财务共享服务中心出纳付款结算,自动生成记账凭证。
(7)财务共享服务中心总账主管岗审核生成的记账凭证。

项目二 智能费用报销共享业务 | 53

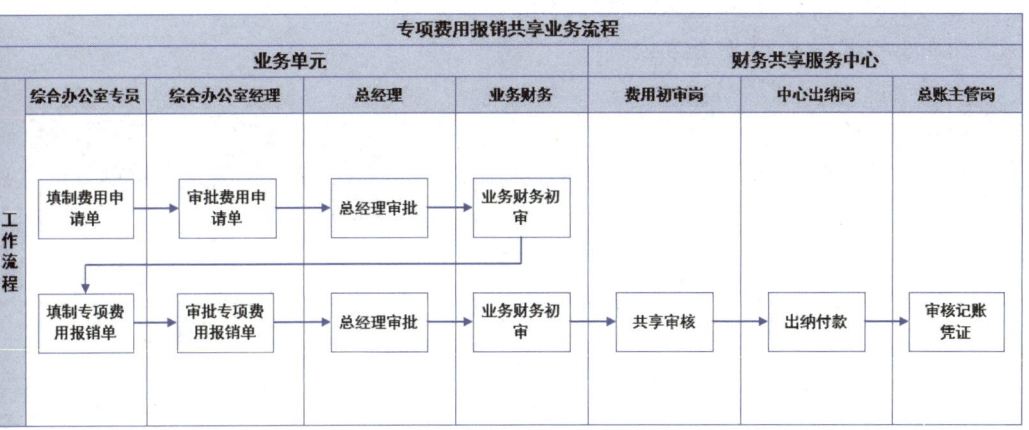

图 2-31 鸿途集团专项费用报销共享业务流程

> **提示**
> 第一,专项费用发生前需进行申请审批;
> 第二,专项费用属于集团强控项目,原则为上市集团统筹管理,按照"谁受益谁承担"的原则承担费用。

 任务要领

专项费用报销共享业务处理前,需【工作流定义-集团】启用【费用管理】中的"费用申请单",同时启用【费用管理】下【主报销单】的"通用报销单"。

 任务实施

具体操作步骤如下。

一、专项费用申请

(1) 综合办公室专员填制费用申请单。登录平台,登录时间【2023-03-05】,打开【费用申请单】,点击【新增】,填写费用申请单:
单据日期:2023 年 3 月 5 日
事由:报销会务费
金额:20 000 元
申请单位:鸿途集团水泥有限公司
申请部门:办公室
申请人:谭定珍
填写费用明细:

2-3-1
填制专项费用申请单

费用承担单位：大连鸿途水泥有限公司

费用承担部门：销售服务办公室

收支项目：销售费用-会务费

金额：6 000元

根据原始单据，依次增加费用明细信息，填报完毕后，点击【保持提交】，填制好的专项费用申请单如图2-32所示。

图2-32 填制好的专项费用申请单

2-3-2 综合办公室经理审批专项费用申请单

(2) 综合办公室经理审批专项费用申请单。综合办公室经理登录平台，登录时间【2023-03-05】，点击【审批中心】的【未处理】进入"审批中心界面"后，处理状态点击【未审】，查看未审批的单据。选择打开相应单据，核查单据。确认无误后，点击【批准】。

2-3-3 总经理审批专项费用申请单

(3) 总经理审批专项费用申请单。根据公司财务制度，该费用申请单金额已经达到10 000元上限，需要总经理审批。因此总经理登录平台，登录时间【2023-03-05】，进入审批中心窗口，点击【未处理】，选择单据，查看单据信息与影像发票等。确认无误后，点击【批准】。

2-3-4 业务财务初审专项费用申请单

(4) 业务财务初审专项费用申请单。业务财务登录平台，登录时间【2023-03-05】，进入【审批中心】窗口，点击【未处理】，选择单据，查看单据信息与影像发票等。确认无误后，点击【批准】。

二、专项费用报销

2-3-5 填制专项费用报销单

(1) 填制专项费用报销单。综合办公室员登录平台，登录时间【2023-03-16】，打开【通用报销单】，根据专项申请单生成"专项费用报销单"，补充"专项费用报销单"中的单位银行账户、结算方式、收款对象、供应商、客商银行账户等信息。检查无误后点击【保存】。点击【影像扫描】连接影像系统，专项费用报销单填制如图2-33所示。如前所述，上传原始凭证可以采用扫描和本地上传两种方式，点击【保存】，点击【提交】。退【影像扫描】，点击【提交】。

(2) 综合办公室经理审批专项费用报销单。登录平台，进入【审批中心】窗口，点击【未处理】，点击【未处理】，选择相应单据，查看单据信息与影像发票等，确认无误。点击【批准】。

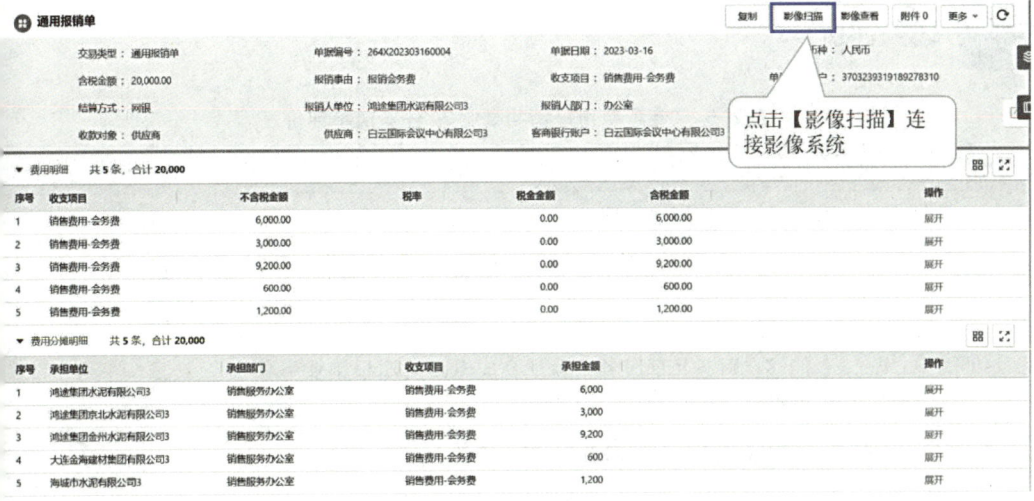

图 2-33 专项费用报销单填制

（3）总经理审批专项费用报销单。进入【审批中心】窗口，点击【未处理】，选择单据，查看单据信息与影像发票等。确认无误后，点击【批准】。

（4）业务财务初审专项费用报销单。进入【审批中心】窗口，点击【未处理】，选择单据，查看单据信息与影像发票等。确认无误后，点击【批准】，进行审批。

（5）费用初审岗共享审核专项费用报销单。登录平台进行共享审核。

（6）中心出纳付款。登录平台进行网上转账付款结算。

（7）总账主管审核记账凭证。中心出纳付款后，自动生成付款凭证，总账主管登录平台审核自动生成的付款凭证。

> **提示**
> 专项费用报销共享业务与之前差旅费报销共享业务类似，不同点在于专项费用经过申请审批之后才可进行报销。

任务总结

财务共享模式下专项费用报销共享业务的处理涉及知识点和技能点两部分内容。知识点包括专项费用的管理、专项费用报销业务共享流程设计；技能点主要是专项费用报销共享业务的处理。需要注意的是业务处理前，需要对费用申请单和通用报销单进行工作流的建模及启用。

 任务评价

表 2-5 "专项费用报销共享业务"任务清单评价表

评价点	权重	工作任务清单	分值	得分
知识	30%	熟悉专项费用的管理	15	
		掌握专项费报销共享业务的内容及主要控制点	15	
技能	40%	能够设计并绘制集团共享后专项费用报销业务流程图	15	
		能够在财务共享服务平台中完成专项费用报销业务共享的处理	25	
素养	30%	小组成员之间能有效沟通、团结合作	10	
		学生具备严谨细致的工作作风和职业责任感	10	
		学生能够自主分析案例问题并解决问题	10	
总体评价			100	

 知识巩固

项目二 知识巩固

 技能提升

鸿途集团销售服务办公室的销售员李军 2023 年 3 月 16 日至 20 日,从郑州到广州出差,事前已报备,出差回来后 3 月 21 日报销。由于恰逢广交会,住宿紧张,导致超标准。

资料一:员工报销结算

员工报销的"结算方式"为网银,"单位银行账号"选账号编码较大的账号支出户。

资料二:差旅费用预算控制

由于广交会原因导致预算超标,报销审批时受费用预算预警控制,预警控制为:费用报销超出报销标准。根据《鸿途集团费用管理制度》规定出差期间每人差旅补贴为 60 元/天,补贴天数按实际出差天数计算。取得原始单据如图 2-34 至图 2-38 所示。

项目二 智能费用报销共享业务 57

旅客姓名 NAME OF PASSENGER	李军	有效身份证件号码 ID.NO. 370321199505060428			签注 ENDORSEMENTSRESTRICEIONS (CARBON) 签转改退收费		印刷序号: SERIAL NUMBER: 657528718 7		
		承运人 CARRIER	航班号 FLIGHT	座位等级 CLASS	日期 DATE	时间 TIME	客票级别/客票类别 FARE BASIS	客票生效日期 NOTVALIDBEFORE	有效截止日期 NOTVALIDAFIER	免费行李 ALLOW
自 FROM	广州 CAN	南航	CZ6243	M	20JUL	1535				20K
至 TO	郑州 CGO		VOID							
自 FROM	VOID									
至 TO										
至 TO		票价 FARE CNY990.00		民航发展基金/CAACDEVELOPMENTFU 50.00		燃油附加费 FUEL SURCHARGE 0.00		其他税费 OTHER TAXES	合计 TOTAL CNY1040.00	
电子客票号码 E-TICKET NO	9998505825639-2				提示信息 INFORMATION			保险费 INSURANCE	XXX	
销售单位代号 AGENT CODE	PEK888 8385241	填开单位 北京携程国际旅行社有限公司						填开日期 DATE OF ISSUE	2023-03-20	

图2-34 广州-郑州航空运输电子客票行程单

图2-35 郑州-广州航空运输电子客票行程单

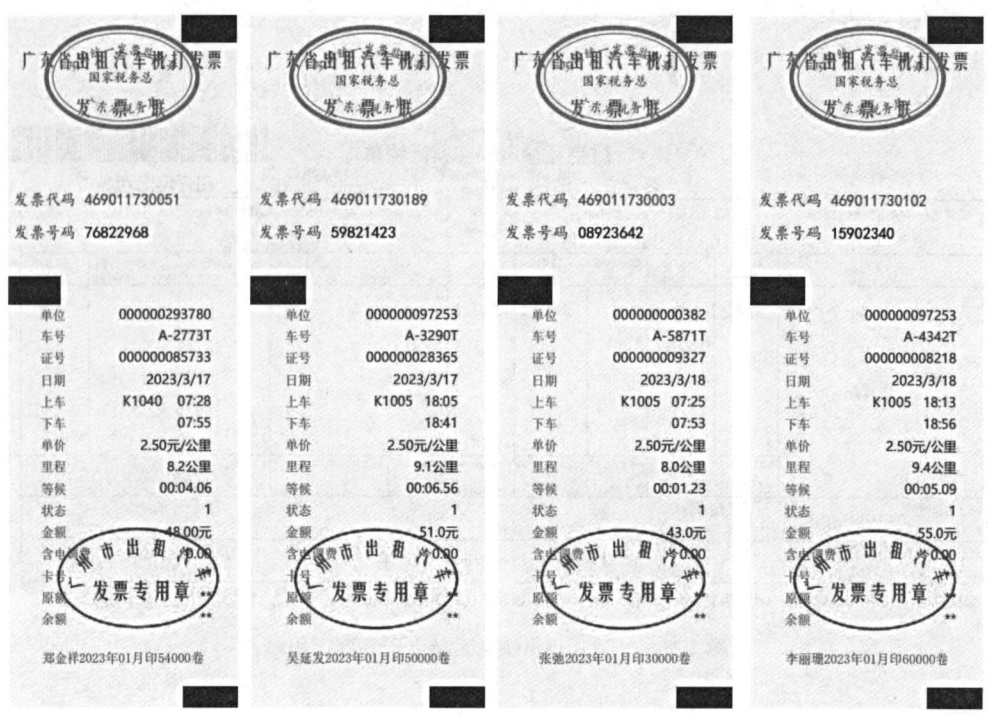

图 2-36　出租车发票 1

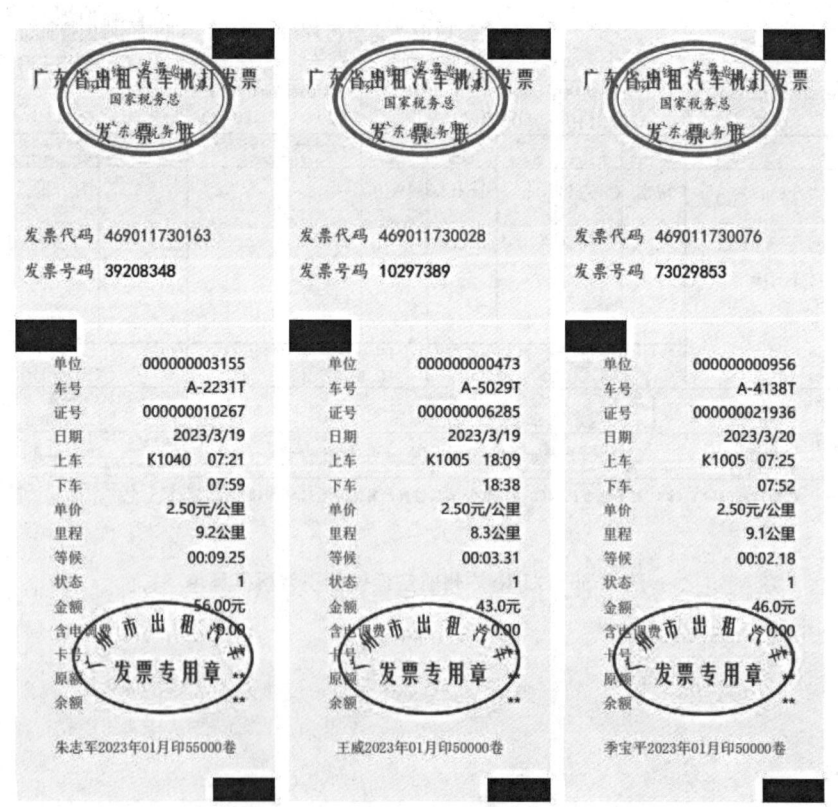

图 2-37　出租车发票 2

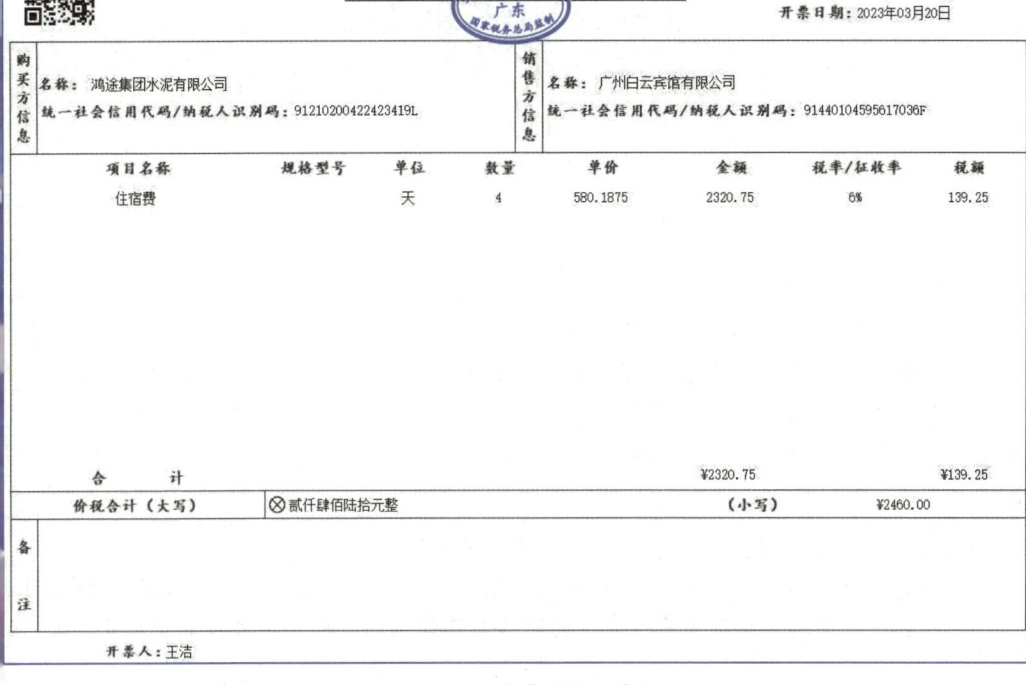

图 2-38 住宿费增值税发票

要求：假设你是鸿途集团的工作人员，根据上述单据，该笔业务的差旅费报销业务如何处理呢？

项目三 智能采购共享业务

 知识目标

1. 理解采购的内容、目标、采购流程。
2. 熟悉生产制造业的不同采购场景技能目标。
3. 熟悉采购到付款业务的流程。

 能力目标

1. 能够设计并绘制集团共享后采购业务的流程图。
2. 能够在财务共享服务平台中完成集团原燃料采购业务系统流程配置和业务处理。
3. 能够在财务共享服务平台中完成集团备品备件采购业务系统流程配置和业务处理。

 素养目标

1. 培养学生热爱会计工作、忠于职守的敬业精神。
2. 培养学生严肃认真、严谨细致的工作作风。
3. 培养学生熟悉企业采购管理制度、严格实施会计监督的职业操守。

 **知识导图**

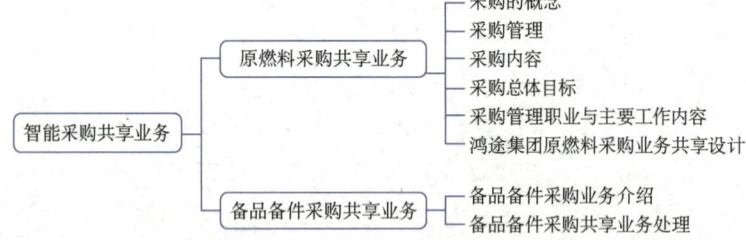

 项目导读·思政园地

"坚持依法治理,推动会计监督"[①]

习近平在党的二十大报告中指出:"坚持强化会计法治建设,按照科学立法、民主立法原

---

① 习近平在中国共产党第二十次全国代表大会上作报告,https://www.12371.cn/2022/10/25/ARTI166670500 47474465.shtml。

则,持续推动会计立法、普法、执法工作,建立健全会计法律制度体系,加强会计监督,加大违法惩处力度,加快推进职业道德建设,有效发挥法治固根本、强根基、利长远的保障作用。"

在本项目中,学生将在财务共享模式下学习原燃料、备品备件采购等知识,熟悉企业采购管理制度,严格实施会计监督的职业操守,树立遵守法律法规、企业制度意识,形成诚实守信的职业操守,建立正确的世界观、人生观、价值观。

任务一 原燃料采购共享业务

任务情境

鸿途水泥 2023 年 3 月发生如下业务。

资料一:供应商准入

2023 年 3 月 3 日,鸿途水泥根据业务需要,申请新增一家石膏供应商:郑州瑞龙有限公司(联系人:刘捷;职位:销售代表;手机联系方式:18255674432),连带此供应商的营业执照副本(复印件)提交提批。营业执照副本(复印件)如图 3-1 所示。经过审定,决定将此供应商纳入公司正式供应商名录(供应商准入目的组织为集团;供应商编码:G300550),有效期截至 2023 年 3 月 31 日。

图 3-1 营业执照副本(复印件)

资料二:询价

2023 年 3 月 5 日,鸿途集团进行下半年原煤价格评估,下半年计划采购量 6 000 吨,并在找煤网上进行询价,有三家供应商发来价格信息如表 3-1 所示。

表 3-1 供应商价格信息表

供应商	含税单价(元/吨)
陕西黑龙沟矿业有限责任公司	553.70
中煤集团有限公司	565.00
神华乌海能源有限公司	621.50

最后经过综合评估，鸿途集团将下半年的原煤价格确定为 565 元/吨（含税单价，税率 13%），由中煤集团有限公司负责供应，并签订原煤供应合同。

资料三：签订采购合同

2023 年 3 月 10 日，鸿途水泥与中煤集团有限公司签署《采购合同（合同编码：PC20230100）》，签约信息详见纸质合同如图 3-2 所示。

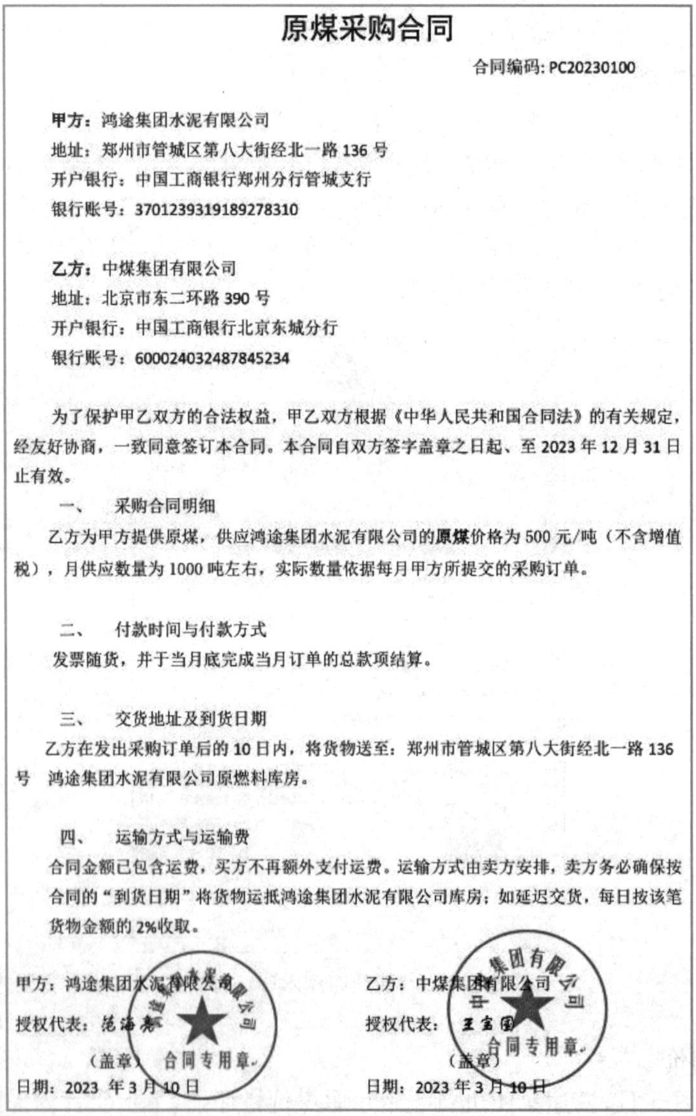

原煤采购合同

合同编码：PC20230100

甲方： 鸿途集团水泥有限公司
地址：郑州市管城区第八大街经北一路 136 号
开户银行：中国工商银行郑州分行管城支行
银行账号：3701239319189278310

乙方： 中煤集团有限公司
地址：北京市东二环路 390 号
开户银行：中国工商银行北京东城分行
银行账号：6000240324878845234

为了保护甲乙双方的合法权益，甲乙双方根据《中华人民共和国合同法》的有关规定，经友好协商，一致同意签订本合同。本合同自双方签字盖章之日起、至 2023 年 12 月 31 日止有效。

一、采购合同明细

乙方为甲方提供原煤，供应鸿途集团水泥有限公司的**原煤**价格为 500 元/吨（不含增值税），月供应数量为 1000 吨左右，实际数量依据每月甲方所提交的采购订单。

二、付款时间与付款方式

发票随货，并于当月底完成当月订单的总款项结算。

三、交货地址及到货日期

乙方在发出采购订单后的 10 日内，将货物送至：郑州市管城区第八大街经北一路 136 号 鸿途集团水泥有限公司原燃料库房。

四、运输方式与运输费

合同金额已包含运费，买方不再额外支付运费。运输方式由卖方安排，卖方务必确保按合同的"到货日期"将货物运抵鸿途集团水泥有限公司库房；如延迟交货，每日按该笔货物金额的 2%收取。

甲方：鸿途集团水泥有限公司
授权代表：范海寿（盖章）（合同专用章）
日期：2023 年 3 月 10 日

乙方：中煤集团有限公司
授权代表：王宝国（盖章）（合同专用章）
日期：2023 年 3 月 10 日

图 3-2 纸质合同

资料四:采购到货入库

2023年3月10日,鸿途水泥提出物资采购订单需求,订单信息如表3-2所示。

表3-2 订单信息表

项目名称	需求数量	供应商
原煤	1 000 吨	中煤集团有限公司

2023年3月18日,"原煤"过磅,到货并检验入库,发票随货同到,采购信息如表3-3所示。

表3-3 采购信息表 金额单位:元

项目名称	需求数量(吨)	含税单价	价税合计	税率	税额	供应商
原煤	1 000	565.00	565 000.00	13%	65 000.00	中煤集团有限公司

取得的增值税专用发票如图3-3所示。

	电子发票(增值税专用发票)	发票号码:78332165
		开票日期:2023年03月18日
购买方信息	名称:鸿途集团水泥有限公司 统一社会信用代码/纳税人识别码:91410000416067532K	销售方信息 名称:中煤集团有限公司 统一社会信用代码/纳税人识别码:911101000386215539

项目名称	规格型号	单位	数量	单价	金额	税率/征收率	税额
原煤		吨	1000.00	500	500000.00	13%	65000.00
合 计					¥500000.00		¥65000.00
价税合计(大写)	⊗伍拾陆万伍仟元整				(小写) ¥565000.00		

备注

开票人:王艳

图3-3 取得的增值税专用发票

送货单如图3-4所示。

中煤集团有限公司
送 货 单

出货日:2023.3.6
客　户:鸿途集团水泥有限公司
地　址:郑州市管城区第八大街经北一路136号
电　话:0371-82738651
联络人:范海亮

品　名	规　格	数　量	单价(元)	金额(元)	发票号码	备　注
原煤	吨	1000	565	565000	78332165	
				0		
				0		
				0		
				0		
				0		
				0		

附注:如有问题请于收货三日内,电洽业务单位

单位主管	业务人员
李博宏	吴宇
送货员	签收人
王伟	罗成

图 3-4　送货单

资料五:应付挂账

2023年3月29日,鸿途集团确认应付账款。

资料六:应付付款

2023年3月31日,鸿途集团完成付款如表 3-4 所示。

表 3-4　付款信息表

供应商名称	付款金额	收款账户
中煤集团有限公司	565 000.00	中国工商银行股份有限公司东城支行

任务要求

假设你是鸿途水泥的财务人员,按照该公司的财务情况,上述原煤采购业务共享后流程应该如何设计?该业务在财务共享服务平台中如何处理?

 任务准备

一、采购的概念

《企业内部控制应用指引第 7 号——采购业务》提到的采购,是指购买物资(或接受劳务)及支付款项等相关活动,具体包括两个方面的内容,一是采购的标的为物资(或接受劳务),二是采购要支付与采购标的物相对应的款项。

二、采购管理——ABC 库存分类控制

帕累托法则(Pareto's Principle),又称二八定律(80/20 原则),被广泛应用于企业管理。

ABC 库存分类控制是根据品种和库存占用资金的多少,运用帕累托法则将其划分为不同等级分别进行管理和控制。

一般分类可以划分为特别重要、一般重要、不重要三个等级,可根据分析对象重要性分布的特性和对象的数量的大小确定分类等级。

三、采购内容

根据 ABC 库存分类控制以及标的物价值的大小,可分为大宗物资采购、一般物资(劳务)采购和小额零星物资采购。

1. 大宗物资采购

主要是主要原材料、辅助材料、包装物、水电气以及商品采购,如原煤、熟料(只针对粉磨站)、石膏、粉煤灰、其他混合材、水泥助磨剂、水泥包装、汽油、柴油、电器材料、轴承螺栓等。

2. 一般物资(劳务)采购

主要指采购金额大、发生频率少的设备,如大型、通用设备备品备件等。

3. 小额零星物资采购

主要指一般价值低、采购数量大的周转材料、办公用品等,如低值易耗品、劳动保护用品等。

四、采购总体目标

(一)阳光采购

企业集团规模大,分布范围广,需要利用现代化技术实现各类物资采购过程的透明化,辅助实现集团有效监督。

(二)降低成本

充分利用企业集团采购需求量大的优势,结合各类物资的需求特性,利用集中采购的手段,以提升议价能力,降低采购成本。

(三)规范流程

规范集团各类物资的采购管理流程和要求,实现物资采购业务的合法、合规性检查体系,加强对采购行为的内控监督。

（四）统一管理

建立统一管控的物料分类体系、物料编码体系、供应商准入及认证体系，建立统一、标准的供应商评价体系，加强采购管理。

（五）提高效率

优化各类物资采购流程，并随着战略进行实时调整，加强业务、采购与需求组织之间的协同，降低沟通障碍，提升采购效率。

五、采购管理职业与主要工作内容

（一）采购需求计划

（1）生产性物料，根据订单进行物料需求规划 MRP 确定采购需求。

（2）非生产性物料，确定安全库存、采购提前期、经济批量和订货点，根据库存计划确定采购需求。

（3）MRO 物料，根据维修计划确定需求进行需求汇总平衡。

（4）项目型物料，需要根据订单和计划确定采购需求。

（二）供应商选择与管理

其工作内容包括供应商寻找、供应商调查、供应商评选、供应商评价、考核和供应商奖惩。

（三）采购数量控制

其工作内容包括计算适当的采购数量、寻找适当的订货方法、灵活运用数量策略、采购数量计算公式运用。

（四）采购品质控制

其工作内容包括事前采购规划、事中采购执行、事后采购考核。

（五）采购价格控制

其工作内容包括采购价格调查、采购价格分析与确定、询价、报价单审核与分析、议价等。

（六）交货期控制

其工作内容包括事前规划确定交货日期和数量、了解供应商生产设备利用率等；事中执行了解供应商生产效率、交货期及数量变更的通知等；事后考核供应商的奖惩方法等。

（七）采购成本控制

其工作内容包括事前查询以往的采购记录或当前市场行情、了解买卖双方的优劣势等；事中寻找 3 家以上合格厂商报价、进行报价分析或成本分析等；事后选择价格适当的厂商签订合约、价格调整的特定因素、现金折扣等。

（八）采购合同管理

其工作内容包括合同拟定、合同签订、修改、归档保管、执行查核等。

（九）采购记录管理

其工作内容包括采购记录设计、采购记录填写、采购记录归档保管。

六、鸿途集团原燃料采购业务共享设计

1. 选择合适的供应商

采购员填写新增供应商申请，部门采购经理审批，财务共享服务中心档案综合岗对供

应商进行档案归档。

2. 对供应商进行询价

由采购员填写询价报价单,录入价格审批单,部门采购经理审批价格审批单。

3. 签订采购合同

采购员录入采购合同,部门采购经理审批采购合同后,传递给业务财务部门,业务财务部门审批采购合同后,财务共享服务中心的档案综合岗审核采购合同。

4. 采购到库自动生成应付款凭证并审核

采购员签订采购订单,部门采购经理审批采购订单后,仓管员办理采购到货,质检员按照到货单到货检查;检查无误后,仓管员办理采购入库,业务财务根据入库单登记发票,并上传影像提交应付单;财务经理审批应付单后,财务共享服务中心应付初审岗审核应付单,自动生成应付款凭证上传至总账;最后由财务共享服务中心的总账主管岗审核记账凭证。

5. 付款

由部门业务财务提交付款单,付款单可由应付单生成;财务经理审批付款单后,财务共享服务中心应付初审岗审核付款单,中心出纳岗付款,付款后自动生成付款凭证;最后总账主管岗审核该付款凭证。

鸿途集团原材料采购共享业务流程如图 3-5 所示。

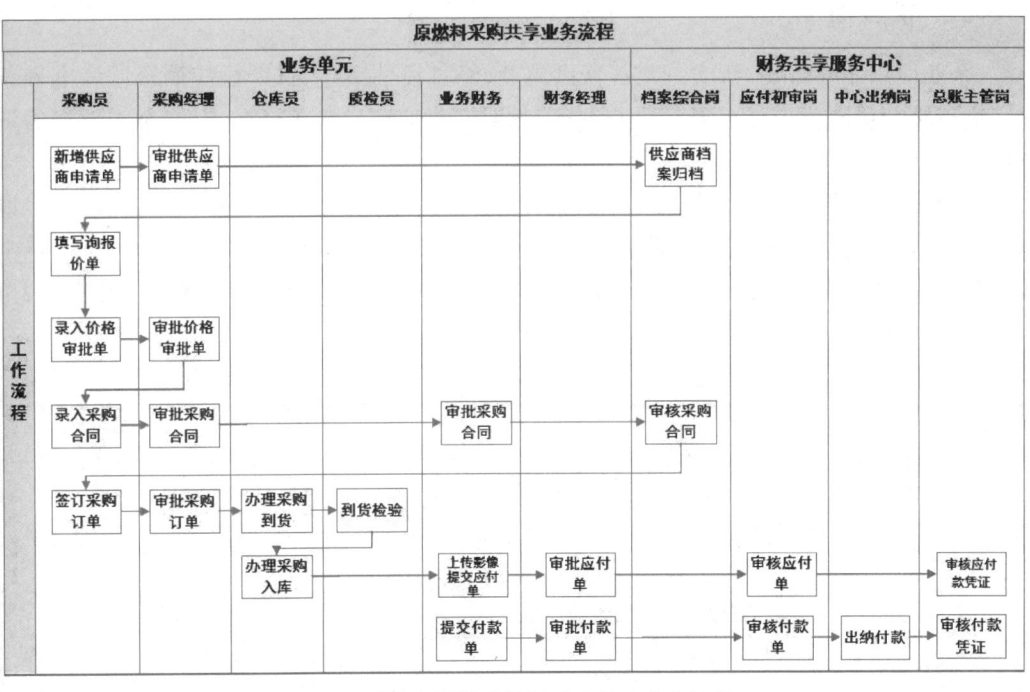

图 3-5 鸿途集团原燃料采购共享业务流程

 任务要领

鸿途集团原燃料的采购共享流程依次为选择合适的供应商、对供应商进行询价、签订采购合同、采购到库自动生成应付款凭证并审核、付款生成付款凭证,需要注意的是在进行业务操作前,进行流程配置。

 任务实施

一、集团管理员进行流程配置

(1) 启用工作流。点击【工作流定义-集团】,左侧选择"基础数据"中的"供应商申请单",选中查询到的供应商申请单,点击右侧【启用】。依次【启用】"应付管理"中的"应付单""付款单"。

(2) 启用审批流。点击【审批流定义-集团】,左侧选择"采购管理"中的"采购价格"下的"价格审批单",选中查询到的价格审批单,点击右侧【启用】。依次【启用】"采购管理"中的"采购订单"下的"原燃料采购",以及"合同管理"下的"采购合同"。

二、供应商准入

企业根据业务需要,新增一家石膏供应商,经过评估审定,符合供应商资质和准入条件,进行维护更新供应商名录。供应商资料归档,供应商申请单任务提取,并查看影像资料,进行批准。

(1) 采购业务员登录财务共享平台,修改登录日期【2023-03-03】,点击【供应商申请单】下的【新增】,进入供应商申请界面,根据任务要求填写申请单如图 3-6 所示,点击【保存】,点击【影像扫描】,上传或扫描原始单据。核查无误后,依次点击【保存】【提交】按钮供应商申请单。

3-1-1
供应商准入

图 3-6 供应商申请单

（2）采购经理审批申请单。采购经理登录平台，点击【审批中心】下的【未处理】，检查单据。审核无误后，点击【批准】。进入财务共享服务中心，完成供应商申请单的审核。

（3）供应商档案归档。档案综合岗登录平台，点击【作业平台】下的【待提取】，点击【任务提取】。核对信息无误后，点击【批准】，批准供应商申请单如图 3-7 所示。

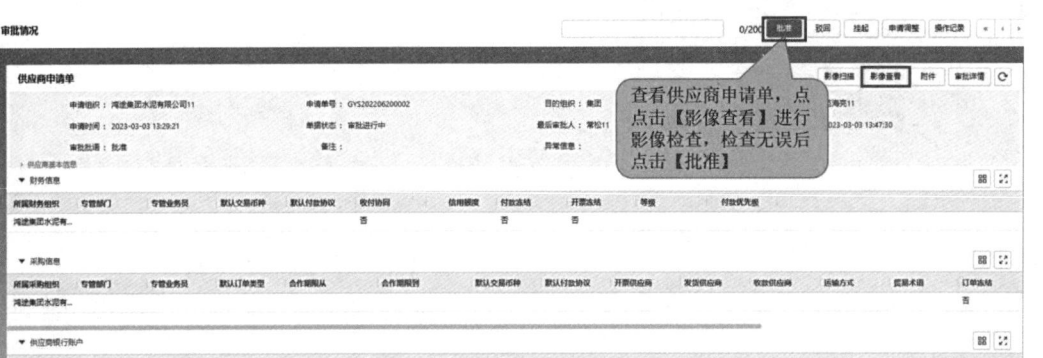

图 3-7　批准供应商申请单

三、询价

（1）采购员组织原煤寻找货源并进行对比价格，经过对比评估后，符合供应商资质审核及准入条件的是中煤集团有限公司，进行维护更新供应商目录。采购员进入系统，修改登录日期【2023-03-03】，点击【询报价单】下的【新增】，选择【自制】，根据任务要求填写询报价单如图 3-8 所示，检查无误后，点击【保存】。

图 3-8　询报价单

采购员点击【价格审批单维护】下的【新增】，根据查询条件勾选对应的【询报价单】，根据任务要求录入信息，检查无误后点击【保存】。点击【价格审批单维护】，根据查询条件勾选对应的【询报价单】，根据详情，检查无误后点击【生成价格审批单】，价格审批单如图 3-9 所示。

点击【展开】，根据相关业务单据内容正确填写【订货数量】，订货数量录入如图 3-10 所示，填好后进行【保存提交】，价格审批单保存提交如图 3-11 所示。

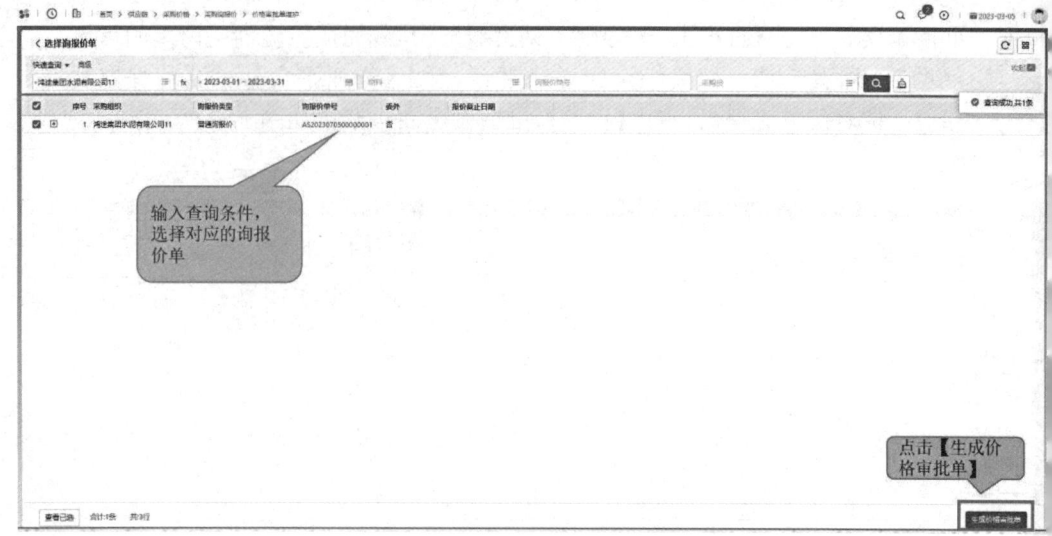

图 3-9　生成价格审批单

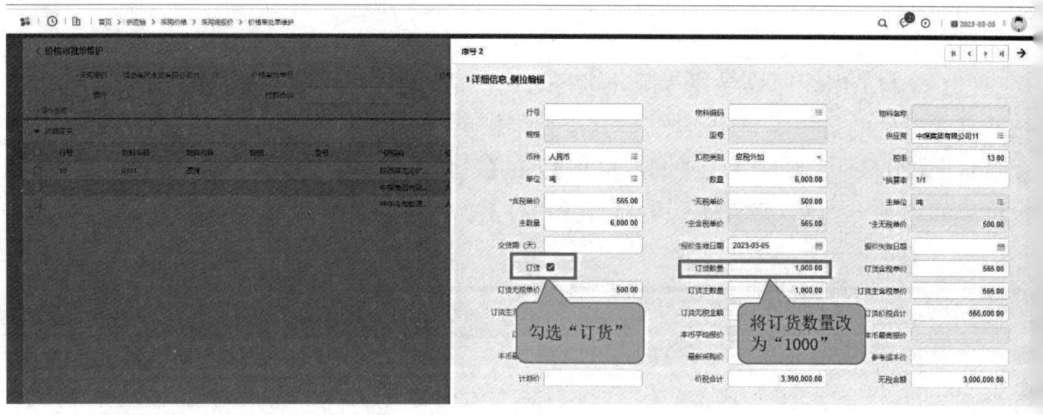

图 3-10　订货数量录入

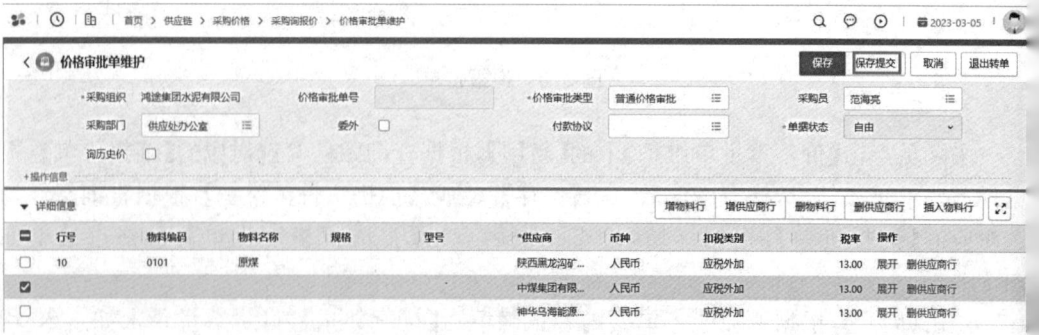

图 3-11　价格审批单保存提交

（2）采购经理登录进入系统，修改登录日期，点击【审批管理】中的【审批中心】，选择【未处理】。检查无误后，点击【批准】，完成价格审批单审批如图 3-12 所示。

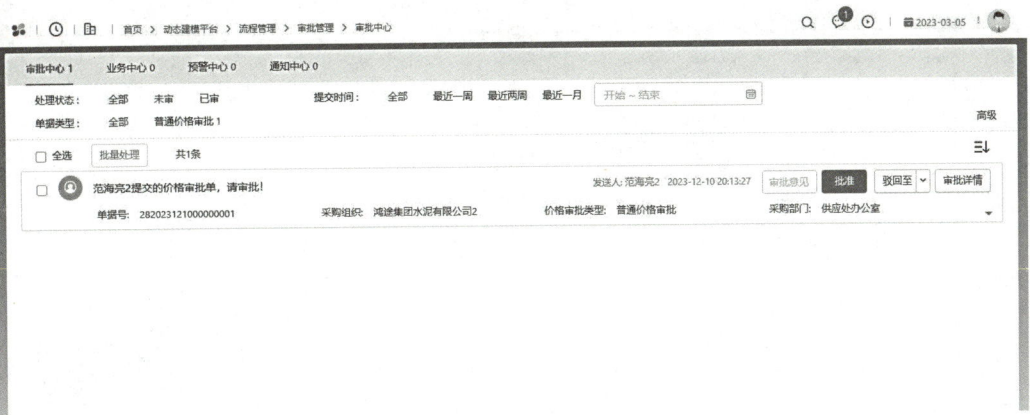

图 3-12　价格审批单审批

四、签订采购合同

鸿途水泥与中煤集团有限公司签订集中采购合同，采购员维护更新合同信息。

（1）采购员登录系统，修改登录日期【2023-03-10】，点击【采购合同维护】中的【新增】，选择【价格审批单】，输入查询条件，选择对应的价格审批单，点击【生成采购合同】，根据业务内容录入采购合同相关信息，点击【保存】，点击【影像扫描】，扫描上传影像，影像上传完成后点击【提交】，生成采购合同。

（3）采购经理审批采购合同。登录平台，修改登录日期【2023-03-10】，点击【审批中心】中的【未处理】，检查采购合同和影像详情，确认无误点击【批准】，完成审批。

（4）业务财务审批采购合同。修改业务日期【2023-03-10】，点击【审批中心】中的【未处理】，检查采购合同和影像详情，确认无误点击【批准】，完成审批。

（5）档案综合岗审核采购合同。修改登录日期【2023-03-10】，点击【审批中心】，检查采购合同，确认无误后，点击【批准】，点击【首页】中的【采购管理】，选择【采购合同】中的【采购合同维护】，输入查询条件，选择对应的采购合同，确认无误点击【生效】，该采购合同才能正式生效。

3-1-5
签订采购合同

>  提示
>
> 输入查询条件时，制单人设置为空。

五、采购到货入库挂账

鸿途水泥采购部根据集中采购合同向中煤集团下达采购订单。

（1）采购员登录平台，修改登录日期【2023-03-29】，点击【采购订单维护】中的【新增】，选择【采购合同生成订单】，输入查询条件选择对应的采购合同，点击【生成采购订

3-1-6
采购到货入库挂账

单】,生成采购订单如图 3-13 所示,进行维护采购订单。

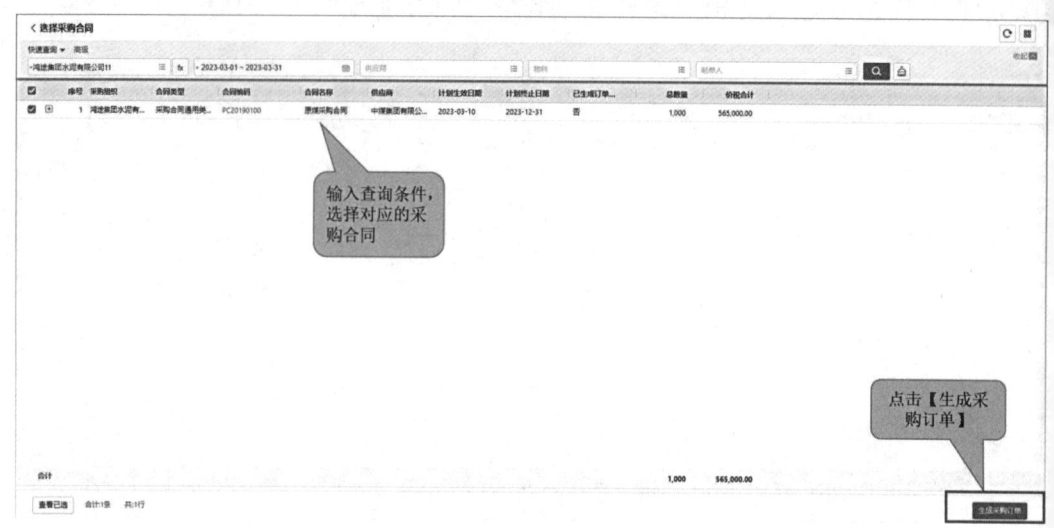

图 3-13　生成采购订单

(2) 采购经理审批采购订单。登录系统,修改登录日期,点击【审批中心】中的【未处理】,展开查看单据详情。检查无误后,点击【批准】。

(3) 仓管员办理采购到货。登录系统点击【业务处理】中的【到货单维护】,输入查询条件,查询出来后选择对应的采购订单,点击【生成到货单】。根据任务要求,选择【收货仓库】为"原燃料库",仓管员确认到货日期、实际收货数量(过磅重量)、收货仓库,点击【保存提交】提交。

(4) 质检部门质检员进行抽样检验。登录系统,修改登录日期,点击【到货单检验】,输入查询条件,例如查询条件为库存组织选择"鸿途水泥",到货日期选择"去年—去年"进行查询,点击【检验】并确定【提交】。

(5) 仓管部门仓管员根据质检单办理采购入库手续,填写采购入库单。点击【采购入库】中的【新增】,点击【采购业务入库】,输入查询条件,查询出来后选择对应的到货单,点击【生成入库单】,点击【自动取数】。检查无误后,点击【保存】,保存后点击【签字】。

(6) 业务财务根据入库单登记发票并上传影像提交应付单。登录系统,点击【采购发票维护】,点击【新增】下的【采购收票】,输入查询条件,选择对应的采购入库单,点击【生成发票】,检查无误后点击【保存提交】。生成应付单据,并上传纸质单据【提交】影像文件。

(7) 财务经理审批应付单据。登录系统,点击【审批中心】中的【未处理】,检查填写的应付单和扫描影像无误后,点击【批准】审批应付单据。

(8) 应付初审岗审核应付单。提取【作业任务】,进行应付单据初审核,点击【影像查看】,检查影像与应付单填写信息是否一致。检查无误后,点击【批准】并生成应付款记账凭证。

(9) 总账主管岗对自动生成的应付凭证进行审核。

六、付款

按照合同约定付款要求,鸿途水泥业务财务上岗,发起提交付款申请单。

(1) 业务财务提交付款单。业务财务进入系统,修改登录日期【2023-03-31】,点击【付款单管理】,点击【新增】下的【应付单】,输入查询条件,选择对应的应付单,点击【生成下游单据】,应付单生成下游单据如图 3-14 所示。选择结算方式【网银】,选择银行账号尾号是"8310"的付款银行账户。检查无误后,点击【保存】,再点击【提交】,或直接点击【保存提交】,生成付款单如图 3-15 所示。

3-1-7 付款

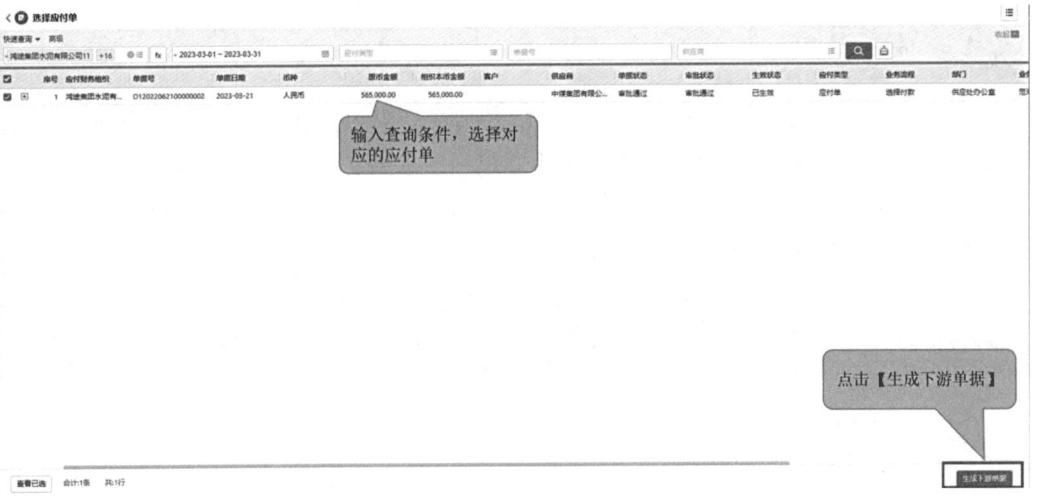

图 3-14　应付单生成下游单据

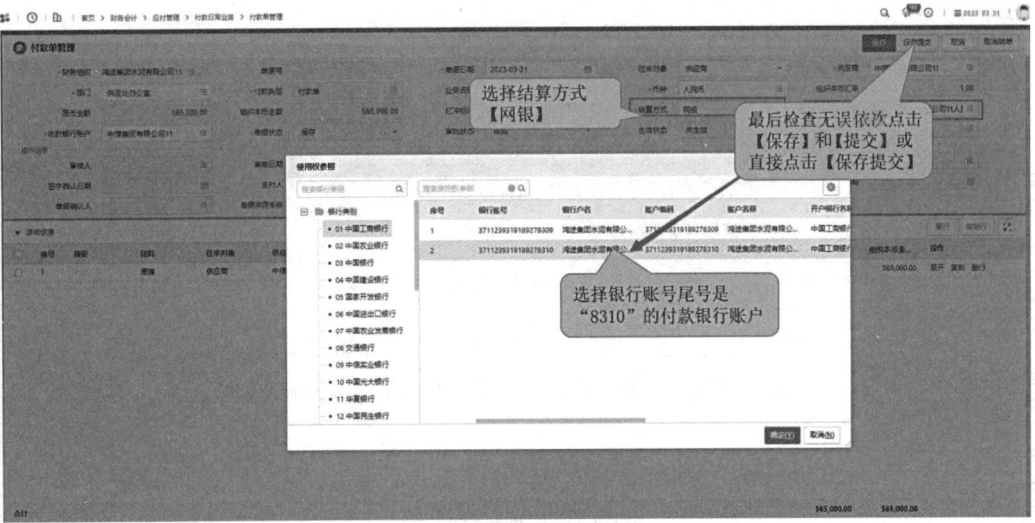

图 3-15　生成付款单

(2) 财务经理审批付款单。财务经理进入系统,修改登录日期【2023-03-31】,点击

【审批中心】中的【未处理】,检查填写付款单无误后,点击【批准】。

(3) 应付初审岗审核付款单。应付初审岗进入系统,修改登录日期【2023-03-31】,点击【作业平台-我的作业】,选择【待提取】,点击【任务提取】,检查付款单无误后,点击【批准】。

(4) 中心出纳付款。中心出纳进入系统,修改登录日期【2023-03-31】,点击【结算处理】中的【结算】,输入查询条件,点击【待结算】,查看内容,点击【支付】中的【网上转账】。

(5) 总账主管审核记账凭证。总账主管进入系统,修改登录日期【2023-03-31】,点击【凭证管理】下的【凭证审核】,输入查询条件,查找需要审核的记账凭证,检查凭证无误后,点击【审核】。

任务总结

原燃料采购共享业务涉及知识点和技能点两部分内容。知识点包括采购的概念、采购管理、采购内容、采购总体目标、鸿途集团原燃料采购业务共享设计的内容;技能点包括原燃料采购业务共享的处理。其中需要注意的是在处理过程中,单据的流转或生成。

原燃料采购共享业务流程所用到的业务单据如表 3-5 所示。

表 3-5 原燃料采购共享业务流程所用到的业务单据

序号	名称	是否进 FSSC	是否属于作业组工作	流程配置
1	供应商申请单	Y	Y	工作流
2	价格审批单	N	—	审批流
3	采购合同	Y	N	审批流
4	采购订单	N	—	审批流

任务评价

表 3-6 "原燃料采购共享业务"任务清单评价表

评价点	权重	工作任务清单	分值	得分
知识	30%	理解采购的概念、内容、目标、管理	10	
		掌握原燃料采购共享业务流程中的控制点及关键点	20	
技能	40%	能够设计并绘制集团原燃料采购共享业务的流程图	15	
		能够在财务共享服务平台中完成原燃料采购共享业务的处理	25	
素养	30%	小组成员之间团结协作	15	
		学生能够自主分析案例问题并解决问题	15	
总体评价			100	

任务二　备品备件采购共享业务

任务情境

资料一：采购需求

2023年3月1日鸿途水泥提出物资采购需求，请购信息如下（其中单价含有13%的增值税）。

公制深沟球轴承100个，单价1 130元，供应商：东莞市大朗昌顺五金加工厂。

资料二：采购到货

2023年3月7日"公制深沟球轴承"到货并检验入库，采购发票随货同到。送货单如图3-16所示，增值税发票如图3-17所示。

东莞市大朗昌顺五金加工厂
送　货　单

出货日：2023.3.6
客　　户：鸿途集团水泥有限公司
地　　址：郑州市管城区第八大街经北一路136号
电　　话：0371-82738651
联络人：范海亮

品　　名	规　格	数　量	单价(元)	金额(元)	发票号码	备　注
公制深沟球轴承	个	100	1130	113000	02974371	
				0		
				0		
				0		

附注：如有问题请于收货三日内，电洽业务单位

单位主管	业务人员
袁世军	于俊轩
送货员	签收人
叶丽雯	罗成

图3-16　送货单

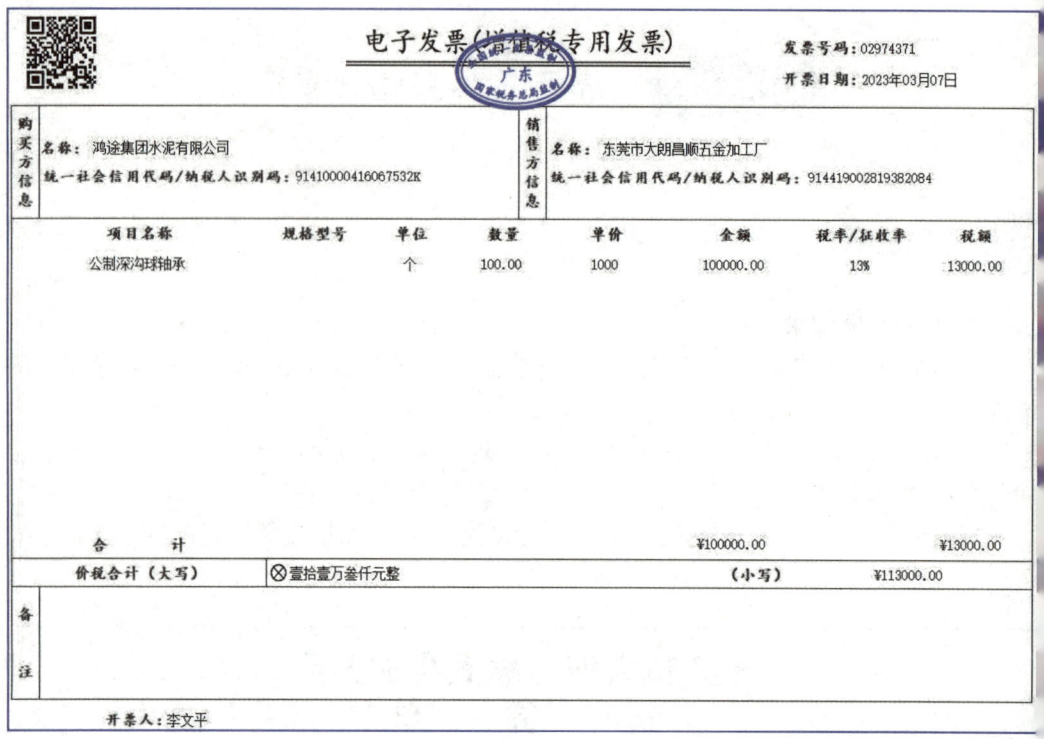

图 3-17 增值税专用发票

备注：发票中的销货单位全称为东莞市大朗昌顺五金加工厂，纳税人识别号为 914419002819382084。

资料三： 2023 年 3 月 15 日，公司网上转账支付该笔款项。

任务要求

假设你是鸿途水泥的财务人员，按照该公司的财务情况，如何设计上述共享业务流程？如何在财务共享服务平台中完成备品备件采购共享业务的处理？

任务准备

一、备品备件采购业务介绍

备品备件属于分公司自采业务，多采用集权采购、谈判法与折扣法、标准化，利于改善供应商绩效的采购策略。备品备件业务适用于非关键性项目，如低值易耗品、备品备件、劳动保护用品、办公用品等。一般情况下分为两个流程。

1. 确定供应商

执行"供应商管理制度"，在招标的过程中对供应商的资质进行审查，审核标准参照准入规则和管理办法；对供应商的考核指标包括：价格、质量、信誉度、售后服务、交货能力；选定供应商后一般签订年度采购合同，采购时直接下单订货。

2. 下单采购

购进物资需经过使用部门门派人质检后才能验收入库，仓库管理员，核对型号、数量后完成入库。供应商开具增值税专用发票，按采购部领导签批意见入账、会计核对采购发票、入库单后处理付款。

二、备品备件采购共享业务处理

（一）备品备件采购共享业务设计思路

和原燃料采购业务共享设计一样，分公司设置采购员、采购经理、仓管员、业务财务、业务经理等岗位，明确各自职责。财务共享服务中心设置应付初审岗、中心出纳岗、总账主管岗贯彻财务方针，支持财务绩效。不同于原材料采购业务共享设计，备品备件多为非关键性项目，因此在分公司设置岗位时，根据需要设置质检员的检查。财务共享服务中心用到的岗位于原材料采购业务共享设计的要少。

（二）原材料采购共享业务流程设计

1. 采购挂账

（1）采购员录入采购订单，采购经理审批采购订单后，仓管员录入入库单。
（2）业务财务录入保存采购发票，并提交应付单，财务经理审批应付单。
（3）财务共享服务中心应付初审岗审核应付单后，系统自动生成应付款凭证，总账主管岗审核凭证。

2. 付款

（1）业务财务根据应付单提交生成的付款单，财务经理审批付款单。
（2）财务共享服务中心应付初审岗审核付款单。
（3）财务共享服务中心出纳根据审核后的付款单进行付款结算，自动生成付款凭证。
（4）财务共享服务中心总账主管对生成的付款凭证进行审核。

鸿途集团备品备件采购共享业务流程如图 3-18 所示。

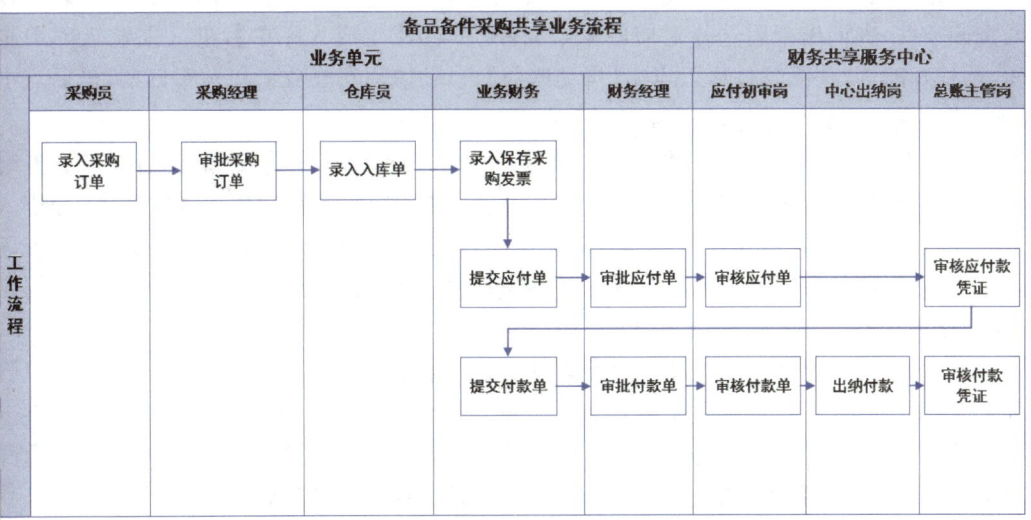

图 3-18　鸿途集团备品备件采购共享业务流程

任务要领

鸿途水泥备品备件的采购业务共享处理前注意先启动工作流、审批流后,才能进行业务处理。具体业务处理与原燃料采购业务共享类似。

任务实施

具体操作步骤如下。

一、集团管理员进行流程配置

(1)启用工作流。点击【工作流定义-集团】,左侧选择"应付管理"中的"应付单""付款单",右侧点击【启用】。

(2)启用审批流。点击【审批流定义-集团】,左侧选择"采购管理"中的"采购订单"下的"备品备件采购",点击右侧【启用】。

二、采购挂账

3-2-1
采购员录入
采购订单

(1)采购员录入采购订单。登录系统,修改登录日期【2023-03-01】,点击【采购业务-采购订单维护】,进入采购订单维护页面。点击【新增】下的【自制】菜单,进入采购订单录入界面。按照案例数据进行填报,填报完。点击【保存提交】完成采购订单录入。

(2)采购经理审批采购订单。登录系统,修改登录日期【2023-03-01】,进入审批中心【未处理】,点击【未处理】入口,找到录入提交的采购订单,检查订单信息误后点击【批准】,完成采购订单的审批工作。

3-2-2
仓管员录入
入库单

(3)仓管员录入入库单。登录系统,修改登录日期【2023-03-10】,点击【采购入库】快,进入【采购入库】页面,点击【新增】下的【采购业务入库】,选择【订单/到货单】页面,输入查询条件,查询出来后选择对应的采购订单。点击【生成入库单】,进入采购入库单页面,选择仓库为"备品备件库",点击【自动取数】,自动填写实收数量和入库日期,最后点击【保存】完成采购入库操作,保存后点击【签字】确认入库。

3-2-3
业务财务录
入保存采购
发票

(4)业务财务录入保存采购发票。根据采购入库单生成采购发票及应付单,业务财务登录系统,修改登录日期为【2023-03-10】。点击【采购业务】中的【采购发票维护】进入采购发票管理页面,点击【新增】下的【采购发票】,进入选择【订单/入库单】页面,输入查询条件,选择对应的采购入库单,点击【生成发票】,生成相应的采购发票信息,检查无误后点击【保存提交】。

3-2-4
业务财务提
交应付单

(5)业务财务提交应付单。点击【采购业务】下的【应付单管理】。点击进入应付单管理页面,"财务组织"选择鸿途水泥,"单据日期"选择"2023-03-01 至 2023-03-31",点击【查询】,查询所有满足条件的应付单,点击【更多-影像扫描】菜单,扫描或导入单据,全部完成后,点击【提交】,点击【保存】,退出【影像扫描】,最后点击【提交】。

(6)财务经理审批应付单。财务经理登录系统,修改登录日期为【2023-03-10】。点击【审批中心】下【未处理】,进入审批中心未处理页面,打开相应应付单,检查填写的应付单和扫描的影像是否无误,检查无误,点击【批准】按钮,完成应付单审批。

(7) 应付初审岗审核应付单。登录系统,修改登录日期为【2023-03-10】,点击【我的作业-待提取】,进入提取页面,点击【任务提取】,打开应付单查看详情信息,与【影像查看】里的电子单据核对,检查无误后,点击【批准】,完成应付单审核。

(8) 总账主管审核记账凭证。总账主管登录系统,修改登录日期为【2023-03-10】,对自动生成的应付款凭证进行审核。

三、付款

3-2-5 付款

(1) 业务财务提交付款单。登录系统,修改登录日期为【2023-03-15】。点击【付款单管理】,进入付款单管理页面。点击【新增】下的【应付单】,输入查询条件,选择对应的应付单,点击【生成下游单据】,生成付款单。付款单结算方式选择"网银",选择相应的银行结算账号,点击【确定】。最后检查无误后点击【保存】,点击【提交】,或可以直接点击【保存提交】,完成付款单的提交。

(2) 财务经理审批付款单。登录系统,修改登录日期【2023-03-15】,点击【审批中心】中的【未处理】,检查填写付款单无误后,点击【批准】。

(3) 应付初审岗审核付款单。登录系统,修改登录日期【2023-03-15】,点击【作业平台-我的作业】,选择【待提取】,点击【任务提取】,检查付款单无误后,点击【批准】。

(4) 中心出纳付款。登录系统,修改登录日期【2023-03-15】,点击【结算处理】中的【结算】,输入查询条件,点击【待结算】,查看内容,点击【支付】中的【网上转账】。

(5) 总账主管审核记账凭证。登录系统,修改登录日期【2023-03-15】,点击【凭证管理】下的【凭证审核】,输入查询条件,查找需要审核的记账凭证,检查凭证无误后,点击【审核】。

> **提示**
>
> (1) 备品备件的采购共享操作与原燃料采购的共享操作基本相同。
>
> (2) 采购计划是通过制订计划来对后续的请购、采购业务进行控制,以及通过预算和实际执行的对比分析,合理控制采购成本和对将来的采购业务改进提供参照依据。采购计划控制所针对的单据,目前支持的控制单据有请购单、采购订单。控制单据在某个时点会形成对采购计划的预占,同时要检查是否超预算。采购计划是全面预算的一个分支,其应用方式与全面预算几乎完全一致。
>
> (3) 核销是建立应收应付收款付款单间的对应联系,结合核销信息能够准确地反映各账龄的债权债务。通常"核"指的是"审核、核实","销"指的是"注销、销账"应付核销是指支付供应商的各种款项并有针对性地进行应付账款的核销,以便清楚掌握供应商的应付余额情况,清晰了解供应商的应付账龄。
>
> (4) "三单"缺一不可。执行"供应商管理制度",选定供应商后一般签订年度采购合同,采购时直接下单订货购进物资需经过使用部门派人质检后才能验收入库,仓库管理员核对型号、数量后完成入库。供应商开具增值税专用发票,按采购部领导签批意见入账、会计核对采购发票、入库单后处理付款,采购付款需要有订单、采购发票、入库单,三者缺一不可。

任务总结

财务共享模式备品备件采购共享业务涉及知识点和技能点两部分内容。知识点包括备品备件采购业务介绍、备品备件采购业务共享设计;技能点包括备品备件采购共享流程的理解以及各岗位业务工作职责。需要注意的是财务共享模式下,对备品备件采购业务的单据要进行工作流、审批流的建模及启用。

备品备件采购共享业务流程所用到的业务单据如表 3-7 所示。

表 3-7 备品备件采购共享业务流程所用到的业务单据

序号	名称	是否进 FSSC	是否属于作业组工作	流程配置
1	采购订单	N	—	审批流
2	入库单	N	—	—
3	采购发票	N	—	—
4	应付单	Y	Y	工作流
5	付款单	Y	Y	工作流

任务评价

表 3-8 "备品备件采购共享业务"工作任务清单评价表

评价点	权重	工作任务清单	分值	得分
知识	30%	理解备品备件采购业务	10	
		掌握备品备件采购共享业务流程中的控制点及关键点	20	
技能	40%	能够设计并绘制备品备件采购共享业务的流程图	15	
		能够在财务共享服务平台中完成备品备件采购共享业务的处理	25	
素养	30%	小组成员之间团结协作	15	
		学生能够自主分析案例问题并解决问题	15	
总体评价			100	

知识巩固

项目三 知识巩固

 **技能提升**

鸿途集团如果是集团集中采购,在财务共享模式下该如何设计集团集中采购业务?

项目四

智能销售共享业务

 知识目标

1. 掌握不同销售类型及接单销售(赊销)业务总体流程。
2. 理解信用管理的意义及信用管理流程。
3. 掌握销售信用在销售流程中的控制点及账期控制关键点。
4. 熟悉产成品销售和其他商品销售的详细业务场景。
5. 了解产成品销售和其他商品销售业务的流程现状及销售需求。

 能力目标

1. 能够设计并绘制集团共享后产成品销售及其他商品销售业务流程图。
2. 能够在财务共享服务平台中完成集团产成品销售系统流程配置、签订销售合同、销售发货出库、应收收款的处理。
3. 能够在财务共享服务平台中完成集团其他商品销售业务中有关销售订货出库、销售应收收款的处理。

 素养目标

1. 培养学生爱岗敬业、诚实守信的品质。
2. 培养学生严谨的工作态度、团队合作能力。
3. 提高学生自主学习的能力、分析问题、解决问题的能力。

 **知识导图**

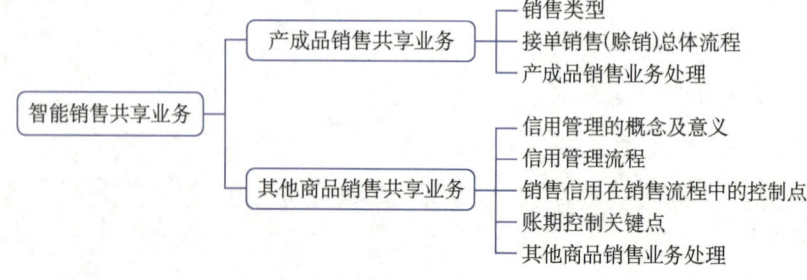

项目导读·思政园地

"弘扬诚信文化,健全诚信建设长效机制"①

习近平总书记在中国共产党第二十次全国代表大会上作报告时指出:"弘扬诚信文化,健全诚信建设长效机制。发挥党和国家功勋荣誉表彰的精神引领、典型示范作用,推动全社会见贤思齐、崇尚英雄、争做先锋"。《国务院办公厅关于进一步完善失信约束制度构建诚信建设长效机制的指导意见》中指出"进一步规范和健全失信行为认定、记录、归集、共享、公开、惩戒和信用修复等机制,推动社会信用体系迈入高质量发展的新阶段"。

"人无信不立,业无信则不兴",企业除重视自身诚信建设外,对于采用赊销方式的销售业务,要加强对客户的信用评定,减少信用风险。销售部门应依据信用政策编制赊销方案,交由信用管理部门(岗位)审核,信用管理部门(岗位)依据客户的信用资料,提出审查意见报相关领导审定。

在本项目中,学生将在财务共享模式下学习企业信用管理、销售业务流程规划设计、销售业务的具体处理操作等知识,通过对业务流程、信用管理工作进行规范,以此保证企业资产的安全,培养学生爱岗敬业、诚实守信的品质。

任务一　产成品销售共享业务

任务情境

鸿途水泥为多元化经营的企业集团,主营业务为水泥及熟料销售,另外生产领域铸造、焦化、发电等业务,在旅游板块有旅游景点、酒店及娱乐业务。其主营销售应收业务包括以下内容:水泥销售、熟料销售、铸件销售、酒店客房销售、景点门票销售等。

资料一:签订销售合同

2023年3月1日,鸿途水泥与天海集团总公司签署《销售合同(合同编码:SC20230182)》,水泥销售合同如图4-1所示,签约信息如下:

合同甲方:天海集团总公司

合同乙方:鸿途集团水泥有限公司

乙方为甲方提供通用水泥产品,供应天海集团的袋装 PC32.5 水泥价格为 300 元/吨(含增值税),月供应数量为 1 000 吨左右,实际数量依据每月的要货申请。

发票随货,并于当月底完成收款结算。

此合同有效期为 2023 年 3 月 1 日至 12 月 31 日。

---

① 习近平在中国共产党第二十次全国代表大会上作报告,https://www.12371.cn/2022/10/25/ARTI166670 5047474465.shtml。

水泥销售合同

合同编码：SC20230182

甲方： 天海集团总公司
地址：河北省张家口市尚义县平安街 15 号
开户银行：中国工商银行尚义县支行
银行账号：500194209456782103

乙方： 鸿途集团水泥有限公司
地址：郑州市管城区第八大街经北一路 136 号
开户银行：中国工商银行郑州分行管城支行
银行账号：3701239319189278309

为了保护甲乙双方的合法权益，甲乙双方根据《中华人民共和国合同法》的有关规定，经友好协商，一致同意签订本合同。本合同自双方签字盖章之日起至 2023 年 12 月 31 日止有效。

一、销售合同明细

乙方为甲方提供袋装 PC32.5 水泥，供应鸿途集团水泥有限公司的 PC32.5 水泥价格为 300 元/吨（含增值税），月供应数量为 1000 吨左右，实际数量依据每月甲方所提交的采购订单。

二、付款时间与付款方式

发票随货，并于当月底完成当月订单的总款项结算。

三、交货地址及到货日期

乙方在甲方发出采购订单后的 10 日内，将货物送至：河北省张家口市尚义县平安街15号天海集团总公司库房。

四、运输方式与运输费

合同金额已包含运费，买方不再额外支付运费。运输方式由卖方安排，卖方务必确保按合同的"到货日期"将货物运抵天海集团总公司库房；如延迟交货，每日按该笔货物金额的 2%收取。

甲方：天海集团总公司
授权代表：吕建国
（盖章）合同专用章
日期：2023 年 3 月 1 日

乙方：鸿途集团水泥有限公司
授权代表：李军
（盖章）合同专用章
日期：2023 年 3 月 1 日

图 4-1　水泥销售合同

资料二：销售发货出库

2023年3月5日鸿途水泥与天海集团总公司签订一笔销售订单并录入系统。销售订单信息如表4-1所示。

表4-1 销售订单信息　　　　　　　　　　　　　　　金额单位：元

项目名称	需求数量	单价	客户
PC32.5水泥	1 000 吨	300.00	天海集团总公司

销售订单审批通过后，2023年3月6日，办理"PC32.5水泥"出库，并通过公路运输发货。

资料三：应收挂账

2023年3月6日，针对"PC32.5水泥"发货，鸿途水泥开具增值税专用发票，增值税专用发票如图4-2所示，票随货走。开具发票的同日，鸿途水泥完成了应收挂账流程，开票相关信息如表4-2所示。

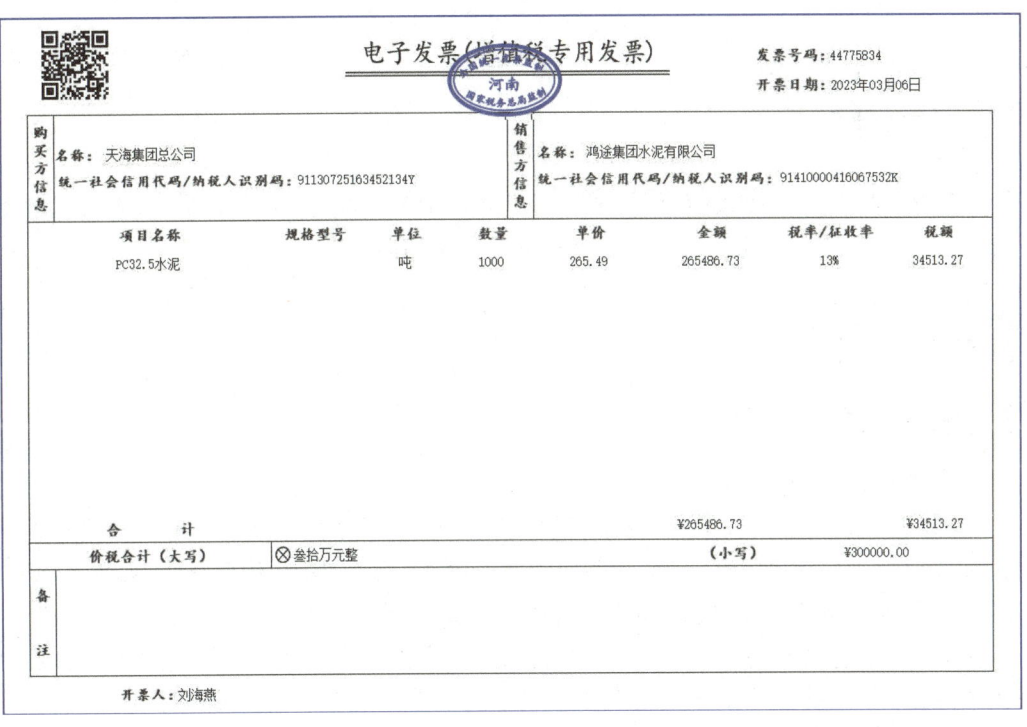

图4-2 增值税专用发票

表4-2 开票相关信息　　　　　　　　　　　　　　　金额单位：元

项目名称	需求数量	含税单价	价税合计	税率	税额	客户
PC32.5水泥	1 000 吨	300.00	300 000.00	13%	34 513.27	天海集团总公司

资料四：应收收款

2023年3月31日，客户打款30万元。相关收款原始凭证如图4-3所示。

图 4-3　收款原始凭证

任务要求

假设你是鸿途水泥的财务人员,按照该公司的财务情况,上述产成品销售业务共享后流程应该如何设计?该业务在财务共享服务平台中如何处理?

任务准备

一、销售类型

1. 直销与分销

直销是指生产者不经过中间环节,把自己的产品直接卖给消费者。分销是指有中间组织代理生产者或品牌商的产品,中间组织有经销商(视同买断)、代理商(不买断)。

2. 单组织销售与跨组织销售

单组织销售是指票货属于同一组织。例如,A 公司接单向甲客户卖自己的货、开自己的票、自己收钱。跨组织销售是指票货不属于同一财务组织。例如,某集团的 A 销售中心向甲客户卖集团内 B 工厂的货,由 B 工厂发货,但由 A 销售中心开票、收款。

3. 接单销售与销售补货

接单销售是指先有明确的客户采购订单再销售。销售补货是指先补货后销售。例如,沃尔玛的自动补货系统能使供应商自动跟踪补充各个销售点的货源。

4. 现销与赊销

现销是指先全额收款,才进行后续开票和出库活动。赊销是指以信用为基础的销售,卖方与买方签订购货协议后,卖方让买方取走货物,而买方按照协议在规定日期付款或分期付款形式付清货款。

二、接单销售(赊销)总体流程

接单销售(赊销)总体流程如图 4-4 所示。

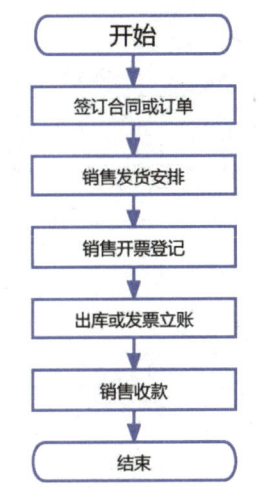

图 4-4 接单销售(赊销)流程图

三、产成品销售业务处理

1. 会计信息化模式下的处理

(1)已实施 ERP 系统的企业基本已实现供应链业务的业务财务一体化。
(2)销售业务流程基本一致,业务关键控制点略有不同。
(3)销售价格多样化,审批、执行及监管不便捷。
(4)手工工作量人,较易出现错误(客户余额计算、返利计算)。
(5)工厂布局、硬件不同,发货流程无固定形式、单据格式不同、流转不统一,不便于统一化和精细化管理。
(6)统计报表以手工为主,工作量大,及时性较差。

鸿途集团产成品一般销售流程如图 4-5 所示。

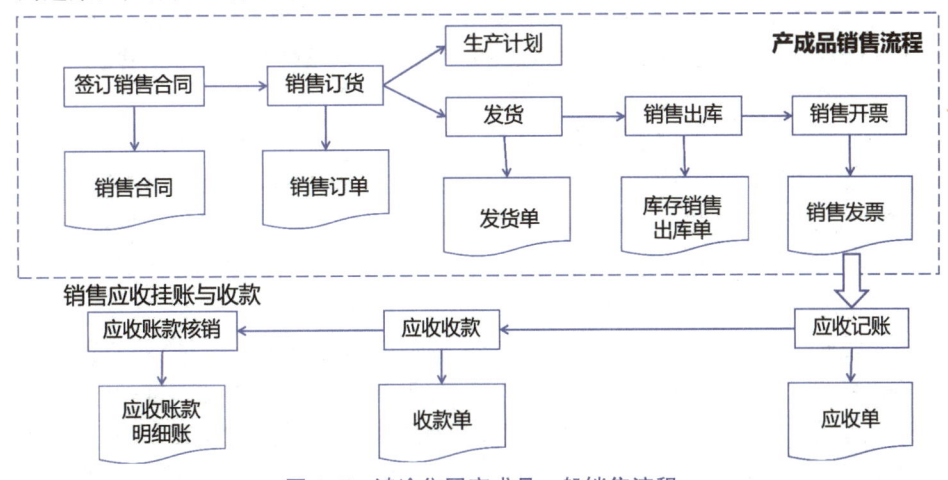

图 4-5 鸿途集团产成品一般销售流程

2. 财务共享模式下处理

针对会计信息化模式下产成品销售的问题,我们要对业务的流程以及业务管理的痛点进行梳理和业务流程的设计。在企业建立财务共享服务中心以后,产成品销售共享业务流程如图 4-6 所示。

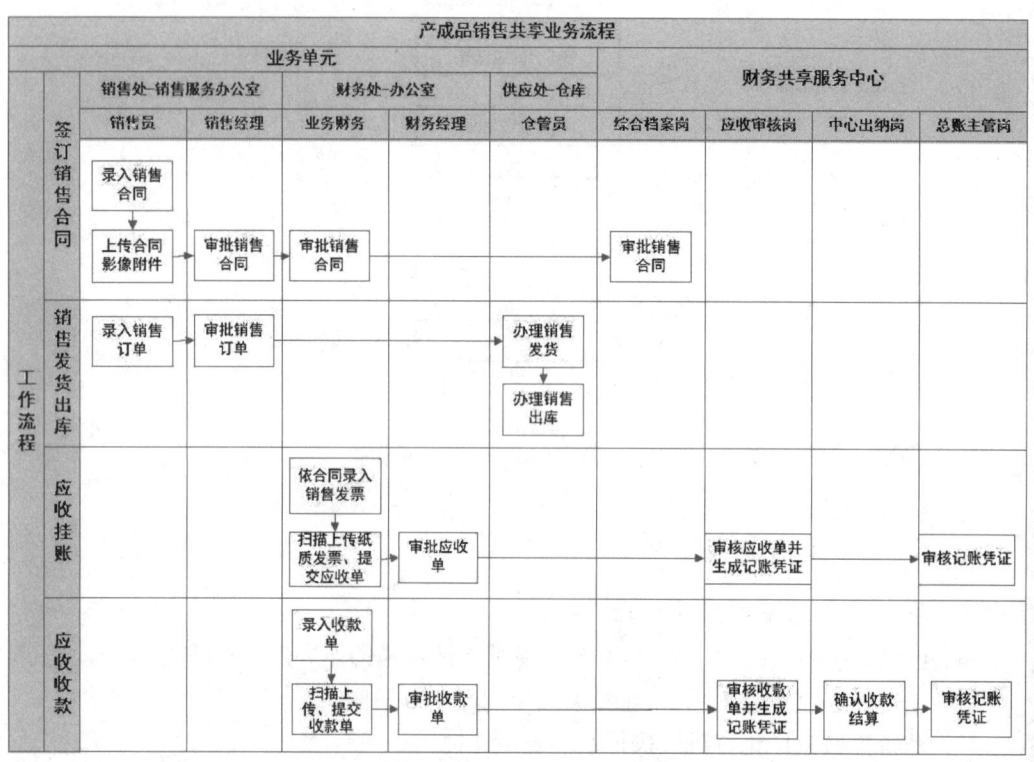

图 4-6 鸿途集团产成品销售共享业务流程

(1) 签订销售合同。销售员登录系统根据纸质的销售合同,录入销售合同,并将合同的影像单据扫描上传至系统,销售经理审批销售合同,业务财务也要审批销售合同。最后财务共享服务中心的综合档案岗,审核销售合同并进行销售合同电子档案的归档。

(2) 销售发货出库。销售员进入平台之后,根据销售合同生成销售订单,销售订单经销售经理审批后,仓库管理员要进行发货通知单的维护以及销售出库单的维护,最终办理所售商品的具体出库。

(3) 应收挂账环节。业务财务进入平台之后要依据销售合同录入销售发票,同时要将发票的影像单据上传到系统当中,并提交应收单到财务经理进行审批,财务经理审批无误之后,单据流转到财务共享服务中心,由应收审核岗进行单据的提取,提取成功以后,依据上传的原始单据的影像进行应收单据的审核,审核以后系统会自动地生成记账凭证,最后由总账主管进行记账凭证的审核。

(4) 应收收款环节。业务财务进入平台之后要进行收款单的维护,并将银行回单的影像单据上传到系统,并将收款单提交至财务经理进行审批,财务经理审批以后,单据流转到财务共享服务中心,应收审核岗根据上传的银行回单进行收款单的审核并生成记账凭证,中心出纳确认收到货款并进行相应的结算,最后总账主管进行记账凭证的审核。

产成品销售的财务共享业务处理中,需要注意判断业务流程中的各个单据是否要进入财务共享服务中心,还要判断单据是否需要分配到某个财务共享服务中心的作业组,必须由该成员单位从作业平台上进行提取。

一、系统流程配置

(1) 集团管理员进行流程配置。点击【审批流定义-集团】,左侧选择"合同管理"中的"销售合同",选中鸿途集团的销售合同,点击右侧【启用】,销售合同审批流启用如图4-7所示。

4-1-1
系统流程
配置

图 4-7　销售合同审批流启用

(2) 点击【搜索】按钮,搜索"销售订单",点击【启用】;同理,完成销售发货单、销售出库单、销售发票的启用。

(3) 返回"流程管理",选择【工作流定义-集团】,选择"应收管理""收款单",查看流程状态,点击【启用】;点击【应收单】,点击【启用】,应收单工作流启用如图4-8所示。

图 4-8　应收单工作流启用

二、签订销售合同

4-1-2
签订销售
合同

（1）销售员录入销售合同。修改右上角时间为业务发生日期【2023-03-01】，点击【我的报账】，点击【销售合同通用类型】打开销售合同维护界面，根据销售合同，依次录入合同信息："销售组织"选择"鸿途集团水泥有限公司"，"合同编码"为"SC20230182"，"合同名称"为"水泥销售合同"，"计划生效日-计划终止日期"填写为"2023-03-1 至 2023-03-31"；选择"客户"为"集团外部客户"，选择"天海集团总公司"，点击【增行】，填写"物料编码"，选择"PC32.5 水泥袋装"；在"合同基本"下填写"数量"及"含税单价"，点击【保存】，销售合同录入如图 4-9 所示；点击【影像】，再点击【影像扫描】，销售合同上传成功后，返回上一界面后，点击【提交】。

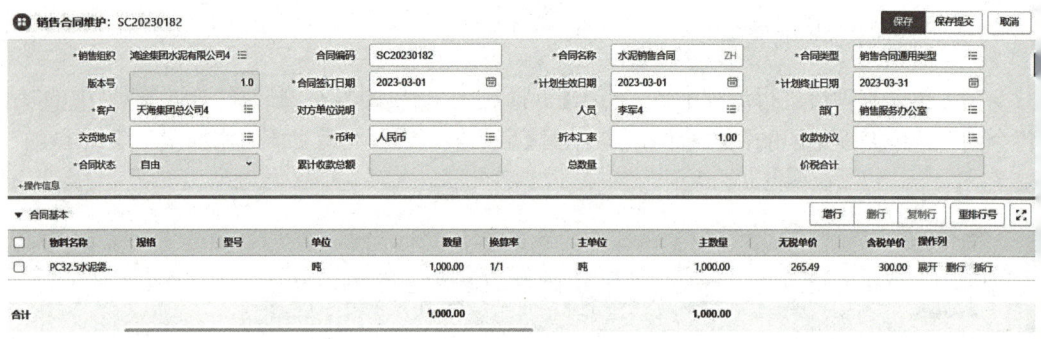

图 4-9　销售合同录入

（2）销售经理审批销售合同。点击【审批中心】，点击【未处理】，选择需要审核的销售合同，点击【影像查看】，查看信息无误后返回上一界面，点击【批准】，销售合同审批如图 4-10 所示。

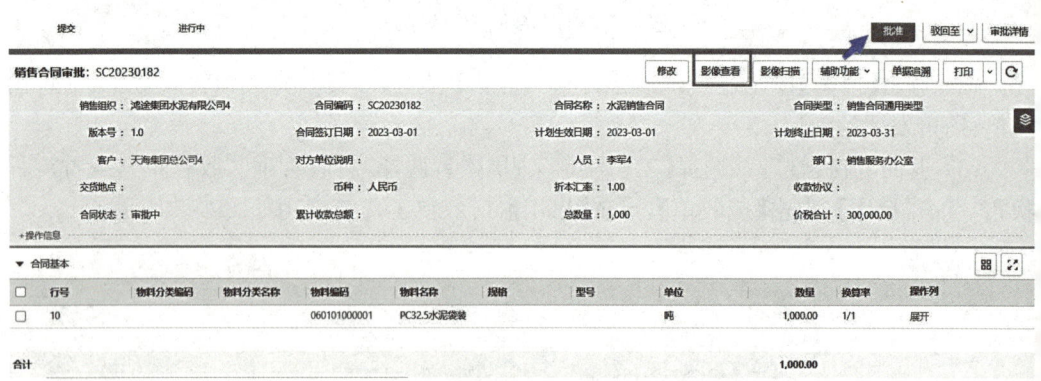

图 4-10　销售合同审批

（3）业务财务审批销售合同。点击【审批中心】，点击【未处理】，选择需要审核的销售合同，点击【影像查看】，查看信息正确后返回上一界面，点击【批准】。

（4）档案综合岗进行销售合同归档。点击【审批中心】，点击【未处理】，选择待处理的项目，查看信息无误后，点击【批准】。返回首页，点击【销售合同维护】，销售组织选择"鸿途集团水泥有限公司",确定查询日期,点击【查询】,查询销售合同如图 4-11 所示,选中合同,点击【影像】,再点击【影像查看】,销售合同影像查看如图 4-12 所示,返回上一界面,点击【生效】,点击【确定】。

图 4-11　查询销售合同

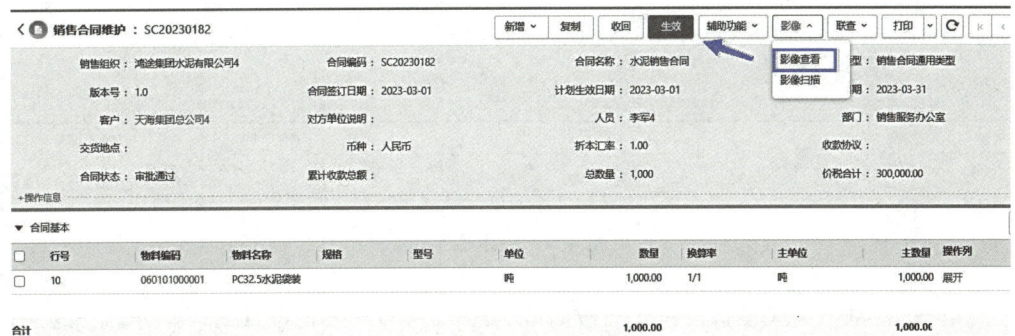

图 4-12　销售合同影像查看

三、销售发货出库

（1）销售员录入销售订单。修改时间为【2023-03-05】,点击【销售订单维护】,点击【新增】中的【销售合同生成订单】,查询并选择合同号为"SC20230182"的销售合同,点击【生成销售订单】,生成销售订单后点击【保存】,点击【提交】,生成销售订单如图 4-13 所示。

4-1-3
销售发货
出库

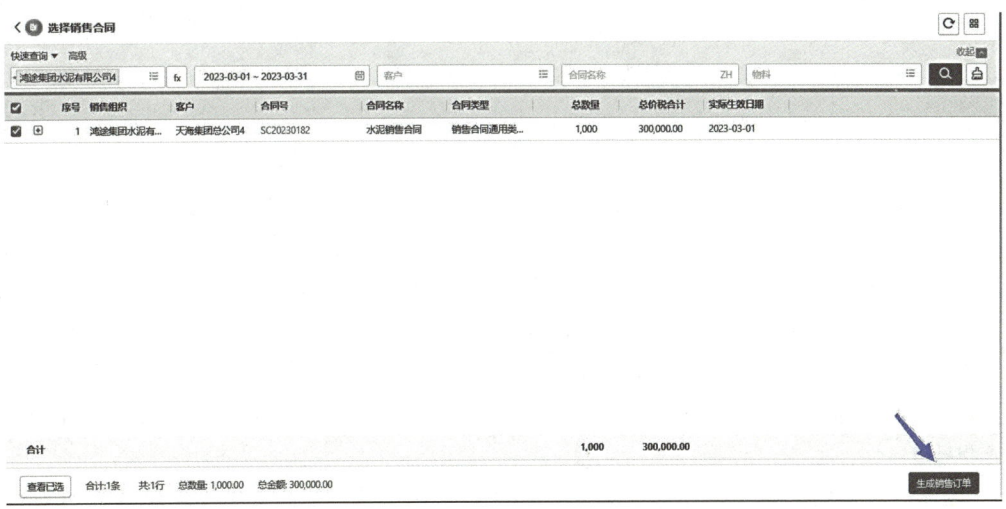

图 4-13　生成销售订单

(2) 销售经理审批销售订单。点击【审批中心】,点击【未处理】,打开待审批的订单,查看信息无误后,点击【批准】。

(3) 仓管员办理销售发货和出库。修改时间为【2023-03-06】,点击【发货单维护】,点击【发货】,查询并选择单据尾号为"1"的销售订单,点击【生成发货单】,选择"运输方式"为"公路运输",点击【保存提交】;回到主界面,点击【销售出库】,新增"销售业务出库",查询并选择相应的发货单,点击【生成出库单】,选择"仓库"为"产成品库"、"出入库类型"为"普通销售出库",点击【自动取数】,然后点击【保存】,点击【签字】,销售出库如图 4-14 所示。

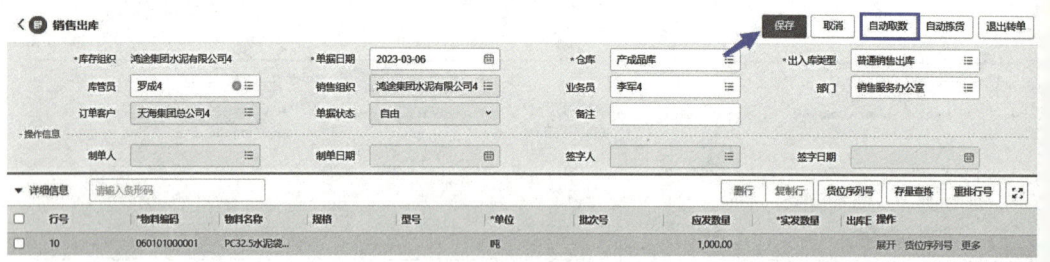

图 4-14　销售出库

(4) 业务财务生成销售发票。修改时间为【2023-03-06】,点击【销售业务】中的【销售发票维护】,点击【销售开票】,查询并选择"鸿途集团水泥有限公司"的出库单,点击【生成销售发票】,选择"发票类型"为"增值税专用发票",点击【保存提交】,生成销售发票如图 4-15 所示。

图 4-15　生成销售发票

(5) 业务财务扫描发票,提交应收单。点击【销售业务】中的【应收单管理】,查询并选择财务组织为"鸿途集团水泥有限公司",选择客户为"天海集团总公司"的单据,点击【更多】中的【影像扫描】,连接至扫描仪后,点击【扫描】,放入单据后,再点击【扫描】,扫描成功后点击【上传】,点击【保存】,最后点击【提交】。

(6) 财务经理审批应收单。点击【审批中心】,点击【未处理】,选中相应的应收单,点击【更多】中的【影像查看】,应收单审批如图 4-16 所示,查看信息无误后返回上一界面,点击【批准】。

(7) 应收审核岗审核应收单。点击【我的作业】中的【待提取】,点击【任务提取】选择任务单据,点击【批准】。

项目四　智能销售共享业务　93

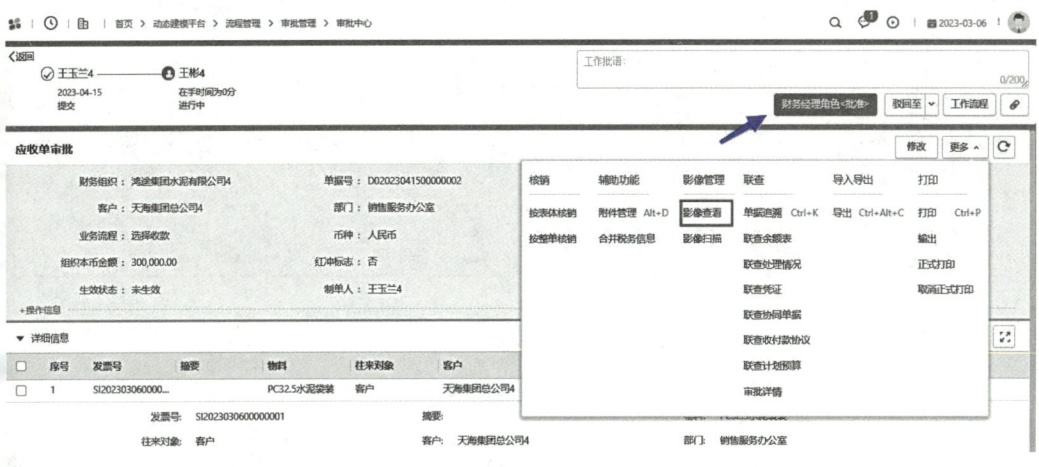

图 4-16　应收单审批

（8）总账管理岗审核记账凭证。点击【凭证管理】，选择"凭证审核"，财务核算账簿选择"基准账簿"，选择"鸿途集团水泥有限公司"3月6日的记账凭证，记账凭证审核如图 4-17 所示，查看信息无误后点击【审核】。

图 4-17　记账凭证审核

四、应收款项收回

（1）业务财务录入收款单，扫描上传影像并提交收款单。修改时间为【2023-03-31】，点击【销售业务】中的【收款单管理】，选择"财务组织"为"鸿途集团水泥有限公司"，点击【新增】中的【应收单】，查询选择3月6日审批通过的应收单，点击【生成下游单据】，选择"结算方式"为"网银"，"收款银行账户"选择尾号为"9"的账户，"付款银行账户"选择"天海集团总公司"，点击【保存】，收款单管理如图 4-18 所示；点击【更多】中的【影像扫描】，连接至扫描仪后，点击【扫描】，放入单据后，再点击【扫描】，扫描成功后点击【上传】，点击【保存】，最后点击【提交】。

4-1-4
应收款项
回收

（2）财务经理审批收款单。点击【审批中心】，点击【未处理】，选中待审收款单，点击【更多】中的【影像查看】，信息无误后，返回上一界面，点击【批准】。

（3）应收审核岗审核收款单。点击【我的作业】中的【待提取】，点击【任务提取】，选择待提取的收款单，点击【更多】中的【影像查看】，查看信息无误后，返回上一界面，点击【批准】。

图 4-18 收款单管理

(4) 中心出纳岗确认收款结算。点击【结算处理】，点击【结算】，查询并选择"鸿途集团水泥有限公司"的待结算单据，打开单据点击【展开】查看，单据确认无误后，点击【结算】，收款结算如图 4-19 所示。

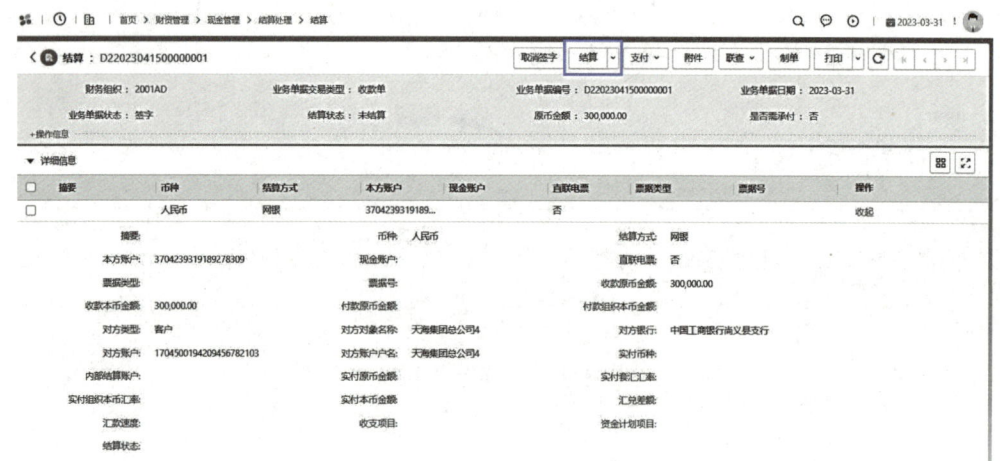

图 4-19 收款结算

(5) 总账主管岗审核记账凭证。点击【凭证管理】中的【凭证审核】，财务核算账簿选择"基准账簿"，选择"鸿途集团水泥有限公司"3 月 31 日的记账凭证，点击【审核】，记账凭证审核如图 4-20 所示。

图 4-20 记账凭证审核

任务总结

财务共享模式下产成品销售业务的处理涉及知识点和技能点两部分内容。知识点包括销售类型、接单销售（赊销）总体流程、产成品销售业务共享后的业务流程的规划设计；技能点包括签订销售合同、销售发货出库、应收挂账以及应收收款共享流程的理解以及各岗位业务工作职责。需要注意的是财务共享模式下，产成品销售业务的单据中我们要对销售合同、销售订单、销售发货单、销售出库单、销售发票进行审批流的建模及启用，对应收单和收款单进行工作流的建模及启用。

产成品销售共享业务流程所用到的业务单据如表 4-3 所示。

表 4-3　产成品销售共享业务流程所用到的业务单据

序号	名称	是否进 FSSC	是否属于作业组工作	流程设计工具
1	销售合同	Y	N	审批流
2	销售订单	N	—	审批流
3	销售发货单	N	—	审批流
4	销售出库单	N	—	审批流
5	销售发票	N	—	审批流
6	应收单	Y	Y	工作流
7	收款单	Y	Y	工作流

任务评价

表 4-4　"产成品销售共享业务"任务清单评价表

评价点	权重	工作任务清单	分值	得分
知识	30%	掌握不同销售业务的类型	20	
		掌握赊销业务总流程	10	
技能	40%	能够设计并绘制集团共享后产成品销售业务流程图	15	
		能够在财务共享服务平台中完成集团产成品销售业务的处理	25	
素养	30%	小组成员之间能有效沟通、团结合作	15	
		学生能够自主分析案例问题并解决问题	15	
		总体评价	100	

任务二　其他商品销售共享业务

任务情境

资料一：销售发货出库

鸿途水泥对天海中天精细化工有限公司基本情况、履约能力、合同管理、信用记录四个方面进行综合评估后由集团统一授信，授信额度为100万元，有效期2023年3月1日至2023年12月31日。2023年3月5日鸿途水泥与天海中天精细化工有限公司签定一笔材料销售订单，销售发货信息如表4-5所示。发货时间为3月11日，价格为226元/吨（含增值税），并生成销售发货单；出库时间也是3月11日，从销售发票审核日期开始算起账期10天。

表4-5　销售发货信息

项目名称	需求数量	客户
天然石膏	1 000 吨	天海中天精细化工有限公司

2023年3月11日，"天然石膏"发货出库。

资料二：应收挂账

2023年3月11日，针对"天然石膏"发货开具增值税专用发票，增值税专用发票如图4-21所示。票随货走，当日完成了后续的应收挂账流程，发票相关信息如表4-6所示。

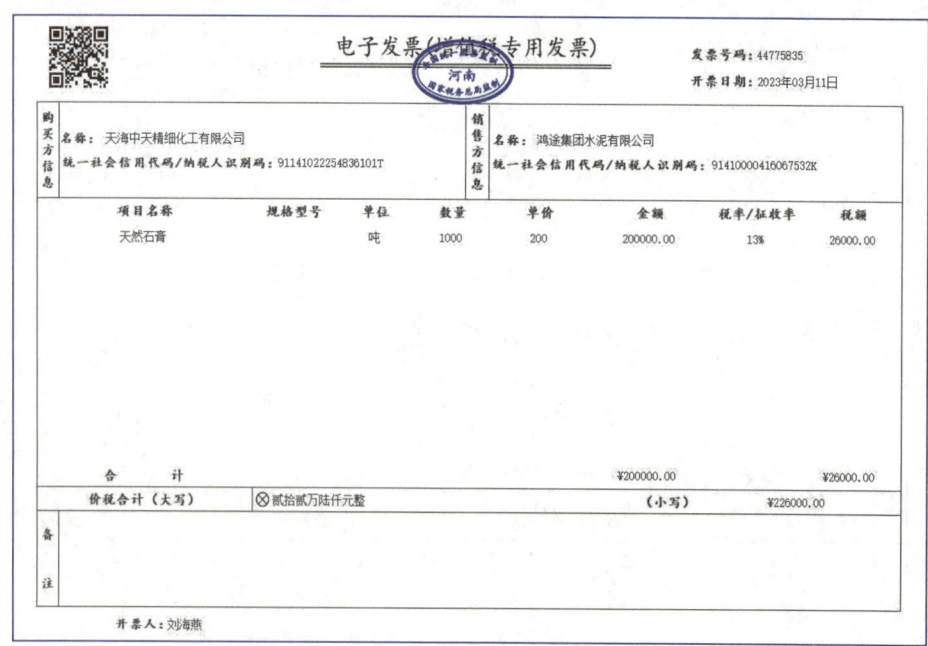

图4-21　增值税专用发票

表 4-6　发票相关信息　　　　　　　　　　　　　　　　金额单位:元

项目名称	需求数量	含税单价	价税合计	税率	税额	客户
天然石膏	1 000 吨	226.00	226 000.00	13%	26 000.00	天海中天精细化工有限公司

资料三：应收收款

2023 年 3 月 31 日,客户打款。收到客户通知并从网银系统获得银行收款电子回单的打印件,银行电子回单如图 4-22 所示,在系统里录入该笔收款单,收款信息如表 4-7 所示。

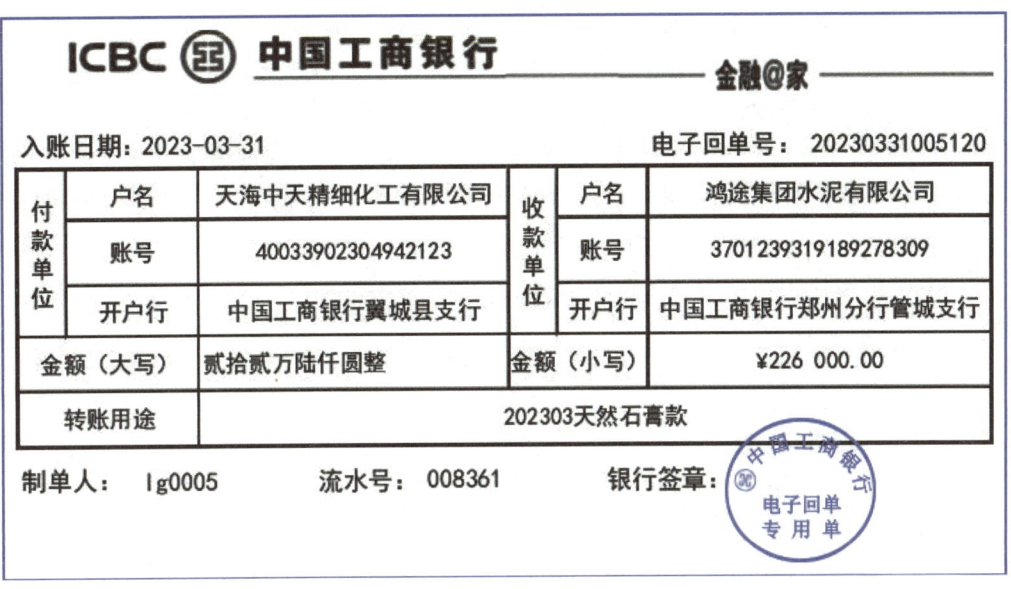

图 4-22　银行电子回单

表 4-7　收款信息　　　　　　　　　　　　　　　　金额单位:元

客户名称	收款金额
天海中天精细化工有限公司	226 000.00

任务要求

假设你是鸿途水泥的财务人员,按照该公司的财务情况,上述其他商品销售业务共享后流程应该如何设计? 该业务在财务共享服务平台中如何处理?

任务准备

一、信用管理的概念及意义

1. 信用管理

信用管理是指对在信用交易中的风险进行管理,即对信用风险进行识别、分析和评估。制定信用管理政策,指导和协调内部各部门的业务活动,可以保障应收账款安全和及时的回收,有效地控制风险和用最经济合理的方法综合处理风险,使风险降低到最低程度。企业的信用管理注重对客户信息的收集和评估、信用额度的授予、债权的保障、应收账款的回收等各个交易环节的全面监督。

2. 信用管理的意义

(1) 短期意义:随时监控客户的应收账款的回收,对出现的问题及时处理。为了随时监控客户的应收账款,企业一定要与客户保持密切的联系和及时的沟通。此外,在出现客户无法偿还款项时,应当要求其提供担保,减少坏账损失的风险。

(2) 长期意义:有效提升客户的质量。信用管理规范的企业对资信状况良好的企业给予超过市场平均水平的信用额度和信用期。而对于资信状况较差的客户,则进行现款交易或给予较小的信用额度和较短的信用期。对后类客户其本来就存在资金周转的问题,在企业不给予融资机会时,一部分会慢慢退出,令部分则看到资信状况较好的客户能得到更优惠的信用环境,会不断改变自身的资信状况,最终企业会拥有一个稳定守信的客户群,企业的形象也会得到很大提高。这对企业而言,是生存环境的改善,是一个对企业的发展起到推动作用的长期有利因素。

二、信用管理流程

信用管理流程如图 4-23 所示。

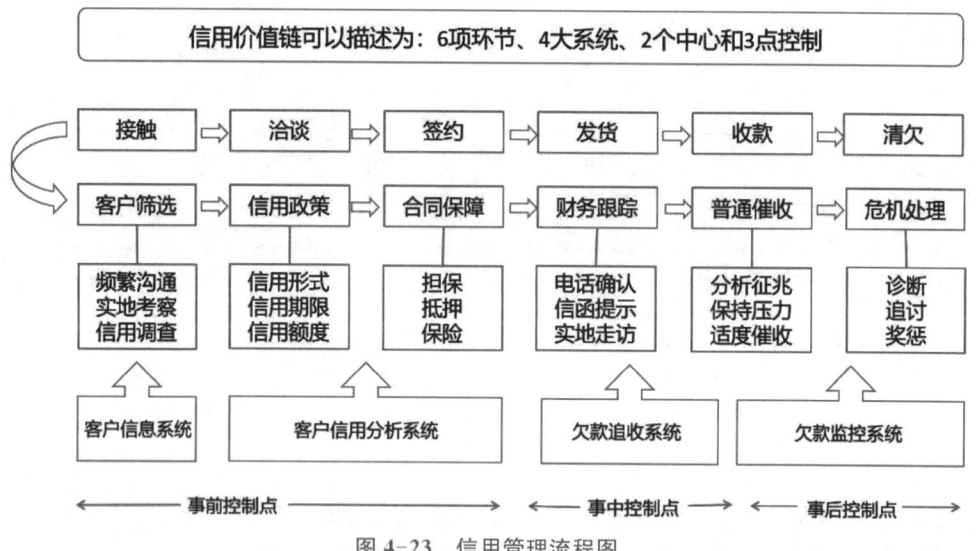

图 4-23 信用管理流程图

三、销售信用在销售流程中的控制点

销售信用在销售流程中的控制点如图 4-24 所示。

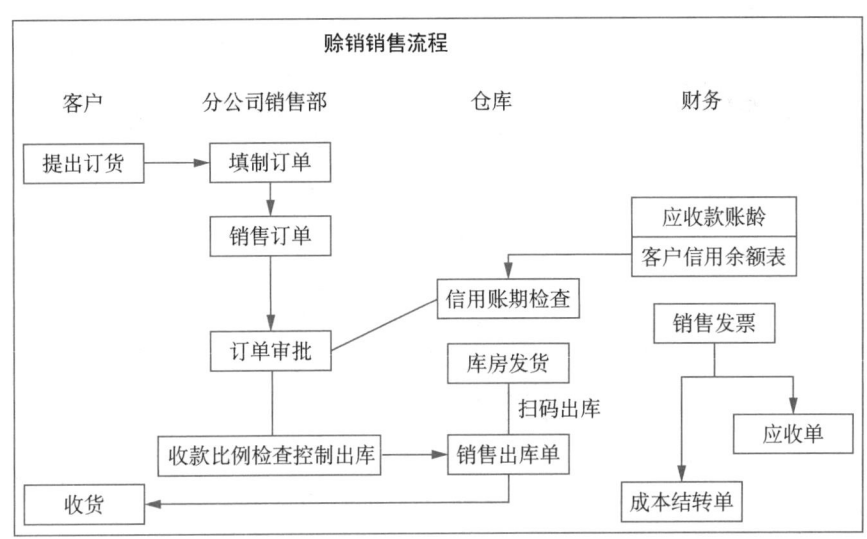

图 4-24 销售信用在销售流程中的控制点

四、账期控制关键点

1. 起效日期

销售合同生效日期;销售订单日期、销售订单审批日期;发货单日期、发货单审批日期;出库日期、出库签字日期;销售开票日期、销售发票审核日期。

> **提示**
>
> 以上预置时点系统自动处理起算日期的计算;项目可自定义收款时点,如验收日期。

2. 账期检查

只有生成应收单或未确认应收后,才进入账检查范围。例如,下单后 30 天账期:11 月 1 日下单,出库后没有开发票也没有暂估应收,12 月 10 日账期检查不会提超账期。

五、其他商品销售业务处理

1. 会计信息化模式下的处理

目前企业针对其他商品销售存在业务管理上存在一些痛点,具体有以下几点:销售业务流程基本一致,业务管控控制点略有不同。销售价格多样化,执行及监管不便捷。手工工作量比较大,比较容易出错,如客户余额的一些计算,返利计算等。工厂布局硬件不同,发货流程无固定的形式,单据的格式不同,不便于统一化和精细化的管理。统计报表时主要是以手工为主,工作量比较大,时效性差。

鸿途集团其他商品一般销售流程如图 4-25 所示。

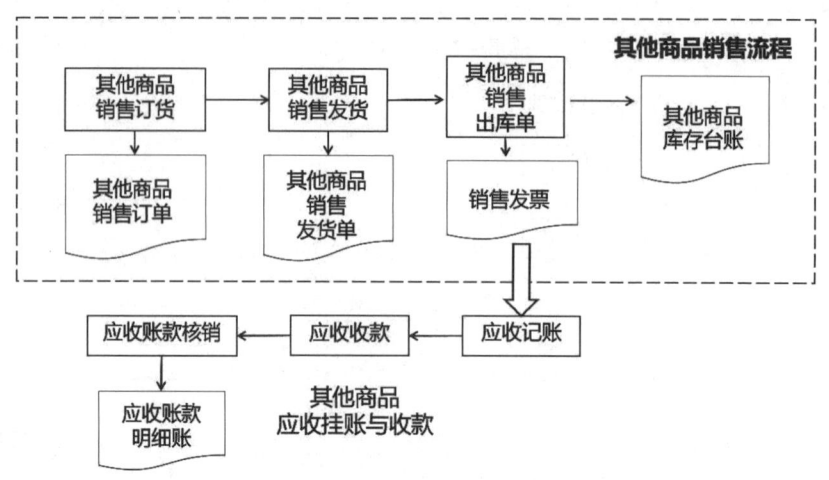

图 4-25 鸿途集团其他商品一般销售流程

2. 财务共享模式下处理

针对会计信息化模式下其他商品销售的问题,我们要对业务的流程以及业务管理的痛点进行梳理和业务流程的设计。在企业建立财务共享服务中心以后,其他商品销售共享业务流程如图 4-26 所示。

		其他商品销售共享业务流程							
		业务单元				财务共享服务中心			
		销代处-销售服务办公室		财务处-办公室		供应处-仓库			
		销售员	销售经理	业务财务	财务经理	仓管员	综合档案岗	应收审核岗	中心出纳岗	总账主管岗
工作流程	销售订货出库	签订销售订单（受销售信用控制）	审批销售订单			办理销售发货 办理销售出库				
	应收挂账			录入、保存销售发票 扫描上传纸质发票、提交应收单	审批应收单			审核应收单并生成记账凭证		审核记账凭证
	应收收款			录入收款单 扫描上传回单、提交收款单	审批收款单			审核收款单并生成记账凭证	确认收款结算	审核记账凭证

图 4-26 鸿途集团其他商品销售共享业务流程

(1) 销售订货出库。销售员登录财务共享服务平台,根据纸质的销售合同录入销售订单,并将销售合同的扫描影像上传至系统,经销售经理审批,审批后由仓管员办理销售发货以及销售出库。

(2) 应收挂账。业务财务根据销售合同录入发票,同时要将发票的影像单据上传到系统当中，并提交应收单由财务经理进行审批，财务经理审批后，该单据会流转到财务共享服务中心，由应收审核岗进行单据的提取，并根据销售发票的影像审核应收单，应收单审核以后系统自动生成记账凭证，最后总账主管审核记账凭证。

（3）应收收款。各成员单位的业务财务根据银行回单原始单据录入收款单，并将银行回单影像单据上传至系统，然后提交至财务经理进行审批。财务经理审批以后，单据流转到财务共享服务中心，应收审核岗根据上传的银行回单进行收款单的审核并生成记账凭证，中心出纳进行收款结算的确认，最后由总账主管进行记账凭证的审核。

任务要领

其他商品销售过程中涉及的单据有销售合同、销售订单、销售发货单、销售出库单、销售发票、应收单和收款单。其中，只有应收单和收款单进入到了财务共享服务中心的应收共享组，在整个其他商品销售过程中，涉及的系统流程配置有工作流和审批流，需要我们在进入财务共享服务中心平台进行业务处理前，先进行工作流和审批流的启用。

任务实施

一、销售订货出库

（1）销售员签订销售订单。修改时间为【2023-03-05】，点击【销售业务】中的【销售订单维护】，点击【新增】，点击【自制】，依次填写"销售组织、订单类型、客户、物料编码、物料名称、数量、含税单价"等信息，点击【保存提交】，销售订单如图4-27所示。

4-2-1
销售订货
出库

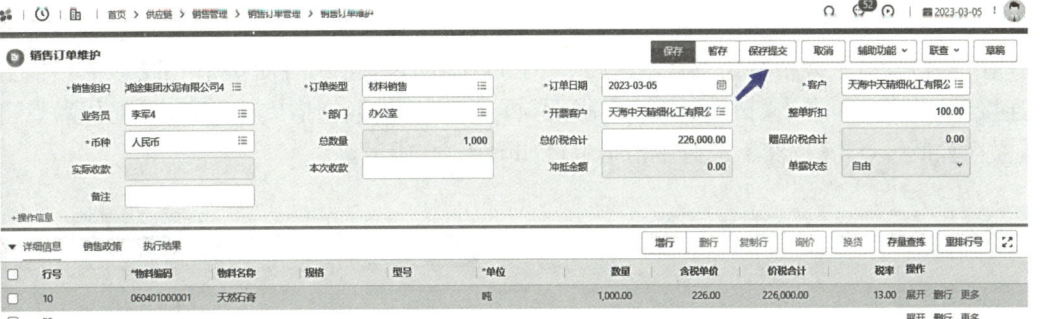

图4-27 销售订单

（2）销售经理审批销售订单。点击【审批中心】，点击【未处理】，选择待审批订单，点击打开查看信息无误后，点击【批准】。

（3）仓管员办理销售发货和出库。修改时间为【2023-3-11】，点击【业务处理】中的【发货单维护】，点击【发货】，查询并选择客户为"天海中天精细化工有限公司"的销售订单，点击【生成发货单】，发货单生成后点击【保存提交】，返回首页，点击【销售出库】，点击【新增】中的【销售业务出库】，查询并选择相应的发货单，点击【生成出库单】，选择仓库为

"原燃料库",出入库类型为"普通销售出库",点击【自动取数】后,点击【保存】,点击【签字】,销售出库如图 4-28 所示。

图 4-28　销售出库

(4) 业务财务录入保存销售发票。点击【销售发票维护】,点击【销售开票】,查询并选择"鸿途集团水泥有限公司"的出库单,点击【生成销售发票】,选择发票类型为"增值税专用发票",点击【保存提交】,生成销售发票如图 4-29 所示。

图 4-29　生成销售发票

(5) 业务财务上传影像,提交应收单。点击【销售业务】中的【应收单管理】,查询并选择客户为"天海中天精细化工有限公司"3 月 11 日的单据,点击【更多】中的【影像扫描】,连接至扫描仪后,点击【扫描】,放入单据后,再点击【扫描】,扫描成功后点击【上传】,点击【保存】,最后点击【提交】,应收单扫描上传如图 4-30 所示。

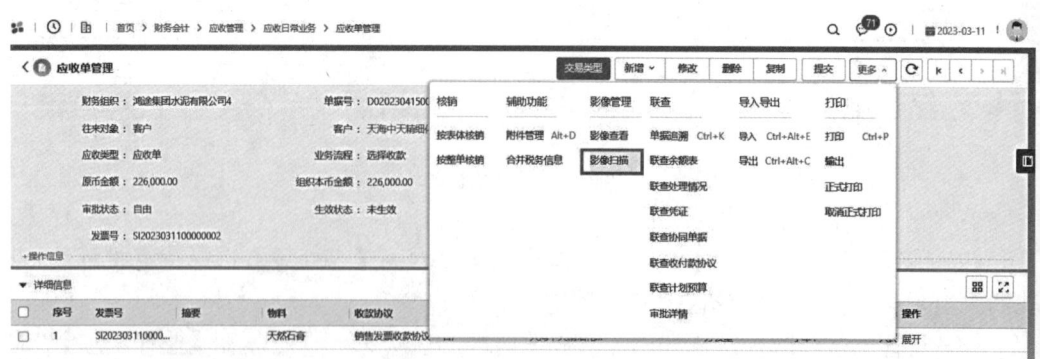

图 4-30　应收单扫描上传

(6) 财务经理审批应收单。点击【审批中心】,点击【未处理】,选择待审批的应收单,点击【更多】中的【影像查看】,查看信息无误后,返回上一界面后,点击【批准】。

(7) 应收审核岗审核应收单。点击【我的作业】中的【待提取】,点击【任务提取】,选择待提取的单据,点击【更多】中的【影像查看】,查看信息无误后,返回上一界面后,点击【批准】。

(8) 总账主管岗审核记账凭证。点击【凭证管理】中的【凭证审核】,财务核算账簿选择"基准账簿",查询并选择"鸿途集团水泥有限公司"3月11日的记账凭证,点击【审核】,审核记账凭证如图 4-31 所示。

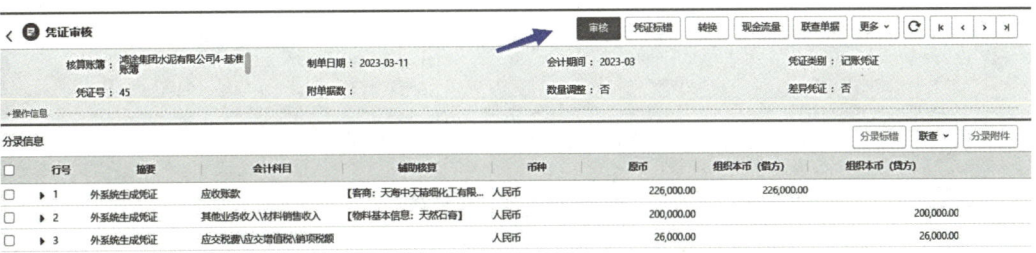

图 4-31 审核记账凭证

二、销售应收收款

(1) 业务财务提交收款单。修改时间为【2023-03-31】,点击【销售业务】中的【收款单管理】,点击【新增】中的【应收单】,选择"财务组织"为"鸿途集团水泥有限公司",查询并选择客户为"天海中天精细化工有限公司"3月11日的单据,点击【生成下游单据】,依次录入"结算方式、收款银行账户"等信息,点击【保存】,提交收款单如图 4-32 所示;点击【更多】中的【影像扫描】,连接至扫描仪后,点击【扫描】,放入单据后,再点击【扫描】,扫描成功后点击【上传】,点击【保存】,最后点击【提交】。

4-2-2 销售应收收款

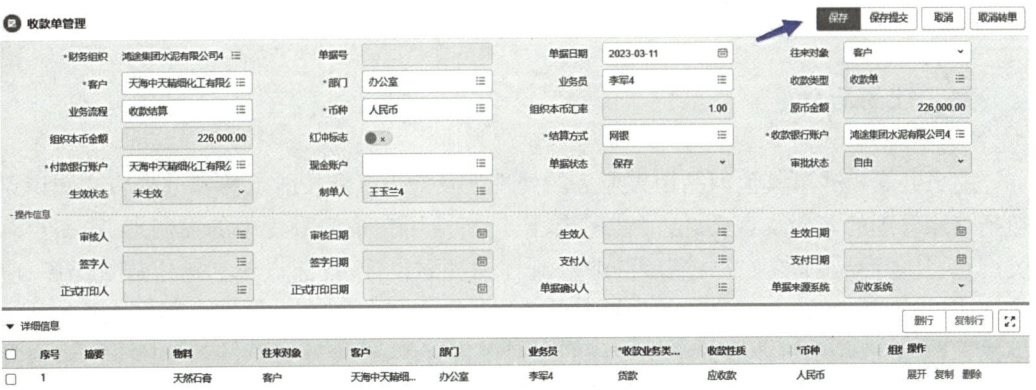

图 4-32 提交收款单

(2) 财务经理审批收款单。修改时间为【2023-03-31】,点击【审批中心】,点击【未处理】,选择待审批的收款单,点击【更多】中的【影像查看】,信息无误后,返回上一界面,点击【批准】。

(3) 应收审核岗审核收款单。点击【我的作业】中的【待提取】,点击【任务提取】,选择待提取的收款单,点击【更多】中的【影像查看】,信息无误后,返回上一界面,点击【批准】。

(4) 中心出纳岗确认收款结算。点击【结算】,查询并选择"鸿途集团水泥有限公司"

的待结算单据,打开单据查看信息无误后,点击【结算】,收款单结算如图4-33所示。

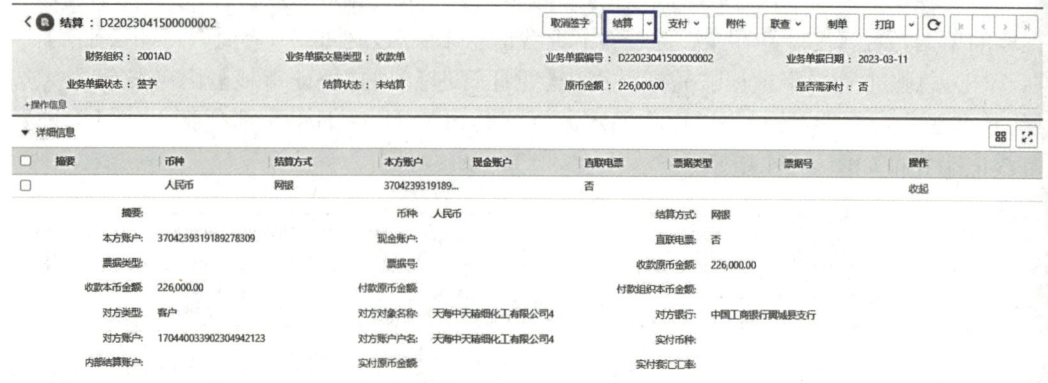

图4-33 收款单结算

(5)总账主管岗审核记账凭证。修改时间为【2023-03-31】,点击【凭证管理】中的【凭证审核】,财务核算账簿选择"基准账簿",选择"鸿途集团水泥有限公司"金额为"226 000"的记账凭证,点击【审核】,记账凭证审核如图4-34所示。

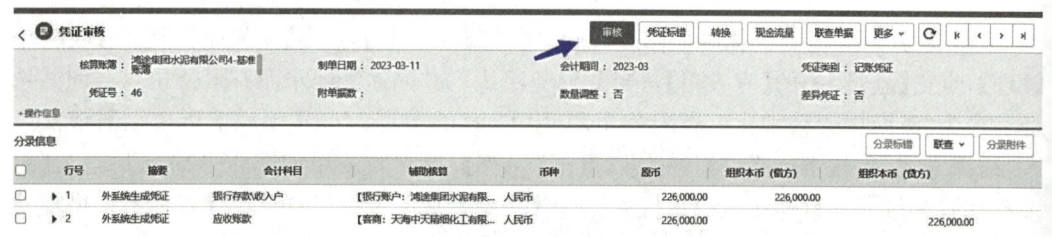

图4-34 记账凭证审核

任务总结

财务共享模式下其他商品销售业务的处理涉及知识点和技能点两部分内容。知识点包括信用管理的概念及意义、信用管理流程、销售信用在销售流程中的控制点、账期控制关键点、其他商品销售业务共享后的业务流程的规划设计;技能点包括销售订货出库、应收挂账以及应收收款共享流程的理解以及各岗位业务工作职责。需要注意的是财务共享模式下,其他商品销售业务的单据中我们要对销售订单、销售发货单、销售出库单、销售发票进行审批流的建模及启用,对应收单和收款单进行工作流的建模及启用。

其他商品销售共享业务流程所用到的业务单据如表4-8所示。

表4-8 其他商品销售共享业务流程所用到的业务单据

序号	名称	是否进FSSC	是否属于作业组工作	流程设计工具
1	销售订单	N	—	审批流
2	销售发货单	N	—	审批流

(续表)

序号	名称	是否进 FSSC	是否属于作业组工作	流程设计工具
3	销售出库单	N	—	审批流
4	销售发票	N	—	审批流
5	应收单	Y	Y	工作流
6	收款单	Y	Y	工作流

任务评价

表 4-9 "其他商品销售共享业务"任务清单评价表

评价点	权重	工作任务清单	分值	得分
知识	30%	理解信用管理的意义及信用管理流程	10	
		掌握销售信用在销售流程中的控制点及账期控制关键点	20	
技能	40%	能够设计并绘制集团共享后其他商品销售业务流程图	15	
		能够在财务共享服务平台中完成集团其他商品销售业务的处理	25	
素养	30%	小组成员之间团结协作	15	
		学生能够自主分析案例问题并解决问题	15	
		总体评价	100	

知识巩固

项目四 知识巩固

技能提升

1. 签订销售合同

2023 年 7 月 1 日,鸿途水泥与天海集团总公司签署《销售合同(合同编码:SC202290182)》,签约信息如下:

合同甲方:天海集团总公司

合同乙方:鸿途集团水泥有限公司

乙方为甲方提供通用水泥产品,供应天海集团的袋装 PC32.5RH 水泥价格为 300 元/吨,月供应数量为 1 000 吨左右,实际数量依据每月的要货申请。

发票随货,并于当月底完成收款结算。

此合同有效期 2023 年 7 月 1 日至 12 月 31 日。

2. 销售发货出库

2023 年 7 月 5 日,鸿途水泥与天海签订一笔销售订单并录入系统,相关信息如表 4-10 所示。

表 4-10 相关信息　　　　　　　　　　　　　　　　金额单位:元

项目名称	需求数量	单价	客户
PC32.5RH 水泥	1 000 吨	300.00	天海集团总公司

销售订单审批通过后,2023 年 7 月 6 日,办理"PC32.5RH 水泥"出库,并通过公路运输发货。

3. 应收挂账

2023 年 7 月 6 日,针对"PC32.5RH 水泥"发货,鸿途集团开具增值税专用发票,票随货走。开票相关信息如表 4-11 所示。

表 4-11 开票相关信息　　　　　　　　　　　　　　金额单位:元

项目名称	需求数量	含税单价	价税合计	税率	税额	客户
PC32.5RH 水泥	1 000 吨	300.00	300 000.00	13%	34 513.27	天海集团总公司

开具发票的同日,鸿途水泥完成了应收挂账流程。

4. 应收收款

2023 年 7 月 31 日,客户打款 30 万元。

(1) 在财务共享服务平台中,构建系统流程配置,并运行测试。

(2) 在财务共享服务平台中,构建签订销售合同,并运行测试。

(3) 在财务共享服务平台中,构建销售发货出库,并运行测试。

(4) 在财务共享服务平台中,构建应收收款,并运行测试。

项目五

资金共享业务

 知识目标

1. 理解资金管理的概念及职能框架。
2. 了解集团资金管理职能及常见的资金集中管理模式。
3. 掌握资金计划的含义、资金上收下拨的含义及不同业务场景。
4. 掌握外部委托付款的含义及其业务场景。
5. 了解其他收付款结算业务内容及主要控制点。

 能力目标

1. 能够设计并绘制集团共享后资金上收下拨业务、外部委托付款、其他收付款结算业务流程图。
2. 能够在财务共享服务平台中完成集团资金计划的编制；能够进行上缴单的填制、审核、办理以及上收单的经办、审批、支付等资金上收业务的处理。
3. 能够在财务共享服务平台中完成集团下拨单的申请、审批、经办、支付等资金下拨业务的处理。
4. 能够在财务共享服务平台中完成集团委托付款书的经办、审批、支付等有关外部委托付款业务的处理。
5. 能够在财务共享服务平台中完成集团付款结算单的填制、审核、付款、记账以及收款结算单的填制、审核、收款、记账等其他收付款结算业务的处理。

 素养目标

1. 培养学生严谨细致的工作作风，严格审批资金支出。
2. 培养学生熟悉企业资金安全管理制度，实施会计监督。
3. 提高学生自主学习的能力、分析问题、解决问题的能力。

 **知识导图**

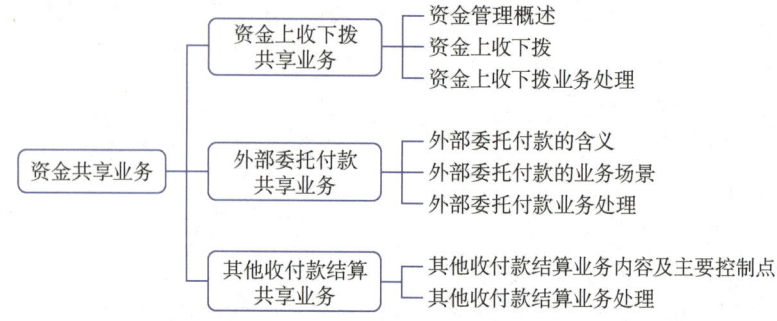

 **项目导读·思政园地**

"加强资金内控管理"①

2021年3月，国务院国资委印发《关于加强中央企业资金内部控制管理有关事项的通知》，"围绕建立健全资金内控管理体制机制、加强资金内控制度建设、强化资金内控关键环节监管以及有效开展境外资金风险管控等工作提出明确要求"。资金是企业经营运转的"血液"，企业要高度重视资金内控管理工作，落实内控部门的资金内控监管责任、工作职责与权限，明确监管工作程序、标准和方式方法。企业要依托集团财务公司、内部结算中心、银行网银系统等平台，健全资金集中管控管理系统，按照市场化手段和风险控制原则调配资金。

在本项目中，学生将在财务共享模式下学习企业资金管理、资金计划编制、资金上收下拨、外部委托付款等知识；熟悉企业资金安全管理制度，严格审批资金支出，减少资金沉淀，发挥资金规模效益，降低资金成本；同时树立学生风险意识，培养学生严谨细致的工作作风。

任务一　资金上收下拨共享业务

 **任务情境**

鸿途水泥目前采用的资金管理模式是以分散管理为主的资金管理模式。不久前鸿途

---

① 国务院国资委印发《关于加强中央企业资金内部控制管理有关事项的通知》，http://www.gov.cn/xinwen 2021-03/23/content_5595224.htm。

集团考核了同行业、类似规模的标杆企业状况,拟建立结算中心来进行资金的集中管理。

资料一:资金计划编制

鸿途水泥 2023 年 3 月的资金计划如表 5-1 所示。

表 5-1　鸿途水泥资金计划表

计划目标	计划支出金额(元)
薪酬支出	3 000 000.00
费用支出	500 000.00

资料二:资金上收

2023 年 3 月 10 日,鸿途集团各成员公司收到客户回款明细如表 5-2 所示,各公司收到客户款项后,按照集团资金管理规定,将全部款项归集到各公司在结算中心的总账户,银行收款电子回单如图 5-1 所示。

表 5-2　客户回款明细表

业务内容	资金上收
客户名称	天海销售有限责任公司
收到货款(元)	5 231 500.00
上缴资金(元)	5 231 500.00

中国工商银行　金融@家

入账日期:2023-03-10　　　电子回单号:20230310052638

付款单位	户名	天海销售有限责任公司	收款单位	户名	鸿途集团水泥有限公司
	账号	300219803214980001		账号	3701239319189278309
	开户行	中国工商银行太原柳南支行		开户行	中国工商银行郑州分行管城支行
金额(大写)		伍佰贰拾叁万壹仟伍佰圆整	金额(小写)		¥5 231 500.00
转账用途		水泥销售收入款			
制单人: lg0003		流水号: 023816	银行签章:		

图 5-1　银行收款电子回单

资料三:资金下拨

为满足 2023 年 3 月 25 日薪酬费用支付需求,各成员单位发起申请内部结算账户下拨资金到本地支出户,并在收到下拨款后完成社保支付,薪酬支出金额如表 5-3

所示。

表 5-3　薪酬支出表

业务内容	鸿途集团水泥有限公司
薪酬支出（元）	2 500 000.00

任务要求

假设你是鸿途水泥的财务人员，按照该公司的财务情况，如何设计上述资金上收下拨业务共享后流程？如何在财务共享服务平台中完成资金计划的编制以及资金上收下拨业务的处理？

任务准备

一、资金管理概述

（一）资金管理的概念

在企业生产经营过程中，企业管理者利用各种管理工具与方法，实现对"人、财、物"的有效控制与管理。其中"财"即"资金"，既是企业生存所需的资源，也是企业的经营成果，贯穿于企业整个生产经营活动过程中，是企业管理活动的核心。

资金管理是企业（财务）管理的重要组成部分，是通过精确的组织、计划、控制、信息和考核等管理手段，对企业资金运动的全过程进行有效的管理，包括合理地筹集资金，高效率地运用资金，有效地控制资金、降低资金成本，进而帮助企业获得竞争优势、实现企业价值最大化。

（二）资金管理的职能框架

企业资金管理的职能框架如图 5-2 所示。

资金管理职能框架图				
报告分析	预警报告	统计报告	流量分析	存量分析
资金平衡	资金计划	融资管理	付款排程	头寸管理
日常结算	付款管理	收款管理	票据管理	现金管理
基础管理	账户管理	数据设置	银企直联	档案管理

图 5-2　企业资金管理的职能框架

（三）集团资金管理职能

集团资金管理职能及其在财务职能体系中的定位如图 5-3 所示。

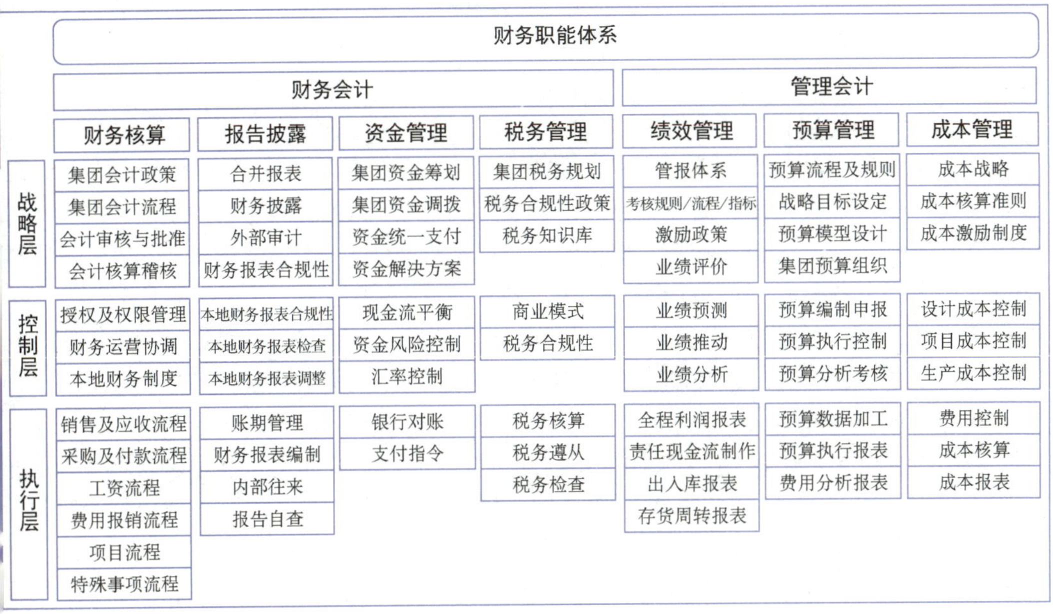

财务职能体系							
	财务会计				管理会计		
	财务核算	报告披露	资金管理	税务管理	绩效管理	预算管理	成本管理
战略层	集团会计政策	合并报表	集团资金筹划	集团税务规划	管报体系	预算流程及规则	成本战略
	集团会计流程	财务披露	集团资金调拨	税务合规性政策	考核规则/流程/指标	战略目标设定	成本核算准则
	会计审核与批准	外部审计	资金统一支付	税务知识库	激励政策	预算模型设计	成本激励制度
	会计核算稽核	财务报表合规性	资金解决方案		业绩评价	集团预算组织	
控制层	授权及权限管理	本地财务报表合规性	现金流平衡	商业模式	业绩预测	预算编制申报	设计成本控制
	财务运营协调	本地财务报表检查	资金风险控制	税务合规性	业绩推动	预算执行控制	项目成本控制
	本地财务制度	本地财务报表调整	汇率控制		业绩分析	预算分析考核	生产成本控制
执行层	销售及应收流程	账期管理	银行对账	税务核算	全程利润报表	预算数据加工	费用控制
	采购及付款流程	财务报表编制	支付指令	税务遵从	责任现金流制作	预算执行报表	成本核算
	工资流程	内部往来		税务检查	出入库报表	费用分析报表	成本报表
	费用报销流程	报告自查			存货周转报表		
	项目流程						
	特殊事项流程						

图 5-3 集团资金管理职能及其在财务职能体系中的定位

(四)常见的资金集中管理模式

1. 统收统支模式

企业的现金收付活动集中在集团或某一主体的财务部和统一的银行账户,各分支机构或子公司不单独设立账户,所有的收款全部归入统一的银行账户,所有的现金支出都通过财务部指定的账户付出,现金收支完全集中在集团总部。

2. 收支两条线模式

企业的资金收入和资金支出分别使用互相分离的流程、组织或资金流动路径,以达到保证资金安全、有效监控现金流动的目的。收支两条线模式要求收到的资金直接进入回款账户,支付时需要经过审批,才能对外支出,不得"坐收坐支"。

3. 备用金模式

企业按照一定的期限或金额,拨给所属分支机构和子公司一定数额的资金,备其使用。各分支机构或子公司发生实际资金支出后,持有关凭证到企业财务部报销以补足备用金。

4. 结算中心模式

通常在集团财务部门设立结算中心,专门办理集团内部各成员公司的资金收付及往来结算业务。各成员公司根据结算中心预核定的资金存量限额,必须将高于限额的资金转入结算中心的银行账户,结算中心集中管理集团和各成员公司的资金。结算中心核定各成员公司日常所需资金后,统一拨付至各成员公司,监控货币资金的使用。为获得更好的银行服务与融资,结算中心需统一对外协调银行关系和筹措资金,办理各成员公司之间的往来结算,以减少资金沉淀,提高资金利用效率和效益。另外,各成员公司都有自己的财务部门,有独立的账号(通常是二级账号)进行独立核算,因此,结算中心模式并不意味着将各成员公司的全部资金完全集中到集团总部,而是资金流动、投资和融资、关联结算等事项的决策集中化,各成员公司依然拥有较大的资金经营权和决策权。

5. 内部银行模式

是企业集团下属子公司常用的资金集中管理模式,是较结算中心更为完善的内部资金管理机构。内部银行引进商业银行的信贷、结算、监督、调控、信息反馈职能,发挥计划、组织、协调作用,并成为企业和下属单位的经济往来结算中心、信贷管理中心、货币资金的信息反馈中心。各分子公司与集团实行相对独立核算、自负盈亏。另外,各成员公司无权对外融资,必须由内部银行统一对外筹措资金,并根据集团公司为各成员公司核定的资金和费用定额,结合其实际需要发放贷款,进行统一运作,合理调度资金。

6. 财务公司模式

集团财务公司,是专门从事集团公司内部资金融通业务的非银行性金融机构,须由政府监管机构批准,是大型企业集团或跨国公司投资设立的一个独立的子公司法人实体。财务公司经营的金融业务,大体上可以分为融资、投资和中介三部分。融资业务包括经准发行财务公司债券、从事同业拆借等;投资业务包括承销成员单位的企业债券、对金融机构的股权投资,成员单位的消费信贷、买方信贷、融资租赁、贷款等;中介业务包括对成员单位交易款项的收付、对成员单位提供担保、办理票据承兑与贴现、办理成员单位之间的内部转账结算等。

7. 资金池模式

或称为现金池模式,是由跨国公司的财务部门与国际银行合作开发的资金管理模式,统一调拨集团的全球资金,以最大限度地降低集团持有的净头寸。资金池管理模式,根据是否实际划拨资金分为两种:"实体资金池"和"名义或虚拟资金池"。在"实体资金池"结构中,企业在同一家银行设立一个母账户和若干个子账户。银行每日定时将子账户的资金余额上划到母账户中,资金上划后,子公司账户上保持零余额(ZBA)或目标余额(TBA)。这个限额的设定,通常是由企业根据自身资金管理的需求和现金存量的额度,与银行协商确定。

常见的资金集中管理模式比较如表 5-4 所示。

表 5-4　常见的资金集中管理模式比较

管理模式	模式特点	优点	缺点	适用场景
统收统支	结算活动在某一主体设统一账户;分支机构不设账户	有助于实现资金平衡;提升资金使用效率;减少资金沉淀;防范控制风险	管理方式不够灵活;影响分支机构业务运作	分支机构少;业务简单;资金流向规律
收支两条线	收入和支出使用不同的账户,收入户只收不付,支出户只付不收,不得坐支	收支分离,便于资金监控,保证资金安全	账户开立数量增多,账户管理成本增加	业务相对复杂,收付业务量较大

(续表)

管理模式	模式特点	优点	缺点	适用场景
拨付备用	按照一定期限或金额拨付分支机构定额资金供其使用；资金使用后持凭证进行报销补充备用金；分支机构一般不独立设置财务部门	方便支取使用；管理相对规范	资金使用存在上限；容易产生较大沉淀	个人、部门、办事处、简单分公司；复杂分公司和子公司不适用
结算中心	在公司内部建立；统一进行账户管理；统一资金调度（根据情况本地可保留必要的收付职能）；统一协调银行关系，筹集资金；各成员企业保留财务部门；成员企业拥有较大决策和自主权	统一支付结算，提高结算效率；集中资金监控，确保资金安全；资金集中管理，降低资金沉淀	组建和管理成本相对较高；账户体系和资金运转复杂；复杂资金业务难以处理；作为成本中心不易评价结算中心效益	适用于集团具有大量分子公司，账户数量多，结算量大，复杂投融资业务较少的集团公司；不适用投融资活动频繁、业务特殊的大型集团公司
内部银行	引入商业银行职能和管理方式；具备结算、信贷、外汇管理等职能（统一结算、统一信贷、统一融通）；独立考核内部银行的效益	统一信贷管理，降低融资成本；引入商业银行模式，管理更为科学高效；独立核算自负盈亏，便于考核	目前无相关法律法规进行明确，存在政策和法律风险；引入商业银行运作模式，运行成本较高	一般而言，企业内部银行适用于具有较多责任中心的企事业单位，特别是无法建立财务公司而通过结算中心无法满足企业管理需要时
财务公司	依法成立非银行金融机构，具备独立法人资格；可以从事融资、投资、金融中介等服务内容；将资金管理、金融服务市场化，机制更加健康	可以进行资金整合控制，加强资金监管；承担集团资金理财职责，丰富理财手段；加速内部资金结算和周转速度；提供担保、资信、咨询等更全面的金融服务	成立难度大，成本高；管理难度大，专业性强；需要接受金融监管机构的监管	大型集团公司，大量分子公司等责任主体；公司业务复杂，投融资事务较多具备成立的资质和条件
资金池	基于委托贷款模式；最大限度地归集资金，降低资金头寸；满足设定账户余额，并及时补充，维持在设定的余额水平	最大限度地降低资金头寸，高效利用资金；通过自动归集，补充（归还）余额，降低资金管理成本和资金沉淀成本	账户体系要求较高；较多地依赖大型商业银行的服务	大型跨国集团公司；资金管理需要跨国（区域）进行集中管理

二、资金上收下拨

(一) 资金计划的含义

资金计划,是对未来一定时期内的资金结存、流入、流出、盈缺、筹措进行统筹安排。

编制资金计划,可以形成资金的事前控制。在计划执行过程中,根据事先核准的支出对资金流出进行提示或控制,形成事中控制。计划执行后,将执行情况与计划进行对比分析,找出差异和原因,可以做到事后分析。

(二) 资金上收下拨的含义

资金上收,也称为资金归集,指资金组织或上级组织,将成员单位或下级组织外部银行账户的资金,归集到本组织外部银行账户的业务处理。

资金下拨,指资金组织或上级组织,将本组织外部银行账户的资金,划拨到成员单位或下级组织外部银行账户的业务处理。

资金上收和下拨,是集团资金管理中进行资金调度的重要手段。资金下拨时,可以按照资金计划的金额下拨,也可以由业务单位在资金计划范围内申请下拨。

(三) 资金上收下拨的不同业务场景

(1) 按资金计划下拨。结算中心根据资金计划下拨资金到成员单位。

(2) 按付款排程下拨。结算中心根据成员单位已批准的付款排程进行资金下拨。

(3) 自动下拨资金业务。结算中心设置自动下拨规则,系统定时自动下拨资金到成员单位,保证成员单位的资金需求。

(4) 单位申请下拨资金业务。成员单位需要资金时,可通过下拨申请提交到结算中心,结算中心核准、审批后将资金下拨到成员单位。这种场景可解决成员单位的临时资金需要。

(5) 委托付款回拨支付下拨资金业务。结算中心先将中心账户的款项下拨到单位账户,同时将下拨到单位账户的资金再支付给单位的客商,既解决了客商款项及时支付问题,又避免了资金在成员单位长期停留甚至被挪用的问题。

三、资金上收下拨业务处理

(一) 会计信息化模式下的处理

集团目前采用的资金管理模式是以分散管理为主的资金管理模式。在该种模式下,其资金管理现状主要表现为以下方面:

(1) 各子公司作为独立法人主体,均独立开设银行账户用于各种资金结算业务。

(2) 各子公司有权独立办理各种资金结算业务,包括:资金的收取、资金的支付等,拥有独立的资金支配权和使用权。

(3) 各子公司拥有独立的融资权,可以独立通过银行借款等手段进行融资,并可独立取得银行的授信。

(二) 财务共享模式下处理

针对会计信息化模式下资金上收下拨业务存在的问题,鸿途集团拟建立结算中心来进行资金的集中管理,按照资金支出计划在平台中编制资金计划。并对业务流程进行优化设计。

1. 资金上收共享后业务流程优化

业务财务先填报上缴单,然后经财务经理审批上缴单;审批后,业务财务进行上缴单委托办理,再由结算中心资金审核岗进行上收单经办,结算中心主任进行上收单审批;审批后,资金结算岗进行上收单支付,财务共享服务中心的中心出纳岗确认银行回单并生成凭证;最后由总账主管审核凭证。

在企业建立财务共享服务中心以后,资金上收共享业务流程如图5-4所示。

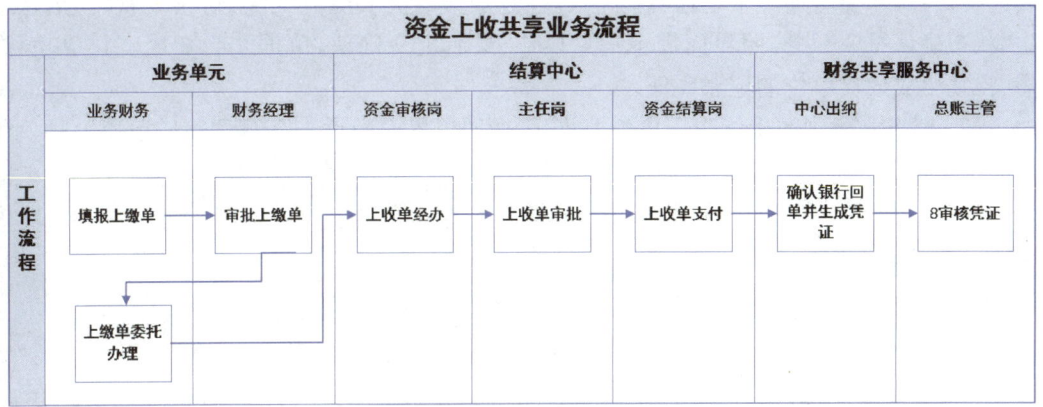

图5-4 鸿途集团资金上收共享业务流程

2. 资金下拨共享后业务流程优化

先由业务财务填制下拨申请单,若申请项目超资金计划,则返回上一步。若申请项目未超资金计划,则由财务经理审批下拨申请单后,业务财务进行下拨申请单委托办理,再由结算中心资金审核岗核准并生成下拨单,并进行下拨单经办。结算中心主任对下拨单进行审批。审批后,由结算中心资金结算岗进行下拨单支付,由财务共享服务中心的中心出纳岗确认银行回单。最后总账主管审核记账凭证。

在企业建立财务共享服务中心以后,资金下拨共享业务流程如图5-5所示。

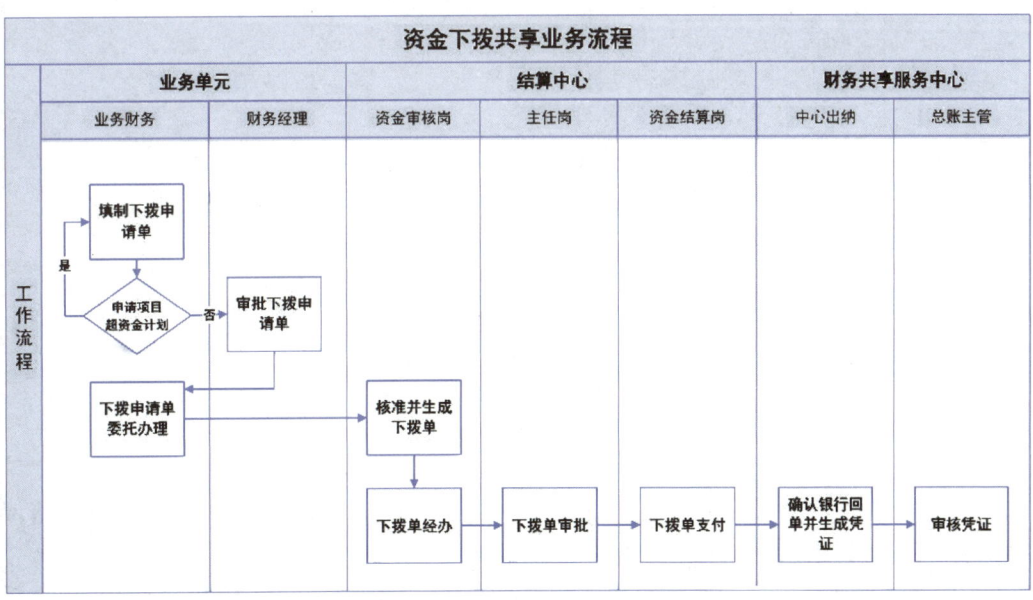

图5-5 鸿途集团资金下拨共享业务流程

 任务要领

(1) 结算中心的资金结算岗在 NCC 轻量端点击"支付"按钮后,由于教学系统没有真实连接银行,需要增加一个动作:在 NCC 轻量端桌面的快捷方式"支付指令状态"下,点击"状态确认按钮"并按照界面提示信息操作、最后提交确认,单据才会变成支付成功状态、自动生成成员单位的记账凭证。

(2) 财务共享中心出纳岗在单位上收、下拨回单界面中点击"记账"完成单位上收、下拨凭证生成。

 任务实施

一、资金计划编制

5-1-1
资金计划
编制

(1) 业务财务进行资金计划编制。修改日期为【2023-03-01】,点击【资金计划】,点击【资金计划编制任务】,资金支出月度计划选择"2023 年 3 月",下拨付款单位选择"结算中心",点击【确定】,下拨收款单位选择"鸿途集团水泥有限公司",资金计划编制如图 5-6 所示。

图 5-6 资金计划编制

在 3 月薪酬支出栏填入"3 000 000.00",在费用支出栏填入"500 000.00",点击【保存】,点击【上报】,录入资金支出月度计划如图 5-7 所示。

(2) 财务经理进行资金计划审批。修改业务日期为【2023-03-01】,点击【计划审批任务】,预算任务选择"支出月度计划",选择"2023 年 3 月",下拨付款单位选择"结算中心",

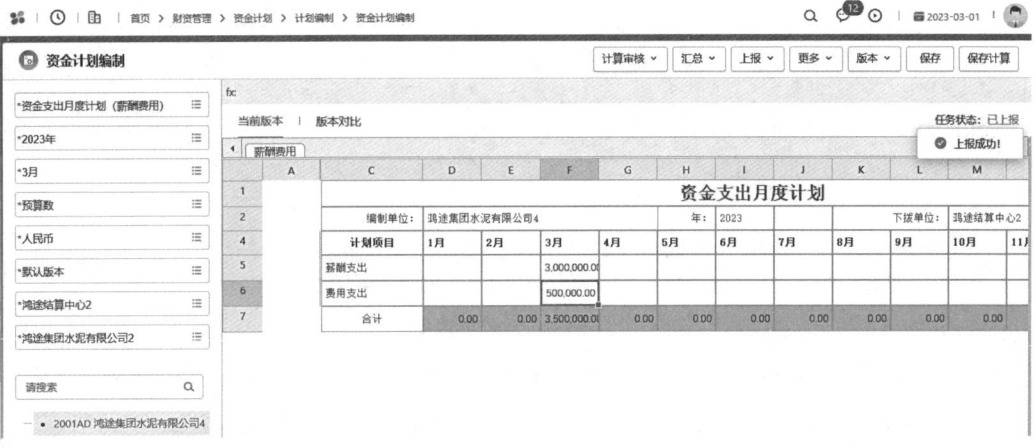

图 5-7　录入资金支出月度计划

下拨收款单位选择"鸿途集团水泥有限公司",点击【确定】,选择该公司,确认薪酬支出、费用支出、月度计划书确认无误后,点击【审批】,点击【确定】,资金计划审批如图 5-8 所示。

图 5-8　资金计划审批

二、资金上收

(1) 业务财务填报上缴单。点击【资金上收下拨】,点击【上缴单】,点击【新增】,财务组织选择"鸿途集团水泥有限公司",上收组织选择"鸿途结算中心",上缴银行账户选择尾数"0"的账户,申请上缴金额为"5 231 500.00 元",上收银行账户为"结算中心外部账户",结算方式选择"网银",上缴单填报如图 5-9 所示,点击【保存】,点击【提交】。

(2) 财务经理审批上缴单。点击【未处理】中的【待审批】,点击【展开】,查看单据核查无误后,点击【批准】,点击【已审查】,看已审批单据,上缴单审批如图 5-10 所示。

(3) 业务财务进行上缴单委托办理。点击【资金上收下拨】,点击【上缴单】,上缴单位选择"鸿途集团水泥有限公司",点击【查询】,点击【待委托】,选择单据,查看单据无误后,点击【委托办理】,上缴单委托办理如图 5-11 所示。

5-1-2
资金上收

图 5-9　上缴单填报

图 5-10　上缴单审批

图 5-11　上缴单委托办理

（4）资金审核岗上收单经办。点击【资金上收】，上收组织选择"鸿途结算中心"，点击【查询】，点击打开单据，点击【经办】，点击【保存提交】，上收单经办如图 5-12 所示。

图 5-12　上收单经办

(5) 结算中心主任进行上收单审批。点击【未处理】中的【待审批】,点击【展开】,查看单据确认无误后,点击【批准】,点击【已审】,查看已审批单据,上收单审批如图 5-13 所示。

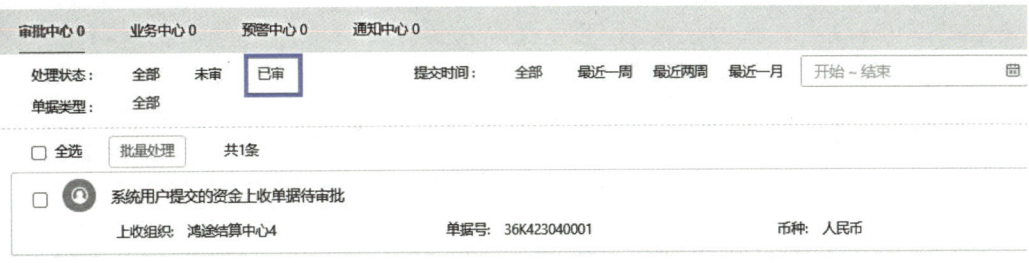

图 5-13　上收单审批

(6) 资金结算岗上收单支付。点击【资金上收支付】,上收组织选择"鸿途结算中心",点击【查询】,单击打开单据,点击【网银补录】,转账类型选择"归集",网银补录信息如图 5-14 所示,点击【确定】,点击【支付】。回到首页,点击【支付指定状态】,财务组织选择"鸿途结算中心",点击【查询】打开单据,点击【状态确认】,银行确认支付状态选择"成功",上收单支付确认如图 5-15 所示,点击【保存】,点击【提交】,最后【确定】。

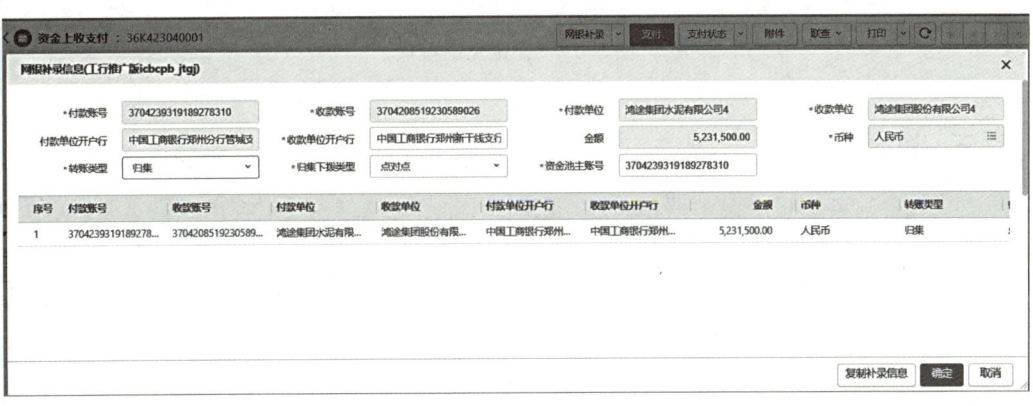

图 5-14　网银补录信息

图 5-15　上收单支付确认

(7) 中心出纳岗确认银行回单。点击【单位上收回单】,付款组织选择"鸿途集团水泥有限公司",点击【查询】,打开单据,点击【记账】,点击【连查】,选择"凭证",单位上收回单如图 5-16 所示。

图 5-16　单位上收回单

(8) 总账主管岗审核记账凭证。点击【凭证审核】,财务核算账簿选择"鸿途集团水泥有限公司-基准账簿",点击【查询】,双击打开凭证核对无误后,点击【审核】,记账凭证审核如图 5-17 所示。

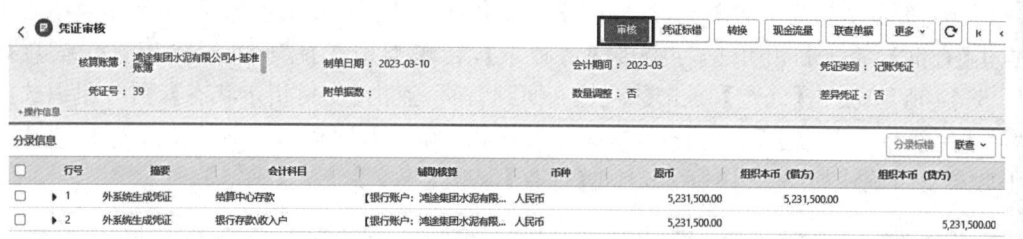

图 5-17　记账凭证审核

三、资金下拨

5-1-3
资金下拨

(1) 业务财务填报下拨申请单。点击【资金上收下拨】,点击【下拨申请】,点击【新增】,财务组织选择"鸿途集团水泥有限公司",下拨组织选择"鸿途结算中心",收款单位计划项目选择"支出合计""经营性支出""薪酬支出",收款单位计划项目如图 5-18 所示,收款银行账户选择尾数为"0"的账户,申请金额为"2 500 000 元",下拨银行账户选择"结算中心外部账户",结算方式选择"网银",点击【保存】,点击【提交】,下拨申请单填报如图 5-19 所示。

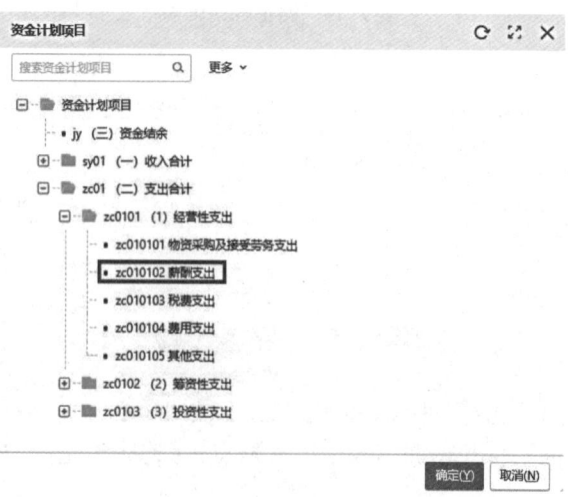

图 5-18　收款单位计划项目

项目五 资金共享业务 | 121

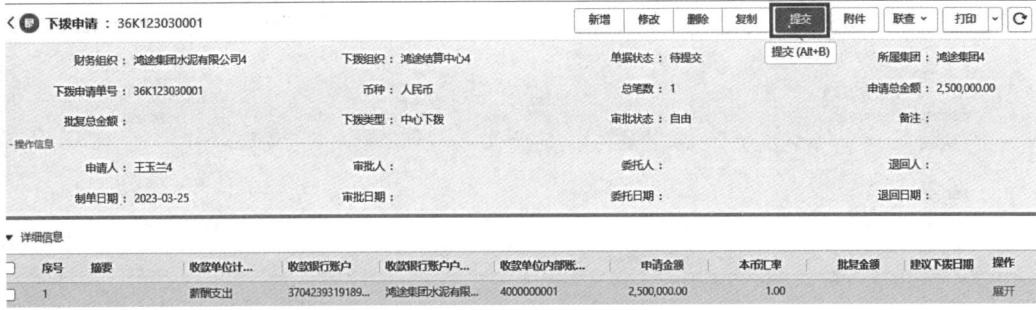

图 5-19 下拨申请单填报

(2) 财务经理审批下拨申请单。点击【未处理】中的【待审批】,点击【展开】,查看下拨申请单无误后,点击【批准】,点击【已审】,查看已审批的单据。

(3) 业务财务进行下拨申请单委托办理。点击【资金上收下拨】,点击【下拨申请】,申请组织选择"鸿途集团水泥有限公司",点击【查询】,点击【待委托】,打开单据,点击【展开】,点击【委托办理】,下拨申请单委托办理如图 5-20 所示。

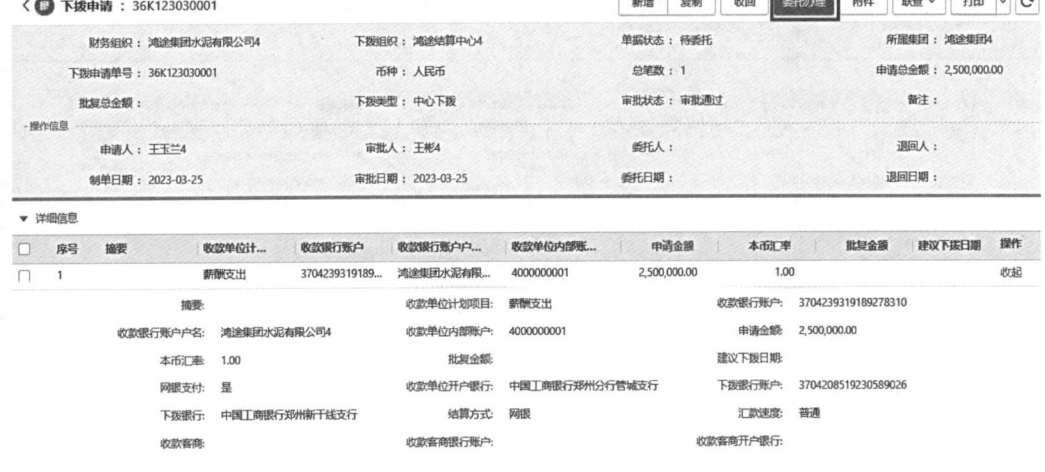

图 5-20 下拨申请单委托办理

(4) 资金审核岗核准并生成下拨单并进行下拨单经办。点击【下拨申请核准】,下拨组织选择"鸿途结算中心",确认业务日期,点击【查询】,打开单据,点击【展开】,查看下拨申请核准单确认无误后,点击【核准】,点击【保存提交】,点击【生成下拨单】,生成下拨单如图 5-21 所示。回到首页,点击【资金下拨】,下拨组织选择"鸿途结算中心",确认业务日期,点击【查询】,选择单据,点击【经办】,点击【保存提交】。

(5) 结算中心主任进行下拨单审批。点击【未处理】中的【待审批】,选择单据,点击【展开】,核查单据无误后,点击【批准】,下拨单审批如图 5-22 所示,点击【已审】,查看已审批的单据。

(6) 资金结算岗进行下拨单支付。点击【资金下拨支付】,下拨组织选择"鸿途结算中心",点击【查询】,选择单据,点击【网银补录】,转账类型选择"下拨",点击【确定】,点击【支

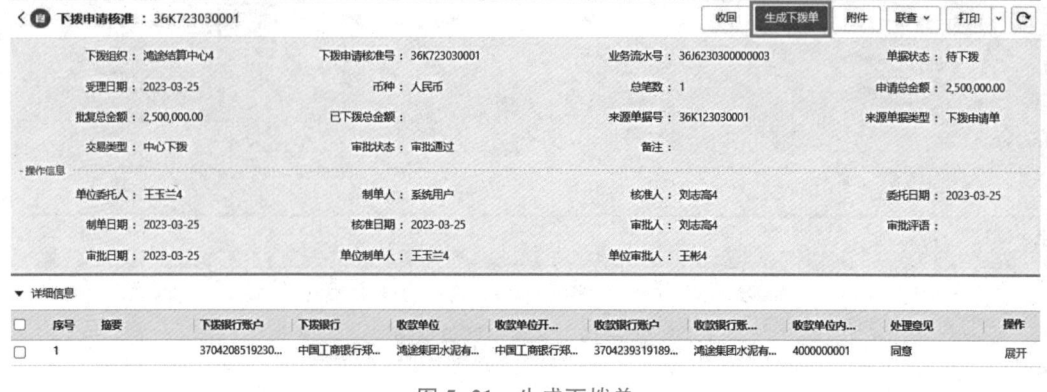

图 5-21　生成下拨单

图 5-22　下拨单审批

付】,下拨单网银补录信息如图 5-23 所示。回到首页,点击【支付指令状态】,财务组织选择"鸿途结算中心",点击【查询】,选择单据,点击【状态确认】,银行确认支付状态选择"成功",点击【保存】,点击【提交】,最后【确定】,下拨单支付确认单如图 5-24 所示。

图 5-23　下拨单网银补录信息

项目五 资金共享业务 | 123

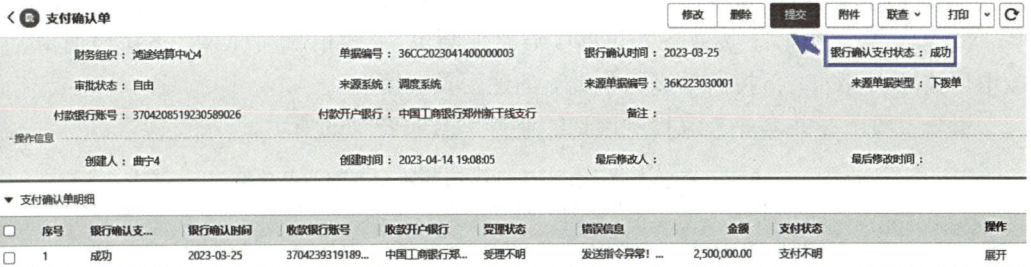

图 5-24 下拨单支付确认单

(7) 中心出纳岗确认银行回单。点击【单位下拨回单】,收款单位选择"鸿途集团水泥有限公司",点击【查询】,选择单据,点击【记账】,点击【联查】,点击【凭证】,查看凭证,单位下拨回单如图 5-25 所示。

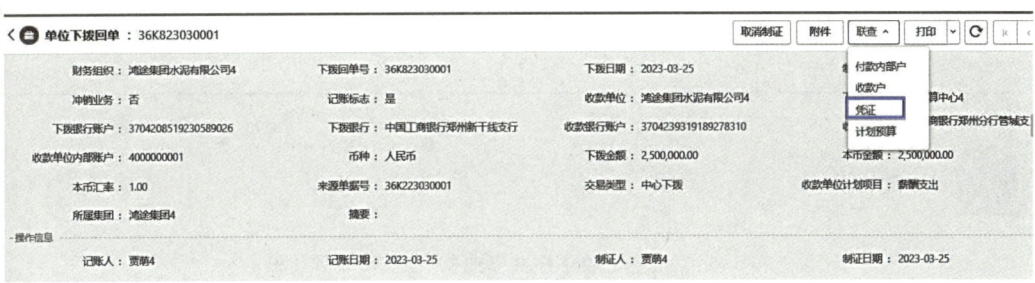

图 5-25 单位下拨回单

(8) 总账主管岗审核记账凭证。点击【凭证审核】,财务核算账簿选择"鸿途集团水泥有限公司-基准账簿",点击【查询】,双击打开凭证核对无误后,点击【审核】,记账凭证审核如图 5-26 所示。

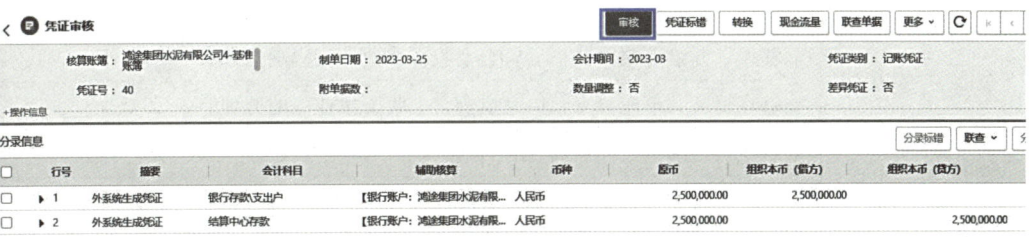

图 5-26 记账凭证审核

任务总结

财务共享模式下资金上收下拨业务的处理涉及知识点和技能点两部分内容。知识点包括资金管理的概念、职能、常见的资金集中管理模式、资金上收下拨的含义、资金上收下拨的不同业务场景、资金上收下拨共享后业务流程的规划设计;技能点包括资金计划编

制、资金上收业务处理、资金下拨业务处理以及各岗位业务工作职责。需要注意的是财务共享模式下,资金上收下拨业务的单据中要对上缴单、上收单、上收回单、下拨申请单、下拨申请核准、下拨单、下拨回单进行审批流的建模及启用。

资金上收下拨共享业务流程所用到的业务单据如表 5-5 所示。

表 5-5 资金上收下拨共享业务流程所用到的业务单据

序号	名称	是否进 FSSC	是否属于作业组工作	流程设计工具
1	上缴单	N	—	审批流
2	上收单	N	—	审批流
3	上收回单	N	—	审批流
4	下拨申请单	N	—	审批流
5	下拨申请核准	N	—	审批流
6	下拨单	N	—	审批流
7	下拨回单	N	—	审批流

任务评价

表 5-6 "资金上收下拨共享业务"任务清单评价表

评价点	权重	工作任务清单	分值	得分
知识	30%	理解资金管理的概念及职能框架	10	
		了解集团资金管理职能及常见的资金集中管理模式	10	
		掌握资金计划的含义、资金上收下拨的含义及不同业务场景	10	
技能	40%	能够设计并绘制集团共享后资金上收下拨业务流程图	15	
		能够在财务共享服务平台中完成资金上收下拨业务的处理	25	
素养	30%	小组成员之间能共同协商、团结合作	15	
		学生能够自主分析案例问题并解决问题	15	
		总体评价	100	

任务拓展

根据本任务,完成资金上收下拨时分公司及结算中心的账务处理。

 任务二　外部委托付款共享业务

任务情境

2023年3月5日，卫辉市鸿途水泥有限公司向绿城物业服务集团有限公司缴纳上个月公司行政办公区水费，后者已经开具增值税专用发票、税率（征收率）3%，增值税专用发票如图5-27所示。根据发票所记载的情况，上个月应缴纳的水费总金额为29 426.07元（不含税金额为28 569元）。因本公司支出户余额不足，卫辉市鸿途水泥有限公司通过外部委托付款流程进行付款。

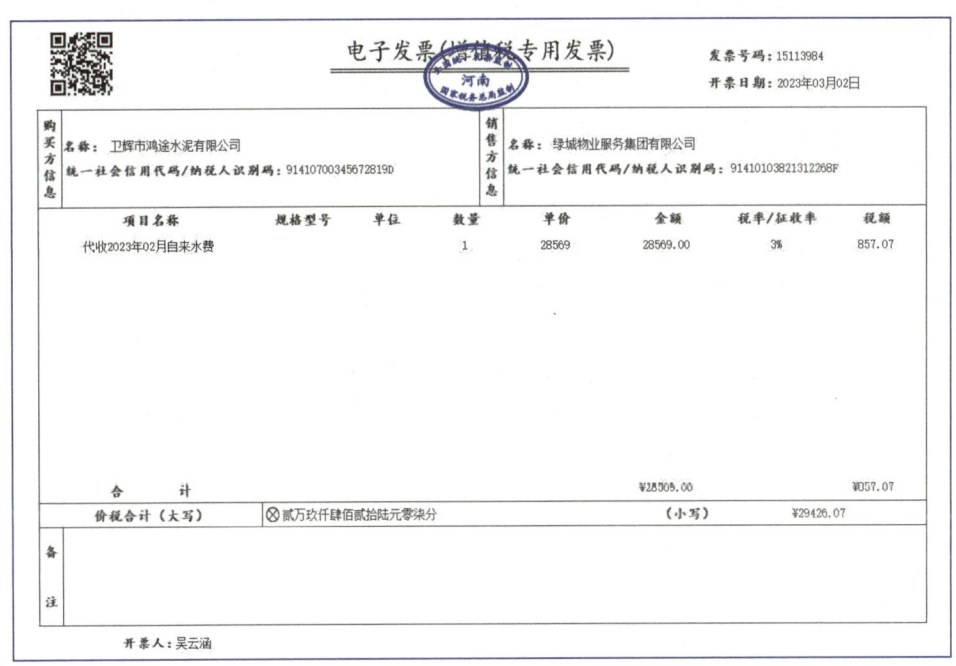

图5-27　增值税专用发票

 任务要求

假设你是鸿途水泥的财务人员，按照该公司的财务情况，上述外部委托付款业务共享后流程应该如何设计？该业务在财务共享服务平台中如何处理？

 任务准备

一、外部委托付款的含义

外部委托付款（简称委托付款），是指由成员单位在内部账户上发起的、经审批后由结

算中心外部账户实际对外支付的支付方式。

外部委托付款需要从内部账户发起,发起后内部账户暂时冻结相应金额。

当结算中心外部账户实际付款成功时,扣减委托方内部账户相应金额。

二、外部委托付款的业务场景

从发起方角度划分,委托付款业务主要包括业务单位发起委托付款、结算中心发起委托付款、多结算中心下的委托付款。

从付款结算方式角度划分,委托付款业务主要包括转账支付、票据支付、现金支付、代发工资等。

委托付款与银企直联集成后,能够支持以下方面:

(1) 在支付信息确认单审核后再支付。

(2) 合并支付处理,即单张委托付款书可以存在多条支付记录、合并向银行发送一笔网银支付指令。

(3) 在确认支付失败后,通过支付信息变更单进行变更,变更后再次支付。

三、外部委托付款业务处理

(一) 会计信息化模式下的处理

鸿途集团考核了同行业、类似规模的标杆企业状况,拟建立结算中心来进行资金的集中管理。拟参考的标杆企业尚未实施财务共享,其外部委托付款业务流程如图5-28所示。

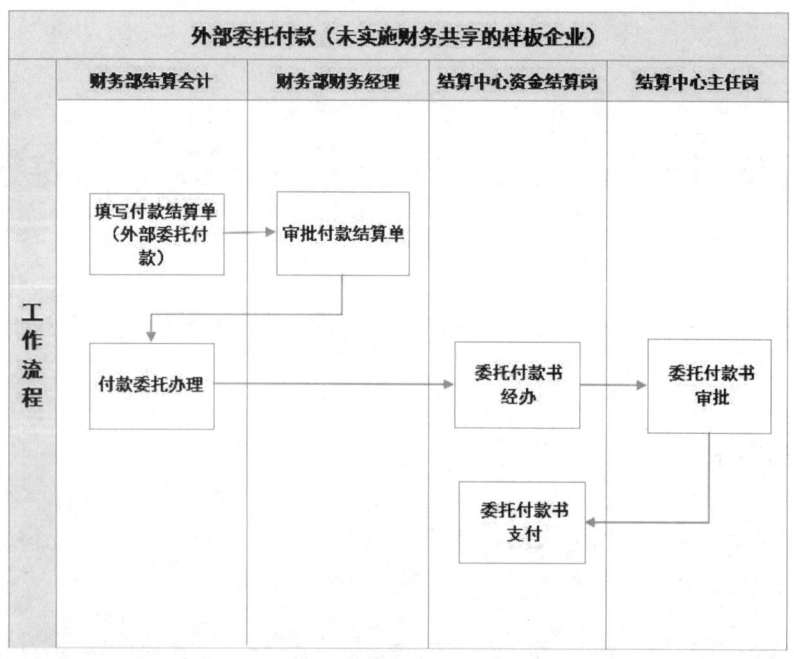

图5-28 未实施财务共享的外部委托付款流程

(二) 财务共享模式下处理

针对会计信息化模式下外部委托付款业务存在的问题,我们要对业务的流程以及业务管理的痛点进行梳理,对共享后业务流程进行设计。在企业建立财务共享服务中心以后,外部委托付款共享业务流程如图 5-29 所示。企业先以业务财务身份填写付款结算单,并扫描上传原始凭证,提交付款结算单至财务经理处审批;审批无误后,由财务共享中心应付初审岗审核付款结算单。审核后,经业务财务进行付款委托办理,由结算中心,资金审核岗进行委托付款书经办,结算中心主任进行委托付款书审批,最后由财务共享中心的中心出纳岗进行委托付款书支付。

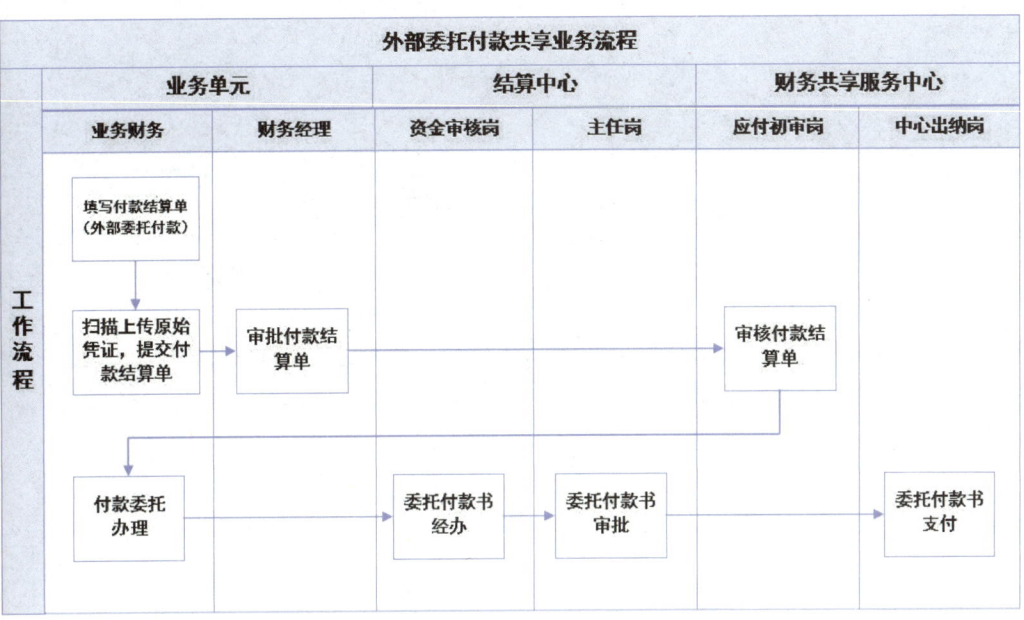

图 5-29 鸿途集团外部委托付款共享业务流程

 任务要领

为了简化构建测试工作,共享后流程中审批环节最高只设计到子公司总经理。此外,行政性费用(如办公楼水电费)支出中,费用归口于"综合办公室",财务共享服务系统中采用"管理费用"下面的详细收支项目(如"管理费用-水费")。

 任务实施

一、集团管理员进行系统流程配置

点击【工作流定义-集团】,点击【现金管理】中的【主付款结算单】,点击【启用】,点击【资金结算】,点击【委托付款书】,点击【启用】。同样,在【审批流定义-集团】中对审批流进行启用,工作流启用如图 5-30 所示,审批流启用如图 5-31 所示。

5-2-1
系统流程
配置

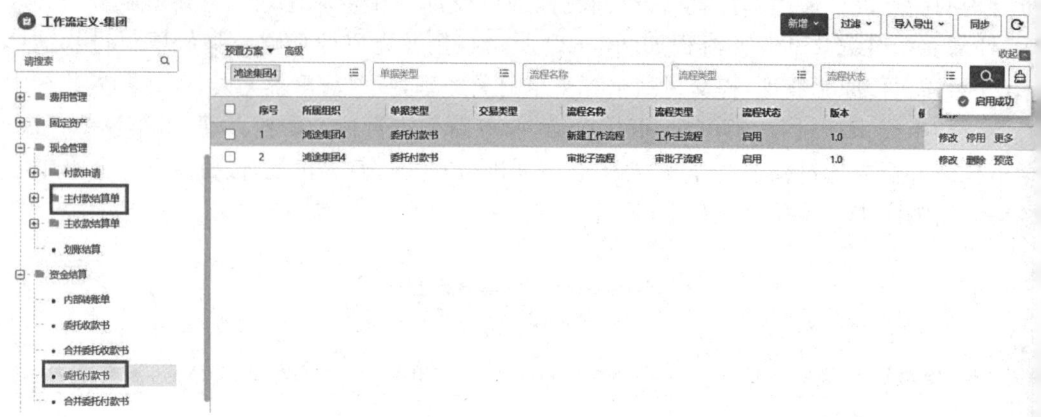

图 5-30 工作流启用

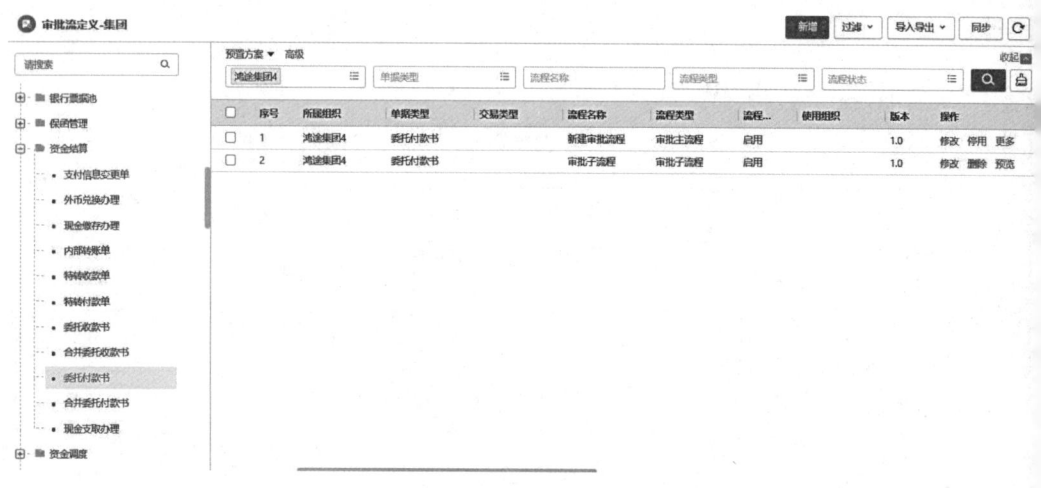

图 5-31 审批流启用

二、外部委托付款

5-2-2
外部委托
付款

（1）业务财务填写付款结算单。修改时间为【2023-03-05】,点击【付款结算】,选择付款交易类型为"外部委托付款";点击【新增】,依次填写"结算财务组织""结算方式""付款银行账户"等信息,选择交易对象类型为"供应商",供应商选择"外部供应商""绿城物业",点击【增行】,收支项目选择"支出项目""管理费用-水费",部门选择"办公室",依次填写"付款原币金额""无税金额",付款结算单如图 5-32 所示,点击【保存】。

点击【更多】中的【影像扫描】,连接至扫描仪后,点击【扫描】,放入单据后,再点击【扫描】,扫描成功后点击【上传】,点击【保存】,最后点击【提交】。

（2）财务经理审批付款结算单。点击【审批中心】,点击【未处理】,选择单据,点击【影像】中的【影像查看】,查看单据无误后返回上一界面,点击【批准】,付款结算单审批如图 5-33 所示。

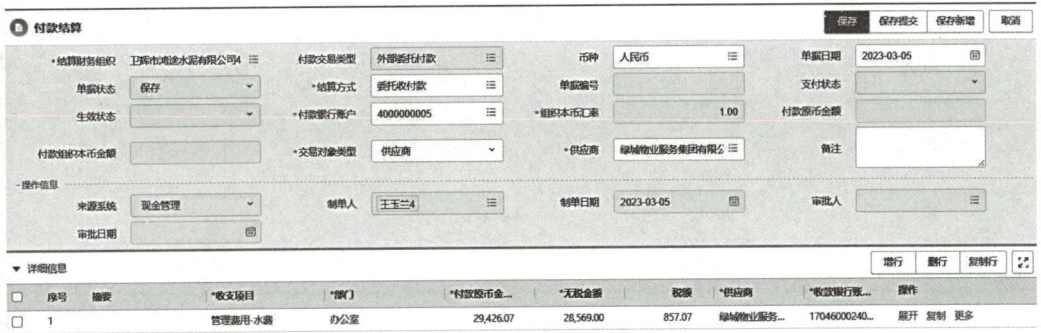

图 5-32 付款结算单

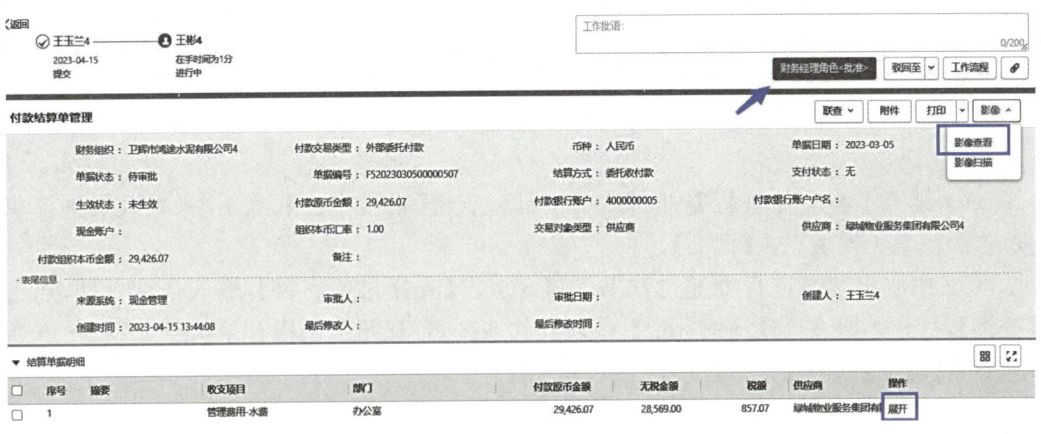

图 5-33 付款结算单审批

(3)应付初审岗审核付款结算单。点击【我的作业】中的【待提取】,点击【任务提取】,打开单据,点击【展开】,查看信息是否正确,点击【影像】中的【影像查看】,信息无误后,返回上一界面,点击【批准】。

(4)业务财务进行付款委托办理。点击【结算】,选择财务组织"卫辉市鸿途水泥有限公司",选择查询日期,点击【查询】,点击【待结算】,打开单据,点击【委托】,付款委托办理如图 5-34 所示。

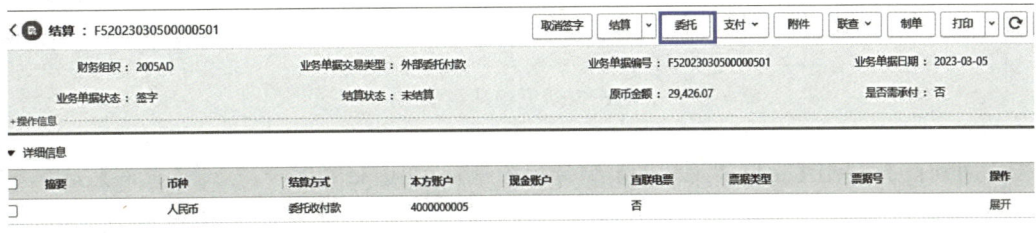

图 5-34 付款委托办理

(5)资金审核岗进行委托付款书经办。点击【委托付款】,选择查询日期,点击【查询】,打开单据,点击【经办】,选择银行账户后,点击【保存】,委托付款书经办如图 5-35

所示。

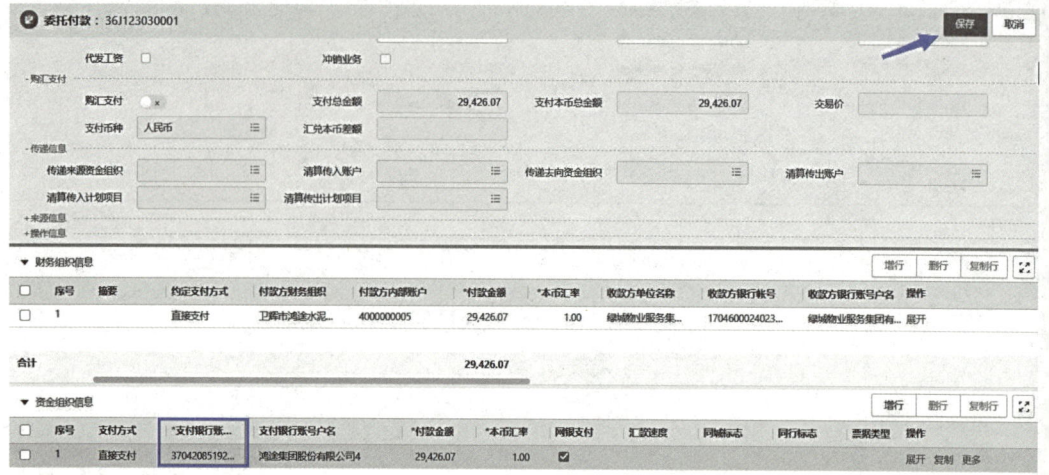

图 5-35　委托付款书经办

(6) 结算中心主任进行委托付款书审批。点击【审批中心】,点击【未处理】,选择单据,查看信息无误后点击【批准】。

(7) 中心出纳岗进行委托付款书支付。点击【委托付款支付】,输入查询日期,点击【查询】,打开单据,点击【网银补录】,录入收款地区名"郑州",网银补录信息如图 5-36 所示,点击【确定】,点击【支付】。

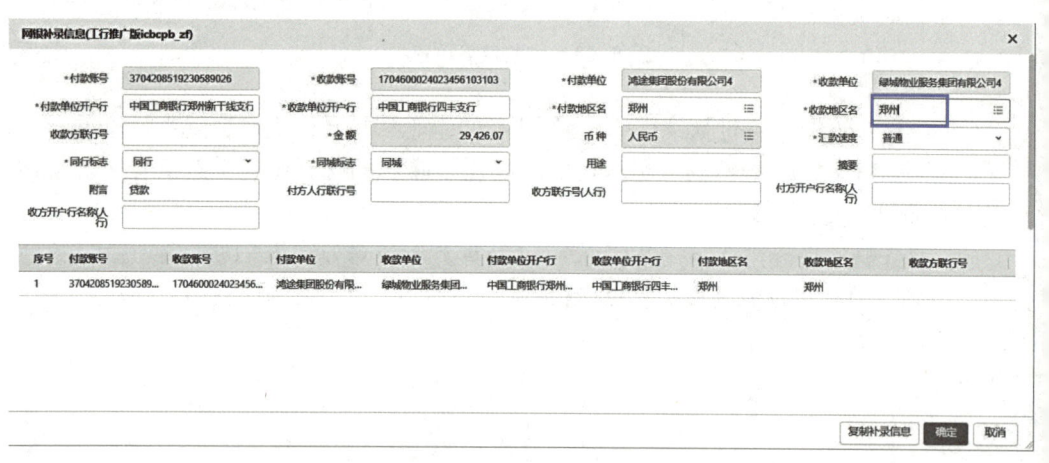

图 5-36　网银补录信息

回到首页,点击【支付指定状态】,财务组织选择"鸿途结算中心",点击【查询】,选择应付总金额为"29 426.07"的单据,点击【状态确认】,银行确认支付状态为"成功",点击【保存】,点击【提交】,最后【确定】,委托付款支付确认如图 5-37 所示。

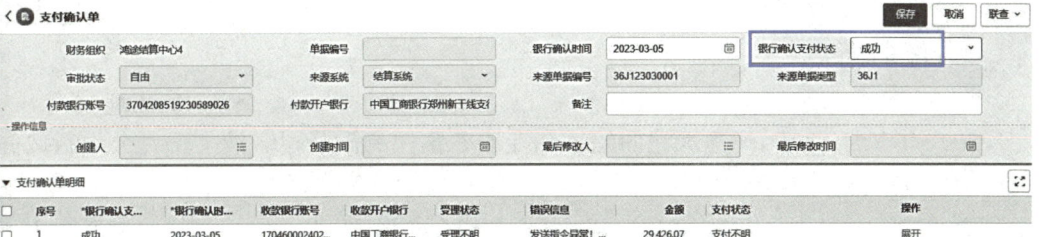

图 5-37　委托付款支付确认

任务总结

财务共享模式下外部委托付款业务的处理涉及知识点和技能点两部分内容。知识点包括外部委托付款的含义、外部委托付款的业务场景、外部委托付款业务共享后业务流程的规划设计；技能点包括外部委托付款业务共享流程的理解以及各岗位业务工作职责。需要注意的是财务共享模式下，外部委托付款业务的单据中要对付款结算单进行工作流的建模及启用，对委托付款书进行工作流、审批流的建模及启用。

外部委托付款共享业务流程所用到的业务单据如表 5-7 所示。

表 5-7　外部委托付款共享业务流程所用到的业务单据

序号	名称	是否进 FSSC	是否属于作业组工作	流程设计工具
1	付款结算单	Y	Y	工作流
2	委托付款书	Y	N	工作流 + 审批流

表 5-8　"外部委托付款共享业务"任务清单评价表

评价点	权重	工作任务清单	分值	得分
知识	30%	掌握外部委托付款的含义	10	
		了解外部委托付款的业务场景及鸿途集团委托付款业务现状、需求	20	
技能	40%	能够设计并绘制集团共享后外部委托付款业务流程图	15	
		能够在财务共享服务平台中完成集团外部委托付款业务的处理	25	
素养	30%	小组成员之间能有效沟通、团结合作	15	
		学生能够自主分析案例问题并解决问题	15	
		总体评价	100	

任务拓展

2022年7月12日,鸿途水泥向绿城物业服务集团有限公司缴纳上个月公司行政办公区水费,后者已经开具增值税专用发票、税率(征收率)3%。根据发票所记载的情况,上个月应缴纳的水费总金额为32 142.18元(不含税金额为31 206元)。因本公司银行支出户余额不足,鸿途水泥通过外部委托付款流程委托鸿途结算中心进行付款。

要求:根据上述资料设计共享后外部委托付款业务流程图,并在财务共享服务平台完成外部委托付款业务的处理。

任务三　其他收付款结算共享业务

任务情境

资料一:其他付款结算

2023年3月5日,鸿途水泥向绿城物业服务集团有限公司缴纳上个月公司行政办公大楼水费,后者已经开具增值税专用发票、税率(征收率)3%,付款发票如图5-38所示。根据发票所记载的情况,上个月应缴纳的水费总金额为36 676.24元(不含税金额为35 608元)。

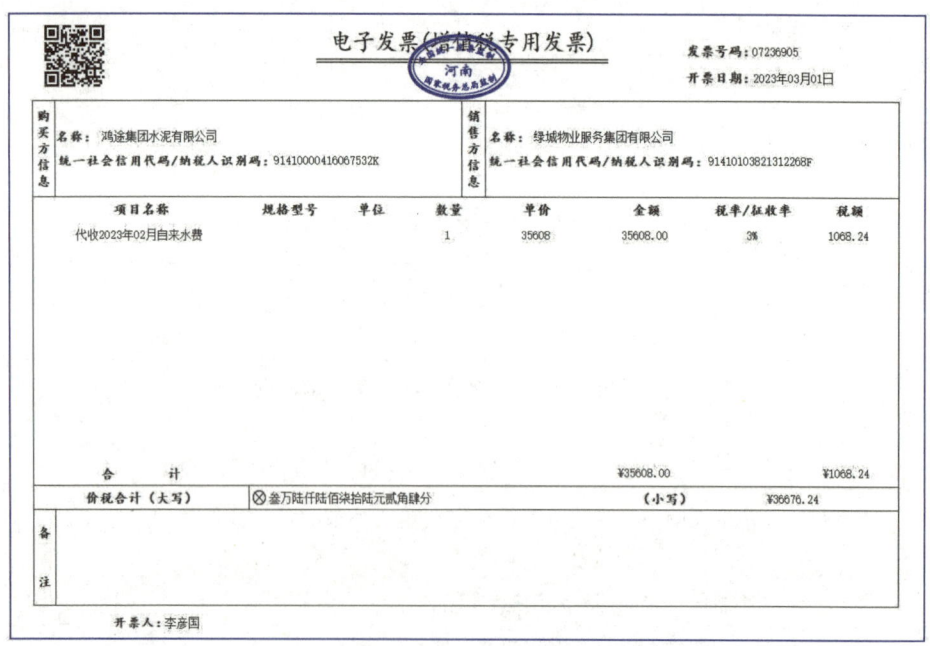

图5-38　付款发票

资料二:其他收款结算

鸿途水泥综合办公室经理杨天波,在公司 2019 年 7 月 8 日召开中层干部工作会议时无故缺席,被罚款 300 元。3 月 8 日,杨天波已经通过网银将罚款转入公司收入账户,银行收款电子回单如图 5-39 所示。

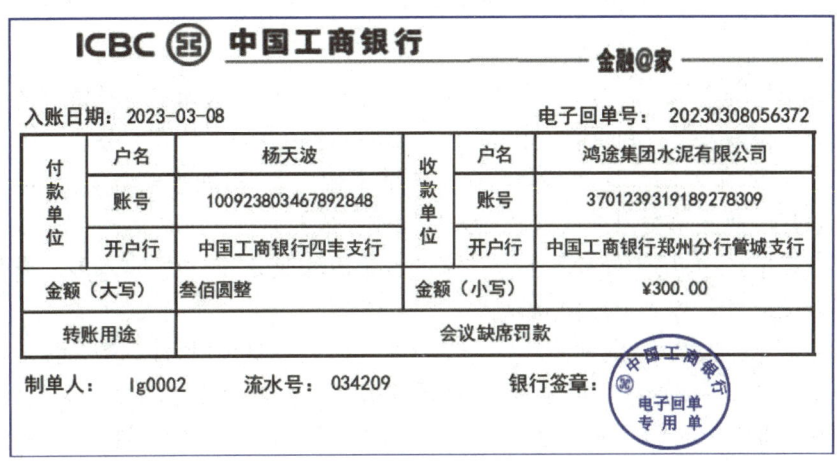

图 5-39　银行收款电子回单

任务要求

假设你是鸿途水泥的财务人员,按照该公司的财务情况,如何设计上述其他收付款结算业务共享后流程？如何在财务共享服务平台中完成其他收付款结算业务的处理？

任务准备

一、其他收付款结算业务内容及主要控制点

其他收付款结算业务即收付款合同结算业务之外的其他收付款结算业务,主要处理不涉及往来的收付款:

(1) 不涉及往来的收款,从业务发生到审批以及结算完成的整个业务流程,如罚没收入。

(2) 不涉及往来的收款,从银行获得到账信息后及时进行核算确认。例如,对方采用网银转账等方式支付的款项。

(3) 不涉及往来的内部划账,公司内外部账户之间的划账业务。

(4) 不涉及往来的付款,从业务发生到审批以及结算完成的整个业务流程。例如,水电费支出,由银行主动扣款。

(5) 不涉及往来的付款,从业务发生到审批以及直连支付完成的整个业务流程。例如,日常支出,通过银企直联向供应商支付款项。

付款结算单,其核心功能与控制点:直接进行付款结算的业务,财务或者出纳人员进行操作,无需核销处理。

收款结算单,其核心功能与控制点:直接进行收款款结算的业务,财务或者出纳人员操作,无需核销处理。

二、其他收付款结算业务处理

(一)会计信息化模式下的处理

鸿途集团的资金结算业务,用来处理不涉及往来的收付款,即不涉及供应链合同或收付款合同的收付款业务。目前都是由各业务单位自行完成资金结算业务。

付款结算单,主要用于处理不涉及往来的资金流出业务,如水电费支出、银行手续费支出等。通常由业务单位出纳或者会计人员操作完成。

收款结算单,主要用于处理不涉及往来的资金流入业务,如利息收入等。通常由业务单位财务人员或者业务人员操作完成。

在会计信息化模式下,鸿途集团资金结算业务痛点主要表现为以下方面:

(1)不能进行集团级统一的结算处理,无法满足付款应用的方便性。

(2)不能将资金支付与审批流程、CA认证和数字签名等进行有效整合,无法满足付款的安全性。

(二)财务共享模式下处理

针对会计信息化模式下其他收付款结算业务在资金结算上的痛点,对业务流程进行设计规划。

1. 其他付款结算共享后业务流程优化

先以业务财务身份填制付款结算单,再由财务经理审批付款结算单,应付初审岗审核付款结算单,接下来中心出纳岗进行出纳付款,最后由总账主管审核记账凭证。

在企业建立财务共享服务中心以后,其他付款结算共享业务流程如图5-40所示。

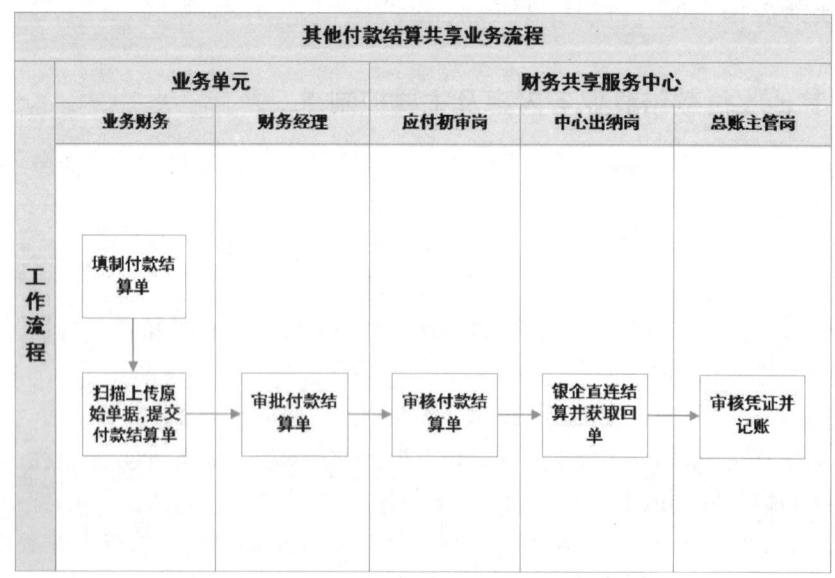

图5-40 鸿途集团其他付款结算共享业务流程

2. 其他收款结算共享后业务流程优化

先以业务财务身份填制收款结算单,然后经财务经理审批收款结算单后,再由应收审核岗审核收款结算单,接下来,中心出纳岗进行确认收款,最后由总账主管审核记账凭证。

在企业建立财务共享服务中心以后,其他收款结算共享业务流程如图 5-41 所示。

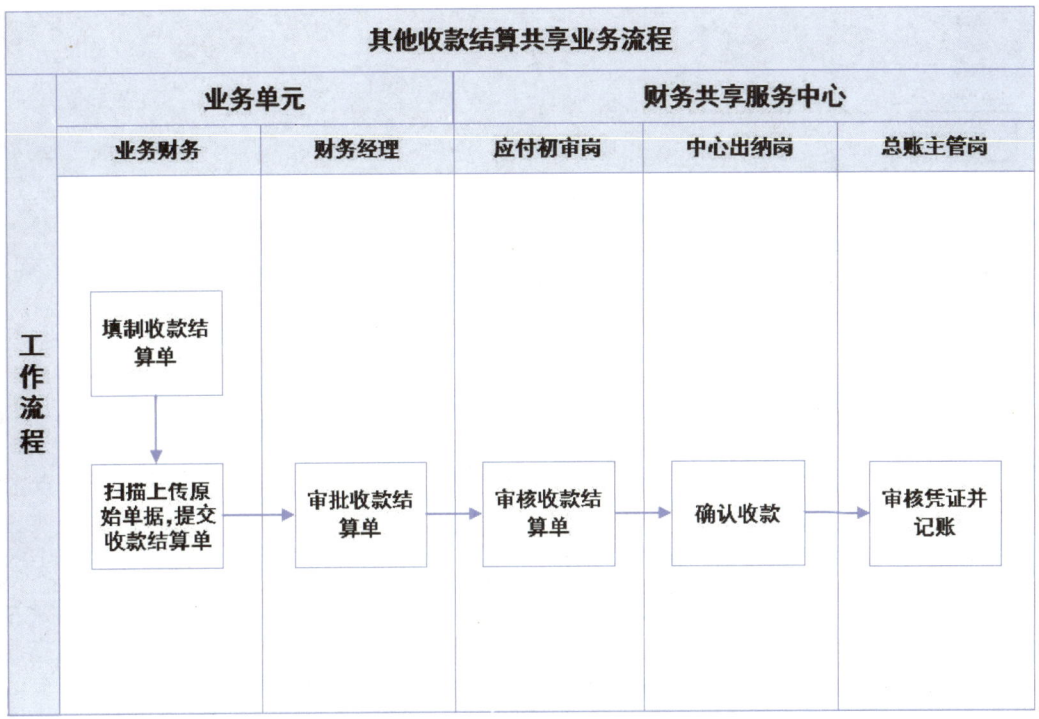

图 5-41 鸿途集团其他收款结算共享业务流程

 任务要领

(1)员工罚款收入。财务共享服务系统中采用"营业外收入-罚款净收入"收支项目;财务共享服务系统设置"人员"交易对象类型来表示与员工进行交易。

(2)行政性费用(如办公楼水电费)支出。费用归口于"综合办公室";FSSC 系统中采用"管理费用"下面的详细收支项目(如"管理费用-水费")。

 任务实施

一、集团管理员进行系统流程配置

点击【工作流定义-集团】,启用"现金管理""主付款结算单""主收款结算单",启用工作流如图 5-42 所示。

5-3-1
系统流程配置

136 | 智能财务共享服务

图 5-42　启用工作流

二、付款结算

（1）业务财务填制付款结算单。修改时间为【2023-03-05】，点击【付款结算】，点击【新增】，结算财务组织选择"鸿途集团水泥有限公司"，结算方式为"网银"，付款银行选择尾数为"0"的账户，交易对象类型为"供应商"，供应商为"外部供应商""绿城物业"，收支项目选择"支出项目""管理费用""管理费用（水费）"，部门为办公室，付款原币金额为"36 676.24"，无税金额为"35 608.00"，点击【保存】，付款结算单填制如图 5-43 所示。点击【更多】中的【影像扫描】，上传发票后点击【保存】，点击【提交】。

5-3-2 付款结算

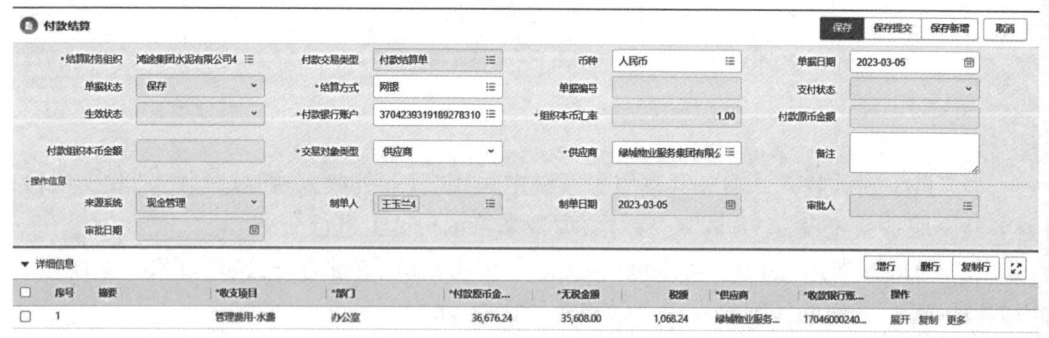

图 5-43　付款结算单填制

（2）财务经理审批付款结算单。点击【审批中心】，点击【未处理】，选择要审核的单据，点击【查看】，检查信息无误后，返回上一界面，点击【批准】，付款结算单审批如图 5-44 所示。

项目五 资金共享业务 | 137

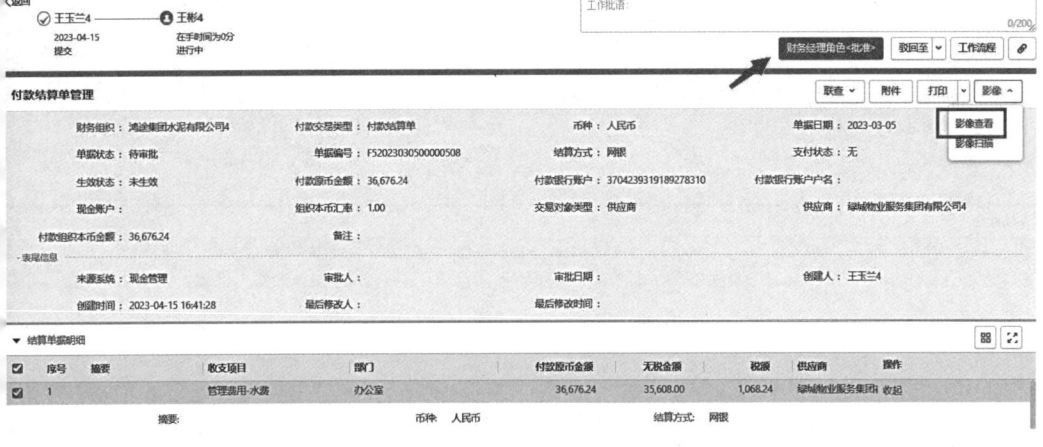

图 5-44 付款结算单审批

(3) 应付初审岗审核付款结算单。点击【我的作业】中的【待提取】,点击【任务提取】,打开单据查看信息无误后,点击【批准】。

(4) 中心出纳岗进行出纳付款。点击【结算】,勾选财务组织,确定查询日期,点击【查询】,点击【待结算】,选择原币金额为"36 676.24"的单据,查看信息无误后,点击【支付】,点击【网上转账】,最后【确定】,付款结算如图 5-45 所示。

图 5-45 付款结算

(5) 总账主管岗审核记账凭证。点击【凭证审核】,财务核算账簿选择"基准账簿",点击【查询】,选择金额为"36 676.24"的账簿,查看信息无误后,点击【审核】。

三、收款结算

(1) 业务财务填制收款结算单。修改时间【2023-03-08】,点击【收款结算】,点击【新增】,结算财务组织为"鸿途集团水泥有限公司",收款银行账户选择尾号为"9"的账户,结算方式为"网银",交易对象类型为"人员",付款银行账选择"杨天波",收支项目为"收入项目""营业外收入-罚款净收入",人员为"办公室-杨天波",收款原币金额为"300",点击【保存】,收款结算单信息如图 5-46 所示;点击【更多】中的【影像扫描】,影像扫描如图 5-47 所示,连接至扫描仪后,点击【扫描】,放入单据后,再点击【扫描】,扫描成功后点击【上传】,点击【保存】,最后点击【提交】。

5-3-3
收款结算

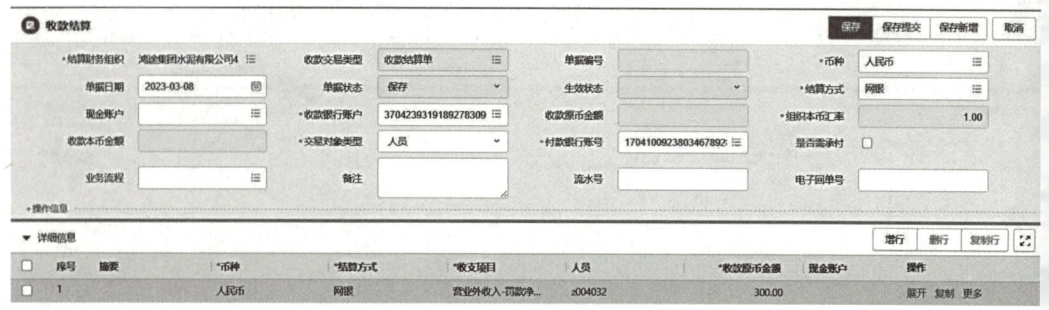

图 5-46　收款结算单信息

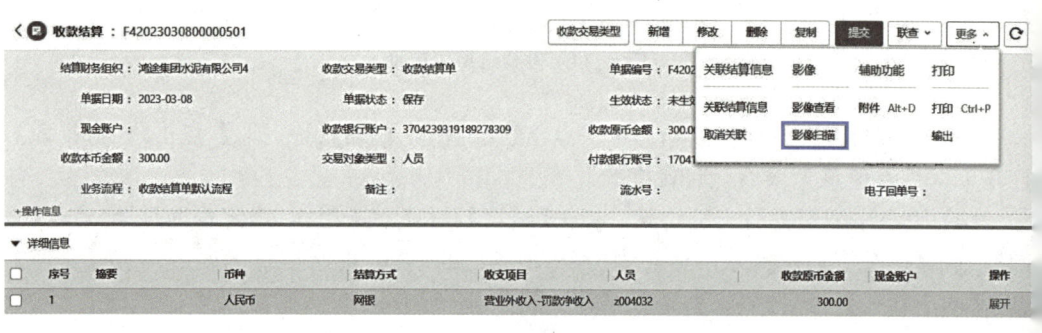

图 5-47　影像扫描

（2）财务经理审批收款结算单。点击【审批中心】，点击【未处理】，选择待审批单据，点击【影像】中的【影像查看】，检查信息无误后，返回上一界面，点击【批准】，收款结算单审批如图 5-48 所示。

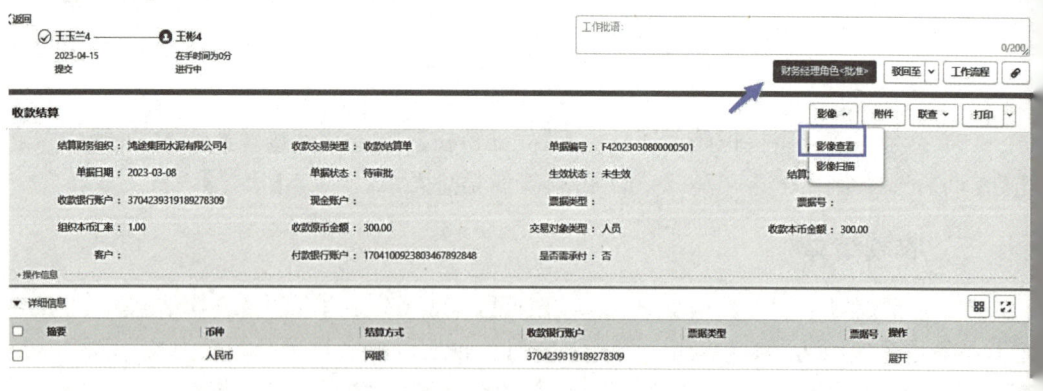

图 5-48　收款结算单审批

（3）应收审核岗审核收款结算单。点击【我的作业】中的【待提取】，点击【任务提取】，选择单据，点击【展开】，查看信息无误后，点击【批准】。

（4）中心出纳岗进行确认收款。点击【结算】，勾选财务组织，确定查询日期，点击【查询】,点击【待结算】,选择原币金额为"300.00"的单据,查看信息无误后,点击【结算】,收款结算确认如图 5-49 所示。

图 5-49　收款结算确认

(5) 总账主管岗审核记账凭证。点击【凭证审核】,财务核算账簿选择"基准账簿",确定查询日期,点击【查询】,选择账簿,点击【审核】,记账凭证审核如图 5-50 所示。

图 5-50　记账凭证审核

任务总结

财务共享模式下其他收付款结算业务的处理涉及知识点和技能点两部分内容。知识点包括其他收付款结算业务内容及主要控制点、其他收付款结算业务共享后的业务流程的规划设计;技能点包括其他收付款结算业务和其他收款结算业务的处理,以及各岗位业务工作职责。需要注意的是财务共享模式下,其他收付款结算业务的单据中要对付款结算单、收款结算单进行工作流的建模及启用。

其他收付款结算共享业务流程所用到的业务单据,如表 5-9 所示。

表 5-9　其他收付款结算共享业务流程所用到的业务单据

序号	名称	是否进 FSSC	是否属于作业组工作	流程设计工具
1	付款结算单	Y	Y	工作流
2	收款结算单	Y	Y	工作流

任务评价

表 5-10　"其他收付款结算共享业务"任务清单评价表

评价点	权重	工作任务清单	分值	得分
知识	30%	了解其他收付款结算业务内容	15	
		了解其他收付款结算业务主要控制点	15	
技能	40%	能够设计并绘制集团共享后其他收付款结算业务流程图	15	
		能够在财务共享服务平台中完成集团其他收付款结算业务的处理	25	
素养	30%	小组成员之间能有效沟通、团结合作	10	
		学生具备严谨细致的工作作风,严格审批资金支出	10	
		学生能够自主分析案例问题并解决问题	10	
总体评价			100	

任务拓展

2022年7月12日,鸿途水泥向绿城物业服务集团有限公司缴纳上个月公司行政办公大楼水费,后者已经开具增值税专用发票、税率(征收率)3%。根据发票所记载的情况,上个月共使用了5 000立方米的自来水,自来水价格(含税)为每立方米4.12元。应缴纳的水费总金额为20 600.00元(不含税金额为20 000.00元)。

要求:根据上述资料,各小组间角色分配,完成付款结算业务流程设计,并在财务共享服务平台中完成方案设计的上传,完成付款结算业务的处理。

项目五　知识巩固

1. 鸿途水泥2022年7月的资金计划如表5-11所示。

表 5-11　资金计划

计划目标	计划支出金额(元)
薪酬支出	5 000 000.00
费用支出	800 000.00

2. 2022年7月18日,鸿途集团各成员公司收到客户回款明细如表5-12所示,各公司收到客户款项后,按照集团资金管理规定,将全部款项归集到各公司在结算中心的外部银行账户。

表5-12 客户回款明细

收款方	鸿途集团水泥有限公司	收到货款/元	678 000.00
客户名称	天海集团总公司	上缴资金/元	678 000.00

3. 为满足2022年7月29日薪酬费用支付需求,各成员单位发起申请内部结算账户下拨资金到本地支出户,如表5-13所示。

表5-13 本地支出户

业务单位	鸿途集团水泥有限公司
薪酬支出(元)	1 320 000.00

要求：

根据资料在财务共享服务平台中完成资金计划的编制,资金上收业务、资金下拨业务的处理。

项目六　固定资产共享业务

知识目标

1. 了解固定资产的定义、类别。
2. 熟悉固定资产的日常管理及业务处理。
3. 掌握固定资产增加、变动、折旧的业务处理流程。

能力目标

1. 能够设计并绘制集团共享后固定资产增加业务流程图。
2. 能够在财务共享服务平台中完成集团固定资产系统流程配置、固定资产增加业务的处理。
3. 能够在财务共享服务平台中完成集团固定资产变动业务、固定资产折旧业务的处理。

素养目标

1. 培养学生爱岗敬业、诚实守信的会计职业道德。
2. 培养学生严谨的工作态度、操作的规范性。
3. 培养学生团队协作、沟通协调能力。

知识导图

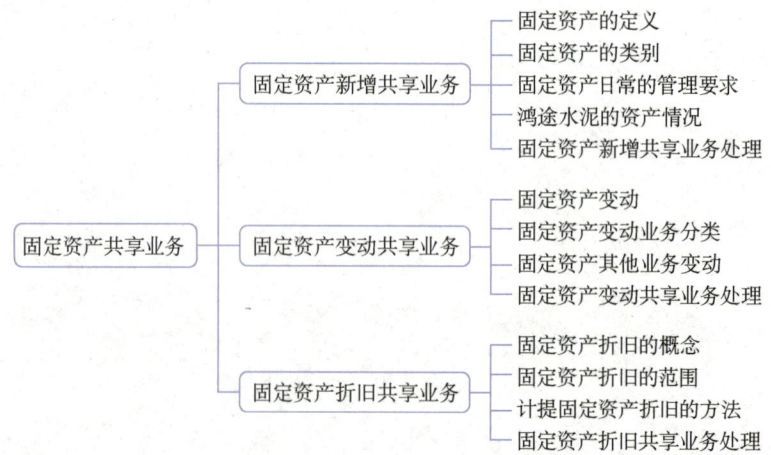

项目六　固定资产共享业务

"加强国有资产管理,防止国有资产流失"①

习近平总书记在中国共产党第二十次全国代表大会上作报告时强调:"要加强国有资产管理,防止国有资产流失。完善各类国有资产管理体制和制度,加强国有企业、金融机构的内部控制和管理"。这些内容体现了党和政府对国有资产管理的重视和严格要求。

本项目要求学生学习过程中树立资产管理意识,加强资产保管的责任感,合理配置资产,定期建立台账,培养学生资产管理责任感。

任务一　固定资产新增共享业务

2023年3月15日,鸿途水泥质控处办公室需购置一台空调。该空调属于生活设备类,经OA审批通过后,具体由综合办公室向庆峰五金贸易公司发起采购申请。

资料一:采购信息

空调采购信息如表6-1所示。

表6-1　空调采购申请信息表　　　　　　　　　　　金额单位:元

商品名称	商品匹数	商品产地	商品规格	物料分类	含税价格
空调	1.5匹	中国大陆	定频	壁挂式	1 999.00

资料二:收到空调及发票。

2023年3月20日,公司收到空调、发票并进行了会计处理;2023年3月25日,支付全额款项。增值税专用发票如图6-1所示。

资料三:2023年3月31日记录资产新增。

---

① 习近平在中国共产党第二十次全国代表大会上作报告,https://www.12371.cn/2022/10/25/ARTI1666705047474465.shtml。

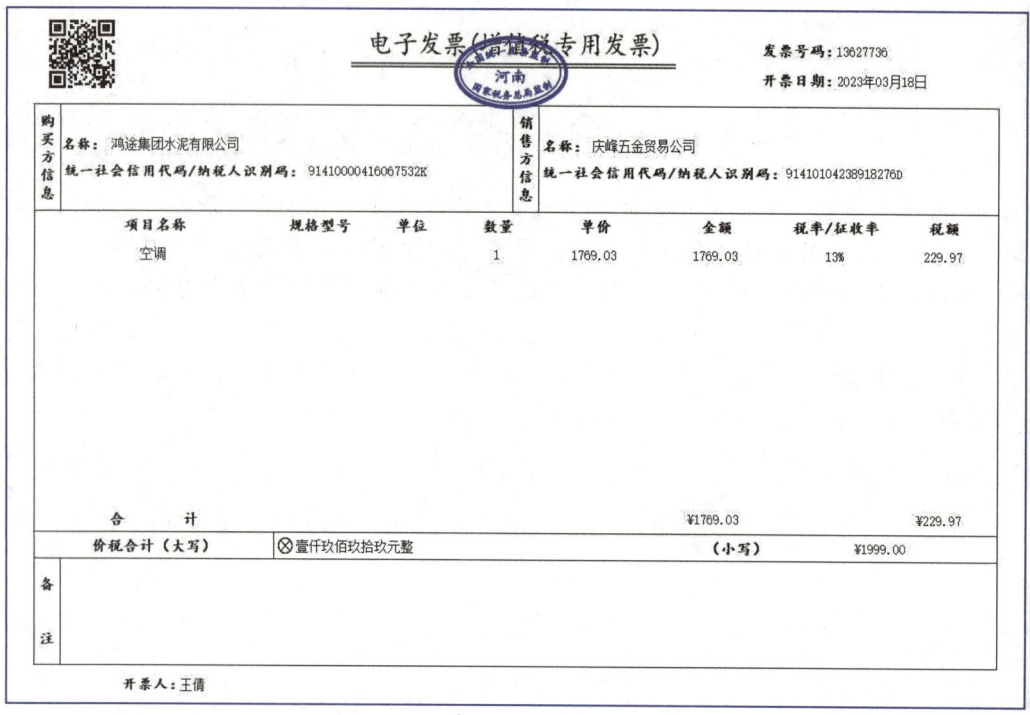

图 6-1　增值税专用发票

任务要求

假设你是鸿途水泥的财务人员,按照该公司的财务情况,上述固定资产新增业务共享后流程应该如何设计?该业务在财务共享服务平台中如何处理?

任务准备

一、固定资产的定义

固定资产是指企业为生产商品、提供劳务或经营管理而持有的,使用寿命超过一个会计年度的有形资产,如房屋、建筑物、机器设备、运输工具以及其他与生产经营活动有关的设备、器具及工具等。

二、固定资产的类别

根据不同的管理需要和核算要求以及不同的分类标准,可以对固定资产进行不同的分类。

1. 按经济用途分类

按固定资产的经济用途分类,可分为生产经营用固定资产和非生产经营用固定资产。生产经营用固定资产,是指直接服务于企业生产、经营过程的各种固定资产,如生产经营用的房屋、建筑物、机器、设备、器具、工具等。非生产经营用固定资产,是指不直接服务于生产、经营过程的各种固定资产,如职工宿舍等使用的房屋、设备和其他固定资产等。

按照固定资产的经济用途分类,可以归类反映和监督企业生产经营用固定资产和非生产经营用固定资产之间,以及生产经营用各类固定资产之间的组成和变化情况,借以考核和分析企业固定资产的利用情况,促使企业合理地配置固定资产,充分发挥其效用。

2．按综合分类

按固定资产的经济用途和使用情况等综合分类,可把企业的固定资产划分为七大类:生产经营用固定资产、非生产经营用固定资产、租出固定资产(指企业在经营租赁方式下出租给外单位使用的固定资产)、不需用固定资产、未使用固定资产、土地(一般指过去已经估价单独入账的土地)、租入固定资产(指企业除短期租赁和低价值资产租赁租入的固定资产)。

由于企业的经营性质不同,经营规模各异,对固定资产的分类不可能完全一致。但实际工作中,企业大多采用综合分类的方法作为编制固定资产目录、进行固定资产核算的依据。

三、固定资产的日常管理要求

(一) 固定资产的日常管理总体要求

固定资产是企业生产经营管理过程中重要的劳动资料和物质基础,是固定资本的实物形态。企业应结合实际情况加强固定资产的监督管理,规范固定资产管理流程,明确固定资产的申请采购、验收、交付使用、处置报废等各环节的权、责、利,强化各有关部门及员工的职责、落实经管责任,保证固定资产会计核算资料的真实、准确、完整。防范固定资产更新改造不够、使用效能低下、维护不当、产能过剩,可能导致企业缺乏竞争力、资产价值贬损、安全事故频发或资源浪费等风险。

(二) 固定资产的日常管理具体要求

固定资产的日常管理要求主要有:

(1) 正确预测并确定固定资产的需要量和规模。

(2) 严格划分资本性支出和收益性支出的界限。合理确认并准确计量固定资产的价值,坚持实质重于形式的原则,正确区分固定资产和在建工程。

(3) 加强固定资产的日常管理。在日常管理过程中,企业应建立和健全固定资产的管理责任制度,严格固定资产的采购、验收、交付使用、出售和报废清理及定期清在盘点等手续制度,确保各项经办业务的各项原始凭证真实、准确、完整,提高固定资产的使用效率和效果。

(4) 正确核算固定资产折旧和减值。及时准确计提固定资产折旧,需要计提固定资产减值的应准确合理识别固定资产减值迹象并按规定计提减值,确保固定资产的及时更新改造。

四、鸿途水泥的资产情况

（一）固定资产分类

集团的水泥生产属于重资产行业业务，主要资产集中于大型生产设施、设备。根据《固定资产管理制度》，鸿途水泥的固定资产分为房屋及建筑物、机器设备、运输工具、办公设备、生活设备、电子设备。具体分类如下：

（1）运输工具指车辆等。

（2）办公设备指摄像机、照相机、碎纸机、麦克风、测试手机、移动硬盘、保险柜、路由器等。

（3）生活设备指空调、净化器、电视机、冰箱、饮水机、各式桌椅等。

（4）电子设备指计算机、各式平板电脑、打印机、复印机、扫描仪、传真机、电话会议系统等。

（二）固定资产日常管理

固定资产的价值管理由财务部负责，固定资产的实物管理由综合办公室负责。

（1）公司固定资产实物管理工作归口综合办公室负责，财务部按照《企业会计准则》负责固定资产的财务核算管理工作。综合办公室与财务部应配合共同定期检查核实公司固定资产情况，确保资产安全、账实相符。

（2）公司各项固定资产，由综合办公室负责统筹计划，统一采购，统一建立实物卡片，登记入账。固定资产使用部门对使用的固定资产定期检查和维护。综合办公室对各部门保管和使用的固定资产进行定期或不定期检查。

（3）每年年终公司对固定资产进行一次盘点，如发现有流失或损坏等情况，应及时查明原因，追究处理使用者的责任。凡遗失和因个人原因造成损坏的，应由责任人赔偿。

（4）固定资产使用人因故离职前，应通知综合办公室对该部门固定资产使用人进行核实，并认真办理交接手续。

（5）所有固定资产未经公司同意，不得无偿提供（借）给外单位或个人使用。

（三）业务部门

鸿途集团财务共享服务中心根据业务构成设9个专业处室，资产税务处主要是进行资产核算和税务核算。固定资产各责任部门为固定资产的管理部门。

1. 责任部门

生产设备、技术部门、总工部、研发部门负责生产部门用机器设备、仪器仪表等的管理；行政部门、基建部负责房屋、运输设备、办公设备（除电脑）、空调及取暖降温设备、安防设备、厨房设备等的管理；IT信息部门负责公司办公用电脑、外接设备、监控设备、门禁考勤设备的管理。

2. 资产管理员

应设置固定资产实物台账，及时反映固定资产的增减变动情况，做到管理部门、使用部门、财务部三账一致，账卡物一致。

审核办理本部门管理的固定资产从请购、资产编号、验收、调拨、维修到处置报废等事宜，使用部门必须服从管理部门指导和管理。

定期组织清查盘点，提出盘点报告。健全档案资料，编制固定资产编号，制作并粘贴固定资产标签。

定期与财务部核对台账,保证台账与财务总账相符。

(四) 使用部门职责

固定资产使用部门为固定资产的日常维护和保养部门。

(1) 使用部门负责人为第一责任人,对固定资产的安全性负责;使用人为第二责任人,对固定资产的完好性负责。

(2) 及时反映固定资产的增减变动情况,做到台账与实物一致。

(3) 正确使用固定资产,做好维护保养。

(4) 定期进行清查盘点。

(五) 财务共享职责

财务共享服务中心为固定资产各类账务处理部门。

(1) 负责固定资产的价值核算,建立固定资产卡片账、登记台账。

(2) 办理固定资产购置、出售、盈亏报废等财务手续。

(3) 正确计提折旧和摊销。

(4) 每月与管理部门核对当月新增固定资产,每年核对一次全部固定资产,保证账账相符。

(5) 参与管理部门组织的清查盘点工作,保证账实相符。

五、固定资产新增共享业务处理

(一) 传统手工模式下新增固定资产业务的工作流程

传统手工模式下新增固定资产以外购固定资产为例,由采购部提出申请进行外部采购,财务部长、总经理审批,审批通过后采购部采购,设备验收后提交财务部验收,财务部判断资产类别后填制固定资产卡片,填制记账凭证,审核后登记账簿。随着互联网、信息技术的发展,传统手工模式下的这种处理方式弊端暴露,不能有效监督企业内部控制,提升工作效率。传统手工模式下新增固定资产业务工作流程如图 6-2 所示。

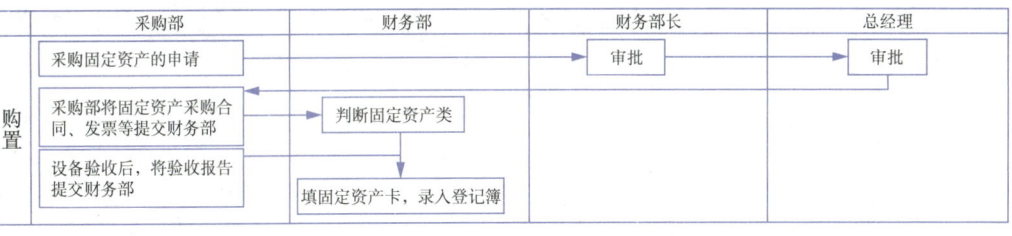

图 6-2 传统手工模式下新增固定资产业务工作流程

(二) 会计信息化下新增固定资产业务的工作流程

在会计信息化模式下,鸿途水泥新增固定资产业务由综合办公室专员录入采购订单,综合办公室经理审核订单后交由财务处。财务处会计根据采购订单、提交采购发票和应付单,财务经理审批应付单后,出纳进行款项支付,会计生成记账凭证后由资产保管者进行资产的登记。这种处理模式中,业务、财务不能融合一起。会计信息化下新增固定资产业务的工作流程如图 6-3 所示。

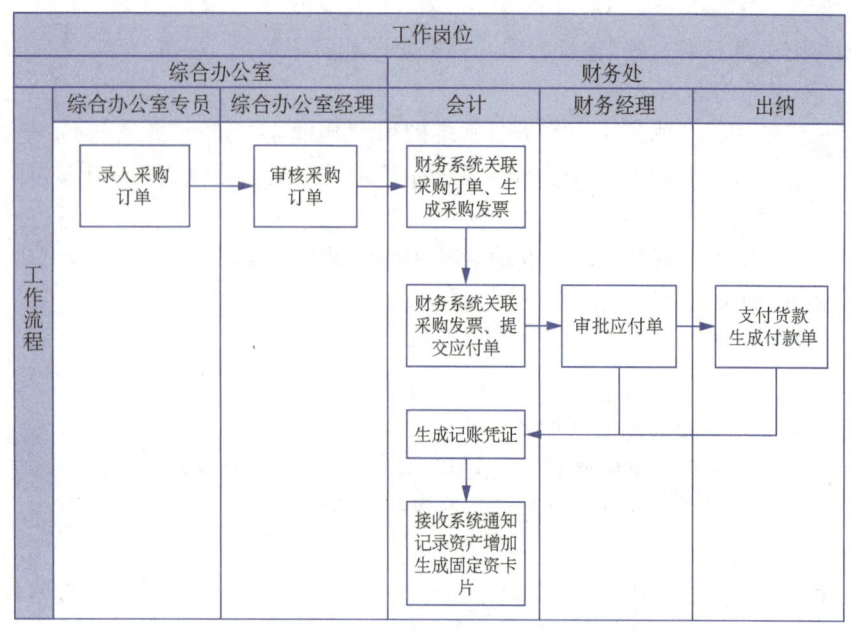

图 6-3 会计信息化下新增固定资产业务工作流程

(三) 共享模式下新增固定资产业务的工作流程

采用财务共享模式后,首先由采购部门提出申请,其次由业务单元业务财务完成,业务单元只保留业务财务岗和财务经理岗,节约人力成本,提高工作效率;其次,应付初审岗审核应付单及付款单;再次,中心出纳岗通过银企直连支付,资金结算实现财务共享服务中心共享,同步建设银企直连;最后建设业务部门、业财财务、财务共享服务中心集合起来,实现财务共享。固定资产新增共享业务的工作流程如图 6-4 所示。

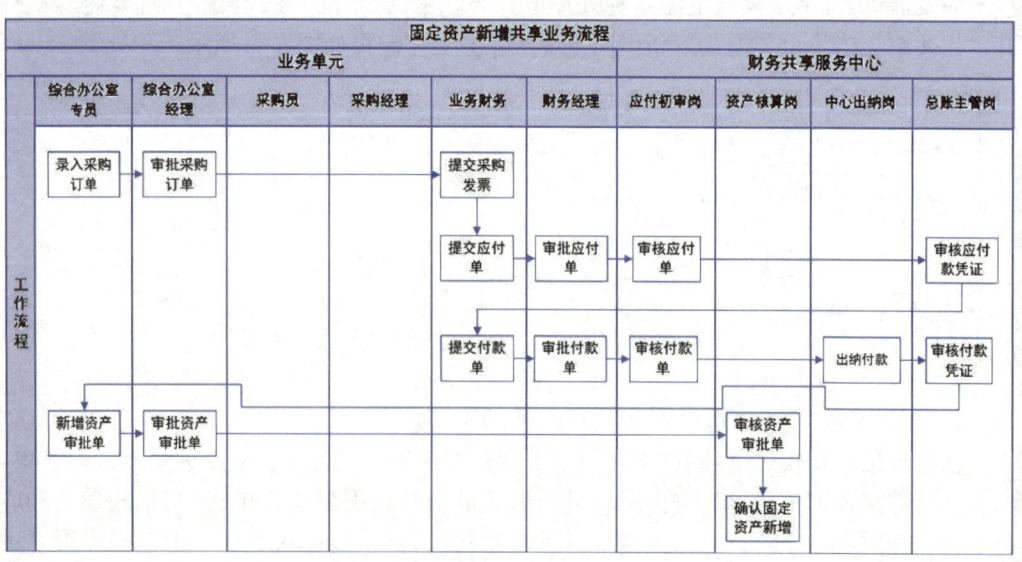

图 6-4 鸿途集团固定资产新增共享业务流程

业务由成员单位分公司、子公司下的综合办公室专员、综合办公室经理、业务财务、财务经理以及共享中心应付审核岗、总账主管岗、中心出纳岗、资产核算岗配合完成。具体工作职责如下：

(1) 综合办公室专员负责固定资产实物管理、会议统筹安排及发起相关业务单据流程等。
(2) 综合办公室经理负责审批固定资产采购、会议安排及相关业务单据等。
(3) 业务财务签订资金类合同、依据业务现状生成收支类、资金类单据等。
(4) 财务经理负责审批资金类合同、收支类与资金类单据等。
(5) 应付审核岗审核成本类单据及自动生成会计凭证等。
(6) 总账主管岗审核记账凭证，进行有关总账业务处理等。
(7) 中心出纳岗负责结算确认收付款等。
(8) 资产核算岗负责资产类业务核算等。

固定资产增加业务处理过程中涉及的单据有采购订单、采购发票、应付单、付款单、资产审批单以及固定资产卡片。其中，只有应付单、付款单、资产审批单、固定资产卡片进入到了财务共享服务中心。在整个过程中，涉及的系统流程配置有工作流和审批流，需要我们在进入财务共享服务中心平台进行业务处理前，先进行工作流和审批流的启用。

一、系统流程配置

(1) 以集团管理员身份进行流程配置。点击【审批流定义-集团】，左侧选择"采购管理"中的"采购订单"下的"固定资产采购"，选中鸿途水泥的固定资产采购，点击右侧【启用】，固定资产采购订单审批流启用如图 6-5 所示。

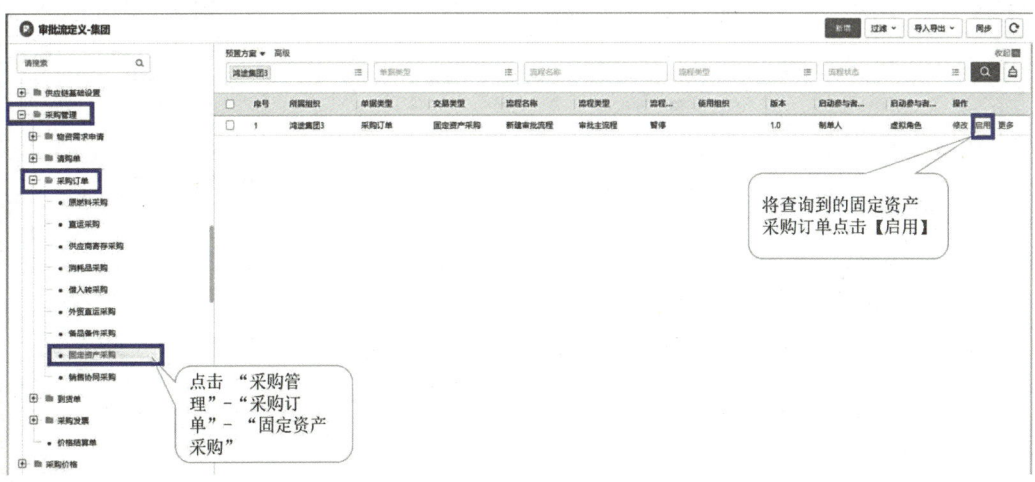

图 6-5　固定资产采购订单审批流启用

（2）返回"流程管理"，选择【工作流定义-集团】，选择"应付管理"下的"应付单"，查看流程状态，点击【启用】，应付单工作流启用如图 6-6 所示；点击【付款单】，点击【启用】，付款单工作流启用如图 6-7 所示。同理，启用"固定资产-新增资产审批单"，新增资产审批单工作流启用如图 6-8 所示。

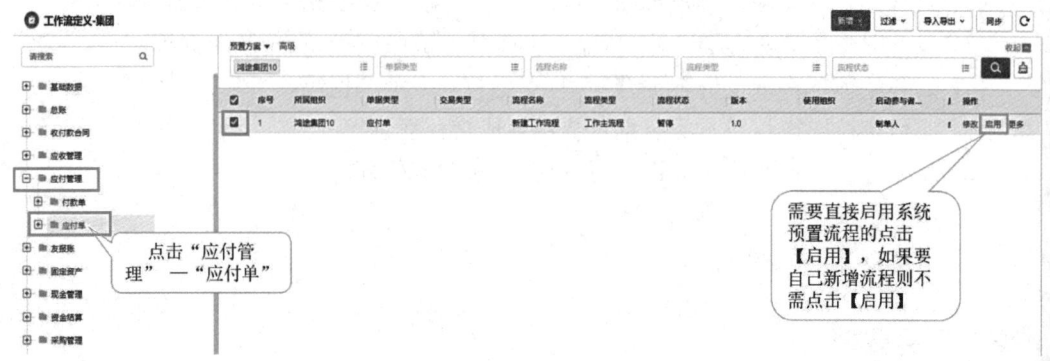

图 6-6　应付单工作流启用

图 6-7　付款单工作流启用

图 6-8　新增资产审批单工作流启用

项目六 固定资产共享业务 | 151

二、资产采购确认生成应付凭证

(1) 综合办公室专员录入采购订单。修改时间【2023-03-15】,登录后,点击【采购订单维护】,点击【新增】,选择【自制】,根据业务案例录入采购订单信息。选择采购组织"鸿途集团水泥有限公司",订单类型"固定资产采购",订单日期"2023-03-15",采购部门"办公室",物料选择"空调",数量"1",含税单价"1999.00",无税单价自动带出。录入无误后点击【保存提交】。录入采购订单如图 6-9 所示。

6-1-1
录入采购订单

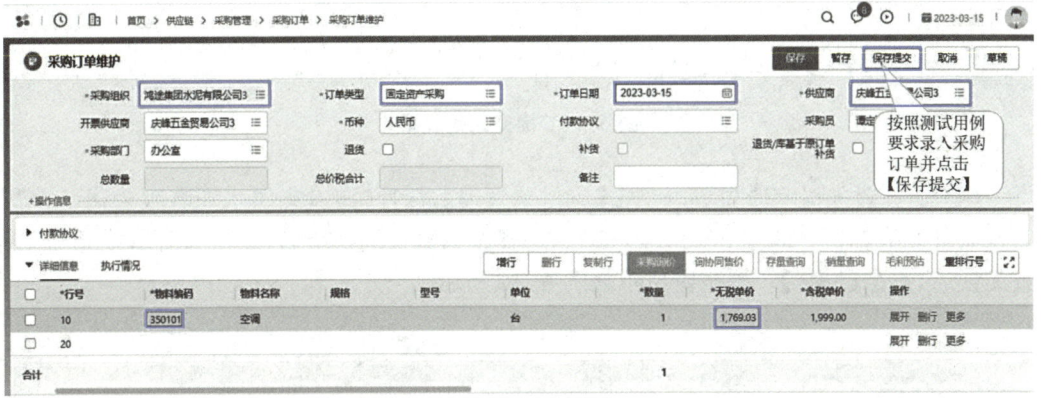

图 6-9 录入采购订单

(2) 综合办公室经理审批采购订单。点击【审批中心】,选择【未审批】,进入审批采购订单界面,点击打开相应单据,检查无误后,点击【批准】,完成审批采购订单。审批采购订单如图 6-10 所示。

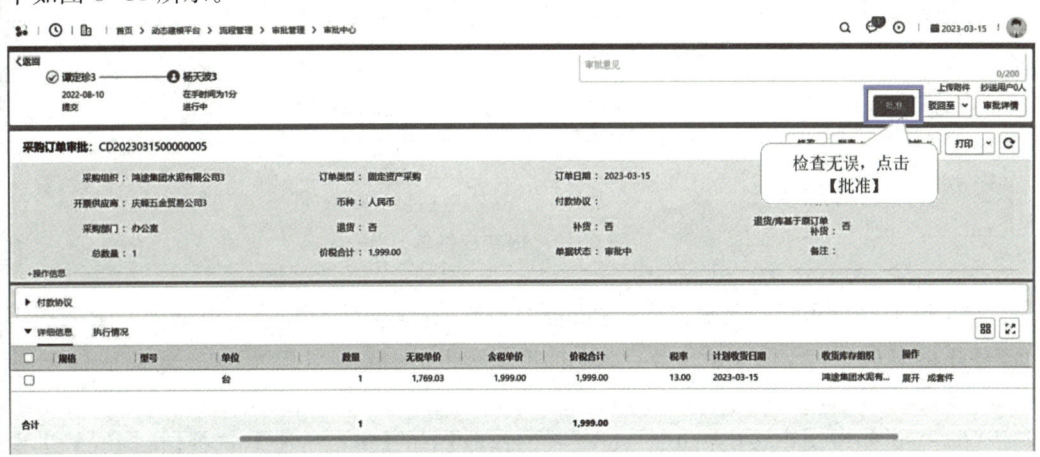

图 6-10 审批采购订单

(3) 业务财务提交采购发票。修改登录时间"2023-03-20"。点击【采购发票维护】,点击【新增】,点击【采购收票】,选择财务组织"鸿途集团水泥有限公司",日期"2023-03-15至 2023-03-15",填写搜索信息后点击【查询】,查到相应信息后,勾选采购订单后,点击【生成发票】,点击【保存】。点击【影像】,点击【影像扫描】,选择【导入】方式上传发票,点击

6-1-2
业务财务提交采购发票

【提交】,点击【保存】,退出【影像扫描】。检查无误后,点击【提交】。提交采购发票如图 6-11 所示。

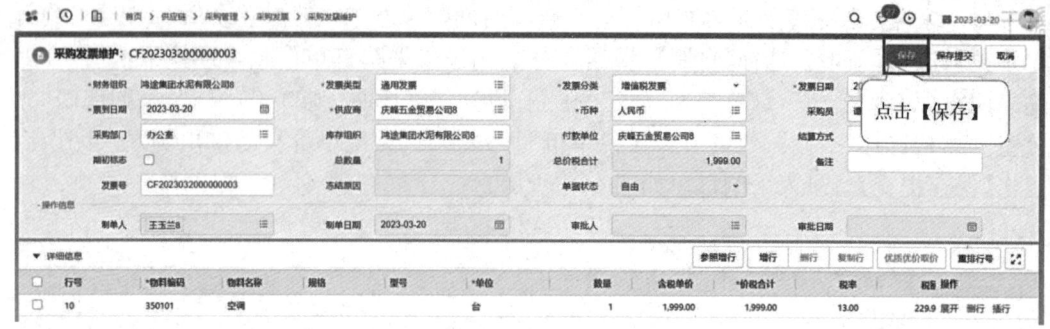

图 6-11 提交采购发票

6-1-3
业务财务提
交应付单

（4）业务财务提交应付单。点击【应付单管理】,选择"鸿途集团水泥有限公司",填写筛选条件"2023-03-20 至 2023-03-20",点击【查询】,查询到单据,点击打开单据检查,检查无误后,点击【提交】。提交应付单如图 6-12 所示。

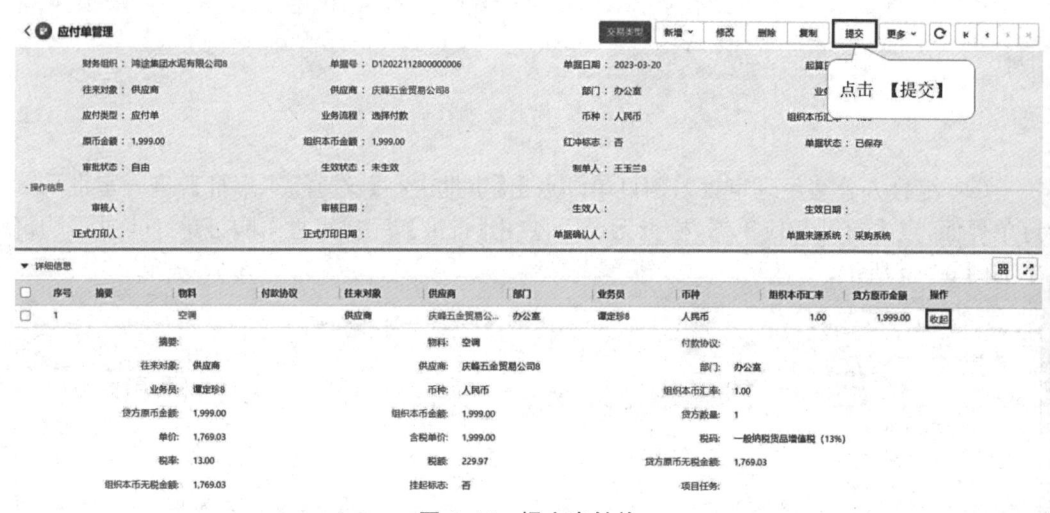

图 6-12 提交应付单

（5）财务经理审批应付单。点击【审批中心】,选择【未处理】,进入审批中心未处理页面,打开相应应付单,检查无误,点击【批准】按钮,完成应付单审批。审批应付单如图 6-13 所示。

（6）应付初审岗审核应付单。点击【我的作业】下的【审批中心】,选择【待提取】,进入提取页面,点击【任务提取】,打开应付单查看详情信息,检查无误后,点击【批准】按钮,完成应付单审核,自动生成应付款凭证。审核应付单如图 6-14 所示。

（7）总账主管审核记账凭证。点击【凭证管理】,选择【凭证审核】,输入查询条件,选择需审核【记账凭证】,检查凭证无误后,点击【审核】,进行应付款凭证审核。

项目六 固定资产共享业务 | 153

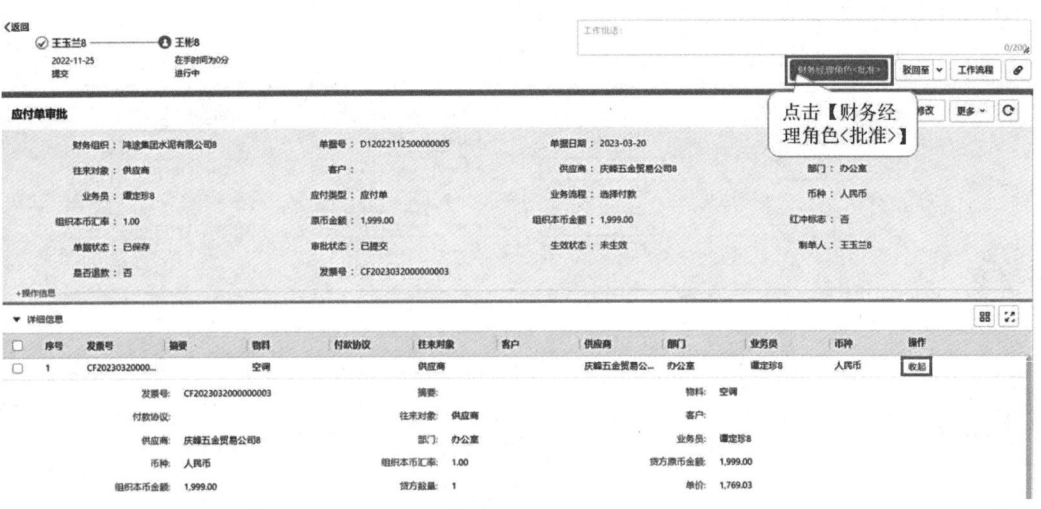

图 6-13 审批应付单

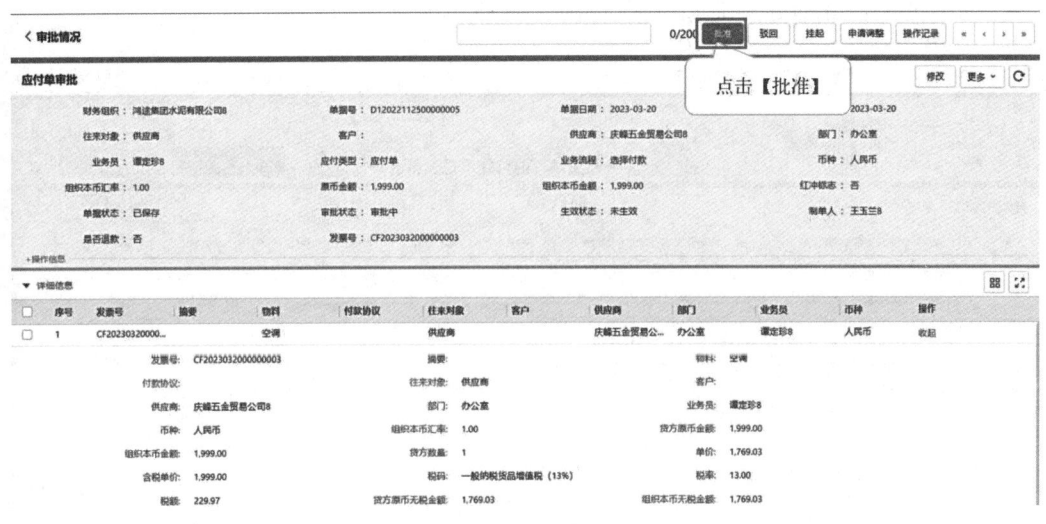

图 6-14 审核应付单

三、支付货款生成付款凭证

（1）业务财务提交付款单。登录时间【2023-03-25】，点击【付款单管理】，进入付款单管理页面。单击【新增】，点击【应付单】，输入查询条件，点击【查询】选择对应的应付单，点击【生成下游单据】按钮，生成付款单。

填写相应信息：财务组织"鸿途集团水泥有限公司"，供应商"庆峰五金商贸公司"，部门"办公室"，付款单结算方式选择"网银"，付款银行账户选择相应的银行结算账号，收款银行账户"庆峰五金商贸公司"，付款业务类型"货款"，借方金额原币"1999.00"。检查无误后点击【保存】。点击【更多】，点击【影像扫描】，利用扫描仪或本地导入【扫描】或【上传】付款单。完后成点击【保存】。最后【提交】，完成付款单的提交。提交付款单如图 6-15

6-1-4
支付货款生成付款凭证

所示。

图 6-15 提交付款单

（2）财务经理审批付款单。点击【审批中心】，选择【未处理】，检查无误，点击【批准】按钮，完成付款单审批。审批付款单如图 6-16 所示。

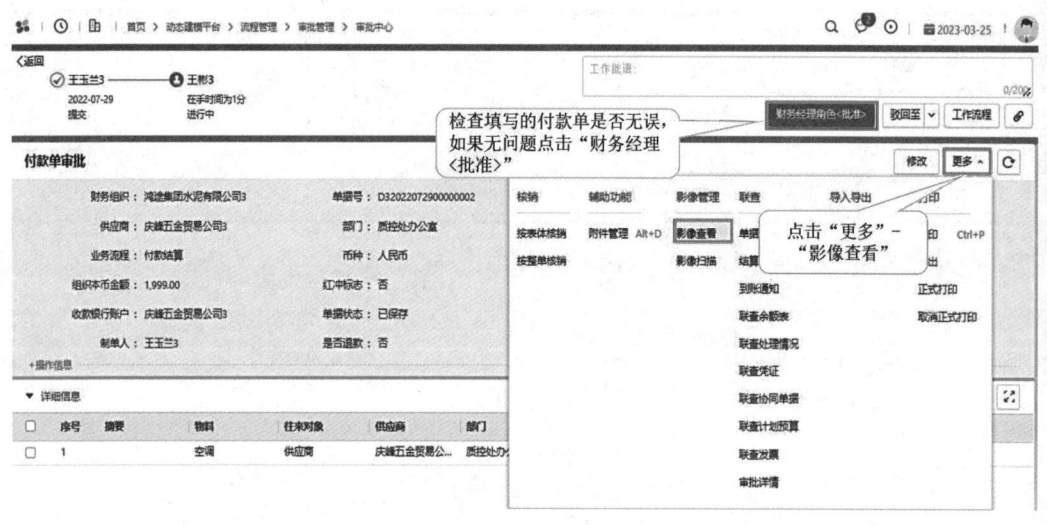

图 6-16 审批付款单

（3）应付初审岗审核付款单。点击【我的作业】，选择【待提取】，点击【任务提取】，出现相应付款单。点击以打开单据，点击【更多】，选择【影像查看】，检查无误后，点击【批准】。应付初审审核付款单如图 6-17 所示。

（4）中心出纳岗付款。点击【结算】，进入结算界面。输入查询条件，点击【查询】，然后点击【待结算】，查询出尚未结算的付款单，选中相应的单据，单击【支付】，选择网上转账，点击【确定】完成付款结算，自动生成付款凭证。中心出纳付款如图 6-18 所示。

（5）总账主管审核付款凭证。点击【凭证管理】，选择【凭证审核】，输入查询条件，点击【查询】，选择需审核【记账凭证】，点击以打开单据，检查凭证无误后，点击【审核】，完成付款凭证审核。总账主管审核付款凭证如图 6-19 所示。

项目六 固定资产共享业务 155

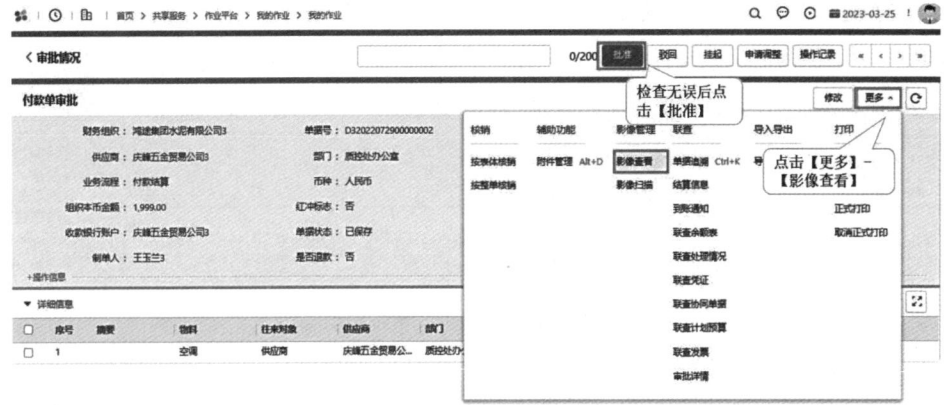

图 6-17 应付初审审核付款单

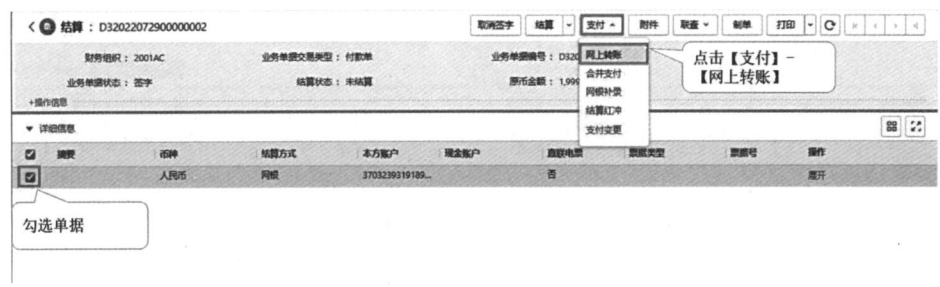

图 6-18 中心出纳付款

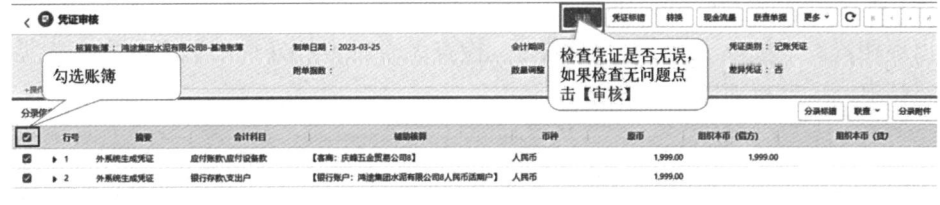

图 6-19 总账主管审核付款凭证

四、确认资产

（1）综合办公室专员新增资产审批单。登录时间【2023-03-31】，进入后点击【新增资产审批单维护】，点击【新增】，录入资产审批单信息并点击【保存提交】。新增资产审批单

6-1-5
确认资产

如图 6-20 所示。

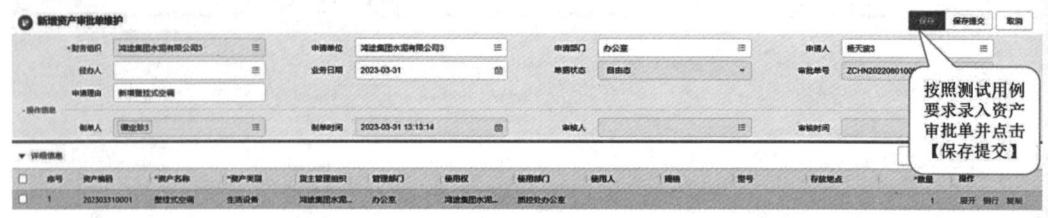

图 6-20　新增资产审批单

（2）综合办公室经理审批资产审批单。点击【审批中心】的【未处理】，检查填写的资产审批单，检查无误后，点击【批准】按钮，完成资产审批单审批。审批资产审批单如图 6-21 所示。

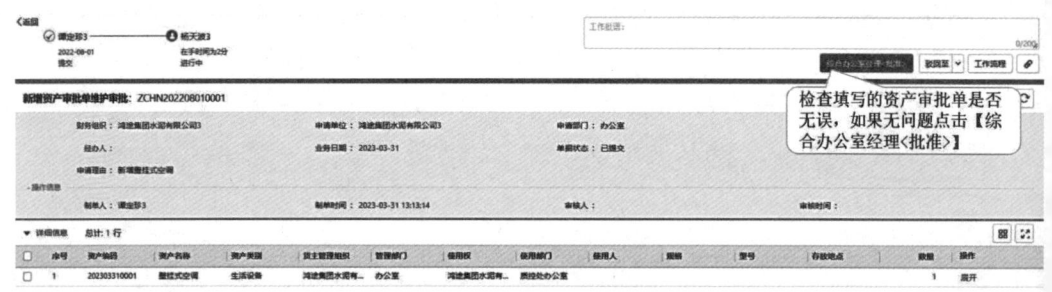

图 6-21　审批资产审批单

（3）资产核算岗审核资产审批单。点击【我的作业】，点击【待提取】，点击【任务提取】，出现相资产审批单。点击以打开单据，检查无误后，点击【批准】，完成资产审批单审核。审核资产审批单如图 6-22 所示。

图 6-22　审核资产审批单

（4）资产核算岗确认固定资产。登录时间【2023-03-31】，点击 NCC 平台标志，选择【财务会计】下的【固定资产】中的【固定资产信息】，点击【待生成固定资产卡片】，输入查询条件，点击【查询】，出现相应信息，勾选，点击【生成固定资产卡片】，生成固定资产卡片，勾选卡片，选择增加方式为"直接购入"，使用状况"在用"，点击【保存】。点击【固定资产卡片维护】，选择【资产增加】，输入查询条件，找到审批通过的资产审批单，检查无误，则确认新增固定资产完成。新增固定资产卡片如图 6-23 所示。

项目六　固定资产共享业务 | 157

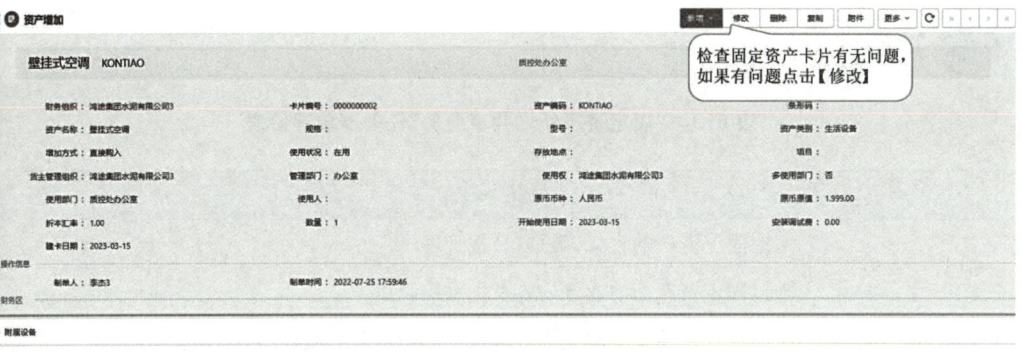

图 6-23　新增固定资产卡片

任务总结

财务共享模式下固定资产增加业务的处理涉及知识点和技能点两部分内容。知识点包括固定资产的定义、类别、日常管理要求、鸿途水泥的资产情况以及新增固定资产业务处理工作流程设计；技能点包括销售订货出库、应收挂账以及应收收款共享流程的理解以及各岗位业务工作职责。需要注意的是财务共享模式下，固定资产增加业务的单据中我们要对固定资产采购订单进行审批流的建模及启用，对应付单、付款单、新增资产审批单进行工作流的建模及启用。固定资产新增共享业务涉及单据如表 6-2 所示。

表 6-2　固定资产新增共享业务涉及单据

序号	名称	是否进 FSSC	是否属于作业组工作	流程设计工具
1	采购订单	N	—	审批流
2	采购发票	N	—	—
3	应付单	Y	Y	工作流
4	付款单	Y	Y	工作流
5	固定资产卡片	Y	Y	

任务评价

表6-3 "固定资产新增共享业务"任务清单评价表

评价点	权重	工作任务清单	分值	得分
知识	30%	掌握固定资产的含义、类别、日常管理	15	
		掌握固定资产新增业务内容及主要控制点	15	
技能	40%	能够设计并绘制集团共享后固定资产新增业务流程图	15	
		能够在财务共享服务平台中完成固定资产新增业务共享的处理	25	
素养	30%	小组成员之间能有效沟通、团结合作	10	
		学生具备严谨细致的工作作风和职业责任感	10	
		学生能够自主分析案例问题并解决问题	10	
总体评价			100	

任务二 固定资产变动共享业务

任务情境

2023年3月12日,鸿途水泥原由销售服务办公室(部门编码:0501)使用的一台笔记本电脑(属于电子设备)调整至供应处办公室(部门编码:0601)使用。固定资产变动信息如表6-3所示。

表6-4 固定资产变动信息表 金额单位:元

资产名称	固定资产分类	规格	型号	屏幕尺寸	原值	累计折旧	变动前使用部门	变动后使用部门	变动原因
笔记本电脑	电子设备	ThinkPad翼480	ThinkPad—E系列	14.0英寸	4 900.00	816.66	0501销售服务办公室	0601供应处办公室	使用部门调整

任务要求

假设你是鸿途水泥的财务人员,按照该公司的财务情况,上述固定资产变动业务共享后流程应该如何设计?该业务在财务共享服务平台中如何处理?

 **任务准备**

一、固定资产变动

固定资产在其全生命周期的管理过程中发生变化时,可通过资产变动单来记录完成,如原值调整、累计折旧调整、使用部门调整,管理部门调整、存放地点调整等。

1. 价值调整

价值调整是指固定资产原值调整,包括对设备技术改造或者维修过程中,发生的维修费用的资本化以及项目产出物价值调整。

2. 资产追溯调整

当与固定资产相关的会计政策发生变更或出现重大的前期差错时,可能需要对资产进行追溯调整。

3. 使用部门调整

资产使用人的变化。使用部门变动后,折旧归属于变动后的部门。

4. 其他变动

其他资产属性的变动业务,如使用寿命、预计净残值、折旧方法等的变动。

(1) 使用寿命的变化

使用寿命预计数与原先估计数有差异的,应当调整固定资产使用寿命,并按照会计估计变更的有关规定进行处理。

(2) 预计净残值的变化

预计净残值预计数与原先估计数有差异的,应当调整预计净残值,并按照会计估计变更的有关规定进行处理。

(3) 折旧方法的变化

与固定资产有关的经济利益预期实现方式有重大改变的,应当改变固定资产折旧方法,并按照会计估计变更的有关规定进行处理。

二、固定资产变动业务分类

固定资产变动业务,可分为两大类:一类为直接影响资产折旧摊销数额的变动,如本币原值变动、累计折旧变动等;另一类则为影响折旧计提费用归集汇总的变动,如资产使用部门变动、资产管理部门变动等。

三、固定资产其他业务变动

1. 资产评估

当企业在上市、兼并、收购、抵押贷款、破产等业务时,通常需要对资产进行评估,即由专门的机构,通过严谨、科学的方法,出于特定的评估目的对企业资产进行重新估价。资产评估是个复杂的过程,必须由专门的独立的机构完成。

2. 资产减值

当企业外部财务、市场环境发生变化,会给企业的固定资产带来减值风险,即固定资产的现值小于市场公允价值,为了规避这种风险,减少可能为企业带来的不利影响。

3. 资产减少

当固定资产由于磨损或陈旧,使用期满不能继续使用,或由于技术进步,必须由先进设备替代时,需要对固定资产进行报废处理。除资产报废以外,出售资产、捐赠资产等也是资产减少,退出企业的方式。

4. 资产调拨

集团环境下不同财务组织间进行资产所有权转移。此资产调拨是指资产的所有权发生转移,而不是使用权、使用部门、管理部门转移,非所有权发生的改变可以通过资产变动业务完成。

四、固定资产变动共享业务处理

鸿途集团财务共享服务中心根据业务构成设 9 个专业处室,资产税务处主要是进行资产核算和税务核算,由业务部门综合办公室和财务共享服务中心资产核算岗完成固定资产变动业务的处理。固定资产变动共享业务流程如图 6-24 所示。

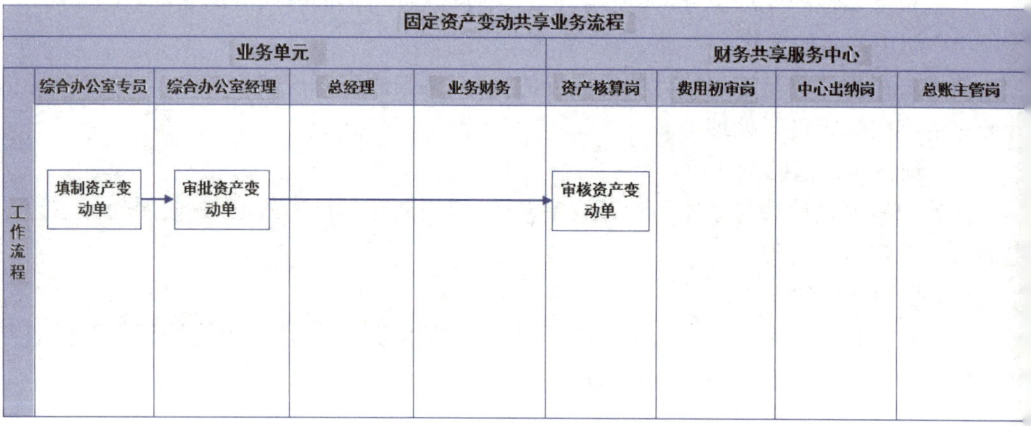

图 6-24 鸿途集团固定资产变动共享业务流程

固定资产变动业务处理过程中涉及到的单据主要是资产变动单。在整个处理过程中,需要我们在进入财务共享服务中心平台进行业务处理前,先进行配置。

固定资产变动共享业务处理操作步骤为:

(1) 以集团管理员身份进行流程配置。点击【工作流定义-集团】,左侧选择"固定资产"中的"资产变动",选中鸿途集团的资产变动,点击右侧【启用】,启用"资产变动"。资产变动流程配置如图 6-25 所示。

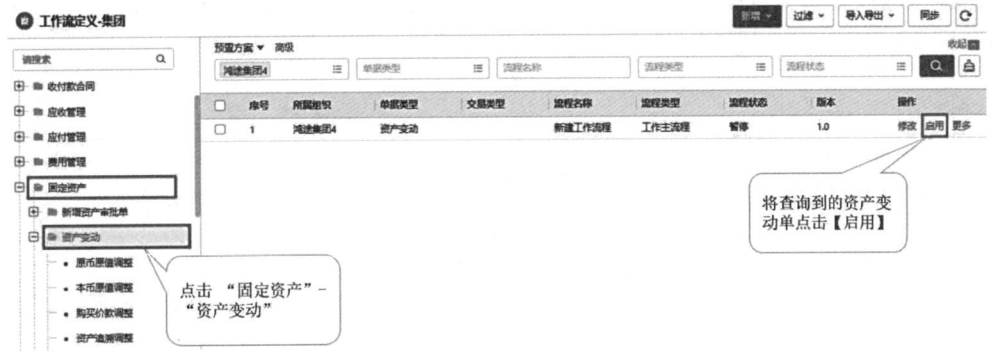

图 6-25 资产变动流程配置

(2) 综合办公室专员填制变动单。综合办公室专员登录用友 NCC 平台,登录时间【2023-03-12】登录后点击【固定资产变动】,进入"固定资产变动"界面填制资产变动单。点击【新增】,选择财务组织"鸿途集团水泥有限公司",检查业务日期"2023-03-12",【变动项目】选择"使用部门",点击【增行】,录入固定资产详细信息:选择固定资产编码选择"电子设备"下的 ThinkPad 翼 480 笔记本电脑,点击【确定】,变动后使用部门改为选择"供应处办公室",检查无误后点击【保存提交】,综合办公室专员完成变动单的填制。填制变动单如图 6-26 所示。

图 6-26 填制变动单

(3) 综合办公室经理审批资产变动单。综合办公室经理登录用友 NCC 平台,登录时间【2023-03-12】,点击【审批中心】下【未处理】,点击打开单据,点击【展开】以查看详细信息,检查无误后,点击【批准】进行审批。审批资产变动单如图 6-27 所示。

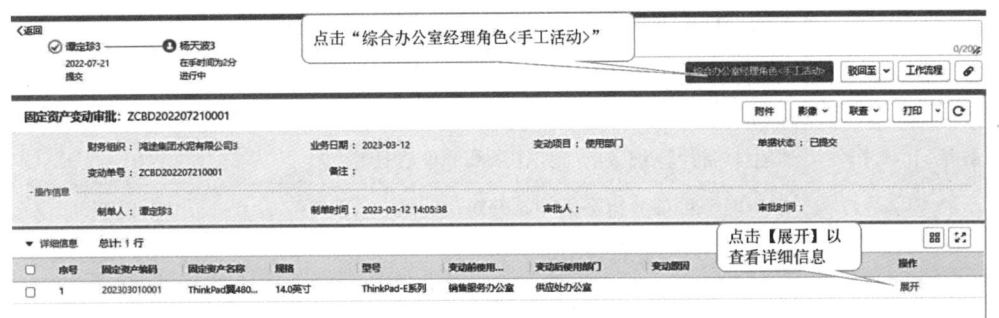

图 6-27 审批资产变动单

（4）资产核算岗审核资产变动单。资产核算岗登录用友 NCC 平台，登录时间为【2023-03-12】，点击【我的作业】下【待提取】，点击【提取任务】，点击单据编号以打开单据，点击【展开】以查看详细信息，检查无误后，点击【批准】按钮，完成审核。审核资产变动单如图 6-28 所示。

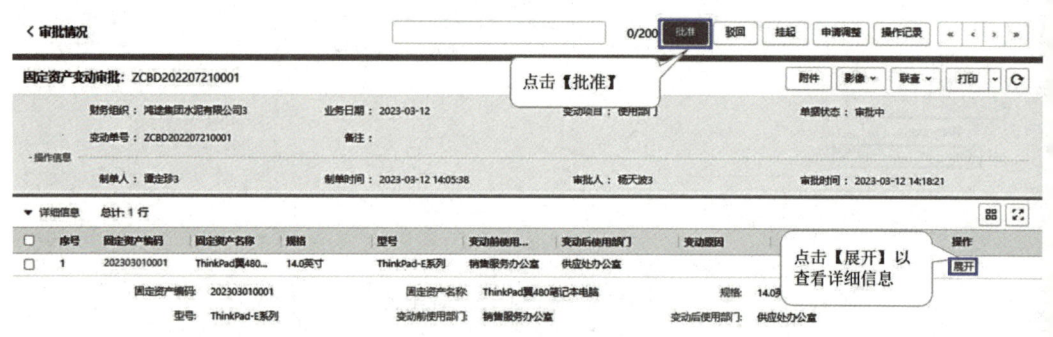

图 6-28　审核资产变动单

财务共享模式下固定资产变动业务的处理涉及知识点和技能点两部分内容。知识点包括固定资产变动、固定资产变动业务分类、固定资产其他业务变动和固定资产变动业务共享设计；技能点主要是固定资产变动业务共享处理。需要注意的是，在财务共享模式下，首先要启用固定资产变动单。

表 6-5　"固定资产变动共享业务"任务清单评价表

评价点	权重	工作任务清单	分值	得分
知识	30%	掌握固定资产变动、分类及其他变动情况	15	
		掌握固定资产变动业务内容及主要控制点	15	
技能	40%	能够设计并绘制集团共享后固定资产变动业务流程图	15	
		能够在财务共享服务平台中完成固定资产变动业务共享的处理	25	
素养	30%	小组成员之间能有效沟通、团结合作	10	
		学生具备严谨细致的工作作风和职业责任感	10	
		学生能够自主分析案例问题并解决问题	10	
总体评价			100	

任务三　固定资产折旧共享业务

任务情境

2023 年 3 月 31 日,鸿途水泥对固定资产计提折旧。

任务要求

假设你是鸿途水泥的财务人员,该如何进行上述业务处理呢?

任务准备

一、固定资产折旧的概念

1. 定义

折旧是企业应当在固定资产使用寿命内,按照确定的方法对应计折旧额进行系统分摊。应计折旧额,是指应当计提折旧的固定资产原价扣除其预计净残值后的金额。已计提减值准备的固定资产,还应当扣除已计提的固定资产减值准备累计金额。据固定资产的性质和使用情况,合理确定固定资产的使用寿命和预计净残值。固定资产的使用寿命、预计净残值一经确定,不得随意变更。

2. 影响固定资产折旧的主要因素

(1) 固定资产原价,是指固定资产的成本。

(2) 预计净残值,是指假定固定资产预计使用寿命已满并处于使用寿命终了时的预期状态,企业目前从该项资产处置中获得的扣除预计处置费用后的金额。

(3) 固定资产减值准备,是指固定资产已计提的固定资产减值准备累计金额。

(4) 固定资产的使用寿命,是指企业使用固定资产的预计期间,或者该固定资产所能生产产品或提供劳务的数量。

企业确定固定资产使用寿命时,应当考虑以下因素:①该项资产预计生产能力或实物产量。②该项资产预计有形损耗,如设备使用中发生磨损、房屋建筑物受到自然侵蚀等。③该项资产预计无形损耗,如因新技术的出现而使现有的资产技术水平相对陈旧、市场需求变化使产品过时等。④法律或者类似规定对该项资产使用的限制。

二、固定资产折旧的范围

除以下情况,企业应当对所有固定资产计提折旧:

(1) 已提足折旧仍继续使用的固定资产。

(2) 单独计价入账的土地。

在确定计提折旧的范围时,还应注意以下几点:

(1) 固定资产应当按月计提折旧,当月增加的固定资产,当月不计提折旧,从下月起计提折旧;当月减少的固定资产,当月仍计提折旧,从下月起不计提折旧。

(2) 固定资产提足折旧后,不论能否继续使用,均不再计提折旧;提前报废的固定资产,也不再补提折旧。所谓提足折旧,是指已经提足该项固定资产的应计折旧额。

(3) 已达到预定可使用状态但尚未办理竣工决算的固定资产,应当按照估计价值确定其成本,并计提折旧;待办理竣工决算后,再按实际成本调整原来的暂估价值,但不需要调整原已计提的折旧额。

三、计提固定资产折旧的方法

企业应当根据与固定资产有关的经济利益的预期实现方式,合理选择固定资产折旧方法。可选用的折旧方法包括年限平均法(又称直线法)、工作量法、双倍余额递减法和年数总和法等。

1. 年限平均法

采用年限平均法计提固定资产折旧,其特点是将固定资产的应计折旧额均衡地分摊到固定资产预计使用寿命内,采用这种方法计算的每期折旧额是相等的。

年限平均法的计算公式如下:

$$年折旧率 = (1 - 预计净残值率) \div 预计使用寿命(年) \times 100\%$$

$$月折旧率 = 年折旧率 \div 12$$

$$月折旧额 = 固定资产原价 \times 月折旧率$$

2. 工作量法

工作量法是指根据实际工作量计算固定资产每期应计提折旧额的一种方法。

工作量法的计算公式如下:

$$单位工作量折旧额 = [固定资产原价 \times (1 - 预计净残值率)] \div 预计总工作量$$

$$某项固定资产月折旧额 = 该项固定资产当月工作量 \times 单位工作量折旧额$$

3. 双倍余额递减法

双倍余额递减法是指在不考虑固定资产预计净残值的情况下,根据每期期初固定资产原价减去累计折旧后的余额和双倍的直线法折旧率计算固定资产折旧的一种方法。采用双倍余额递减法计提固定资产折旧,一般应在固定资产使用寿命到期前两年内,将固定资产账面净值扣除预计净残值后的余额平均摊销。

双倍余额递减法的计算公式如下:

$$年折旧率 = 2 \div 预计使用寿命(年) \times 100\%$$

$$年折旧额 = 每个折旧年度年初固定资产账面净值 \times 年折旧率$$

$$月折旧额 = 年折旧额 \div 12$$

采用这种方法,在固定资产使用到期前的最后两年之前,固定资产的年折旧率保持不变,固定资产账面净额逐年减少,固定资产使用早期计提折旧高,以后逐年递减,反映的会计处理结果比较稳健,有利于固定资产投入早期回收垫支的固定资金,加速资金周转和固定资产的更新,促进技术进步。

4. 年数总和法

年数总和法是指将固定资产的原价减去预计净残值后的余额,乘以一个逐年递减的分数计算每年的折旧额,这个分数的分子为固定资产尚可使用寿命,分母为固定资产预计使用寿命逐年数字总和。

年数总和法的计算公式如下:

年折旧率=(预计使用寿命-已使用年限)÷[预计使用寿命×(预计使用寿命+1)÷2]×100%

或者:

$$年折旧率=尚可使用年限÷预计使用寿命的年数总和×100\%$$

$$年折旧额=(固定资产原价-预计净残值)×年折旧率$$

在这种方法下,各年中固定资产的原价减去预计净残值的余额始终保持不变,年折旧率逐年降低,折旧额逐年减少,逐年降低的幅度较双倍余额递减法有所减缓,会计处理结果比较稳健。

四、固定资产折旧共享业务处理

(一) 固定资产折旧账务处理原理

固定资产应当按月计提折旧,计提的折旧应当记入"累计折旧"科目,根据固定资产的用途和受益对象性质计入相关资产的成本或者当期损益。

企业自行建造固定资产过程中使用的固定资产,其计提的折旧应计入在建工程成本。

基本生产车间所使用的固定资产,其计提的折旧应计入制造费用;管理部门所使用的固定资产,其计提的折旧应计入管理费用。

销售部门所使用的固定资产,其计提的折旧应计入销售费用。

经营租出的固定资产,其计提的折旧应计入其他业务成本。

企业计提固定资产折旧时,根据借贷记账法,借记"在建工程""制造费用""管理费用""销售费用""其他业务成本"等科目,贷记"累计折旧"科目。

(二) 固定资产折旧共享业务设计

财务共享服务中心根据业务构成设9个专业处室,资产税务处主要是进行资产核算和税务核算。因此固定资产折旧计提由共享中心资产核算岗完成,自动生成凭证后,传递给共享中心总账主管岗,由其审核折旧凭证。固定资产折旧共享业务流程如图6-29所示。

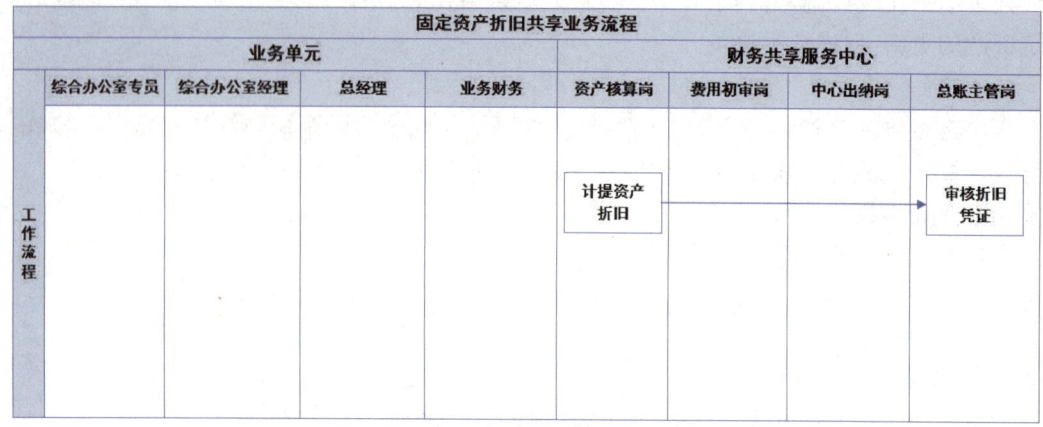

图 6-29　鸿途集团固定资产折旧共享业务流程

 任务要领

财务共享模式下固定资产折旧的计提操作是在所有的业务处理完成之后。

 任务实施

固定资产折旧计提并生成凭证的操作步骤如下：

（1）资产核算岗计提资产折旧。登录平台时间【2023-03-31】。登录后，点击【固定资产】下的【折旧与摊销】，财务组织选择"鸿途集团水泥有限公司"，点击【计提折旧】按钮，自动计提折旧，查看【折旧清单】，完成折旧计提并自动生成折旧凭证，折旧计提如图 6-30 所示。

6-3-1
固定资产折旧共享业务处理

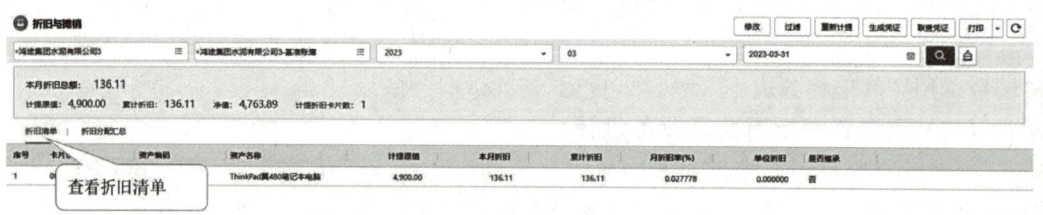

图 6-30　折旧计提

（2）总账主管岗审核折旧凭证。登录时间【2023-03-31】，点击【凭证管理】下的【凭证审核】，进入凭证审核界面。输入查询条件，然后点击【查询】，找到金额为"136.11"的折旧凭证，点击打开凭证，查看凭证。检查无误后，点击【审核】，完成折旧凭证的审核。审核折旧凭证如图 6-31 所示。

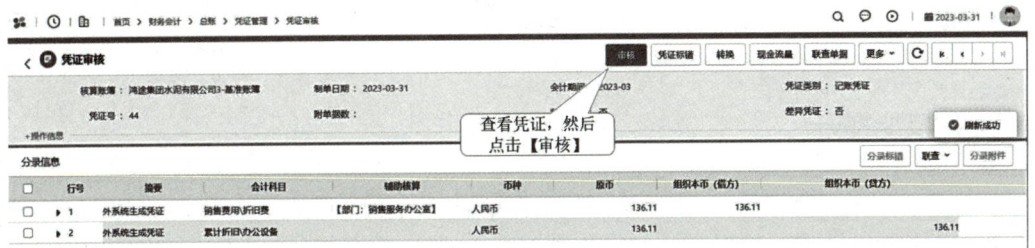

图 6-31　审核折旧凭证

任务总结

财务共享模式下固定资产折旧业务的处理涉及知识点和技能点两部分内容。知识点包括固定资产折旧的概念、固定资产折旧的范围、计提固定资产折旧的方法、固定资产折旧共享业务处理；技能点主要是固定资产折旧共享业务处理。

任务评价

表 6-6　"固定资产折旧共享业务"任务清单评价表

评价点	权重	工作任务清单	分值	得分
知识	30%	理解固定资产折旧的概念、范围	10	
		掌握固定资产折旧的计提方法	10	
		掌握固定资产折旧业务内容及主要控制点	10	
技能	40%	能够设计并绘制集团共享后固定资产折旧业务流程图	15	
		能够在财务共享服务平台中完成固定资产折旧业务共享的处理	25	
素养	30%	小组成员之间能有效沟通、团结合作	10	
		学生具备严谨细致的工作作风和职业责任感	10	
		学生能够自主分析案例问题并解决问题	10	
		总体评价	100	

 知识巩固

项目六　知识巩固

 技能提升

北京三花电气有限公司，主要从事配电控制设备的生产和销售。2022年3月购入需安装的数控冲床1 356 000元，支付安装费21 800元，固定资产验收入库1 220 000元。附原始单据如图6-32至图6-35所示。

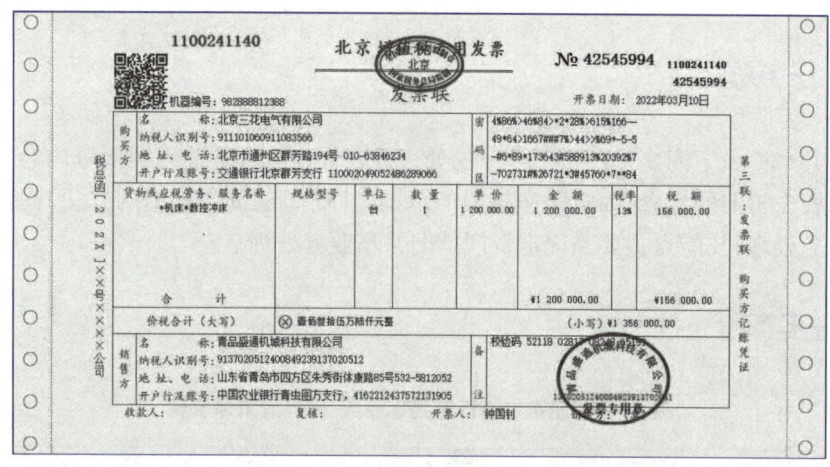

图6-32　数控冲床增值税发票

图6-33　银行支付回单

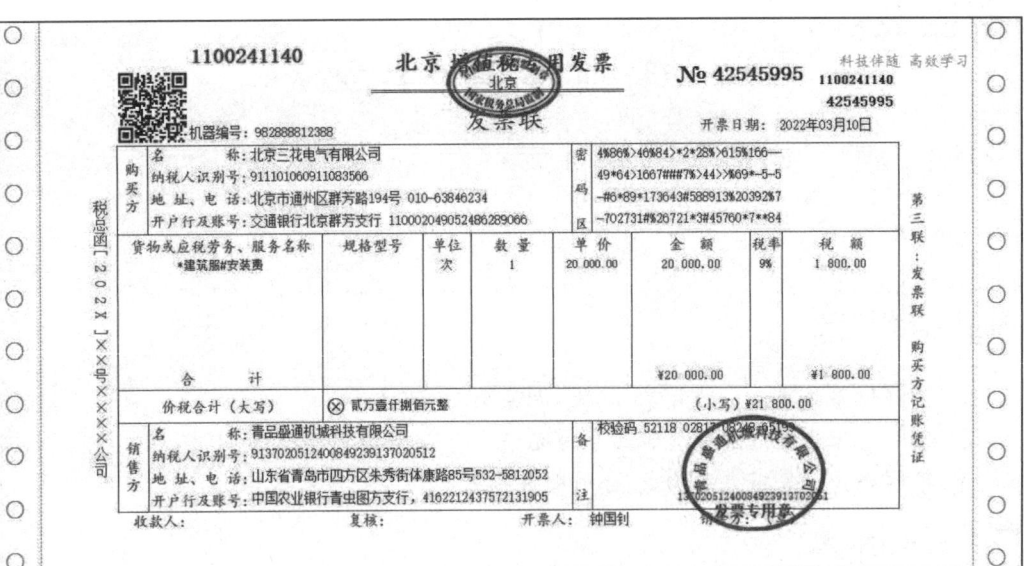

图 6-34 安装费发票

固定资产验收单

资产编号	GU1084	资产名称	数控冲床		
规格（编号）		资产代码	SKJC051	购置日期	2022年03月28日
计量单位	台	单价（元）	1220000.00	金额（元）	1220000.00
出厂日期	2022年03月28日	管理人	冯新新		
生产厂家	青岛盛通机械科技有限公司			安装使用地点	生产车间
附件情况					
固定资产验收情况说明：状态良好，调试完成可以投入使用。					

图 6-35 固定资产验收单

要求：根据上述单据，完成固定资产新增共享业务的操作。

项目七 期末业务智能共享

知识目标

1. 了解税务共享产生的背景、现状、优势及应用价值。
2. 了解总账业务范围及总账共享的优势。
3. 了解合并财务报表的构成、合并财务报表的程序及报表共享的应用。

能力目标

1. 能够在税务共享模式下完成增值税纳税申报表和附加税申报表的填写、申报及缴纳。
2. 能够完成月末损益的结转、凭证的审核、总账月末处理、及月报任务的编制上报。
3. 能够完成档案的立卷、整理和归档。

素养目标

1. 熟悉《会计档案管理办法》的相关规定。
2. 养成"遵纪守法、诚信友善"的道德品质。
3. 建立正确的纳税荣辱观,树立依法纳税意识。

知识导图

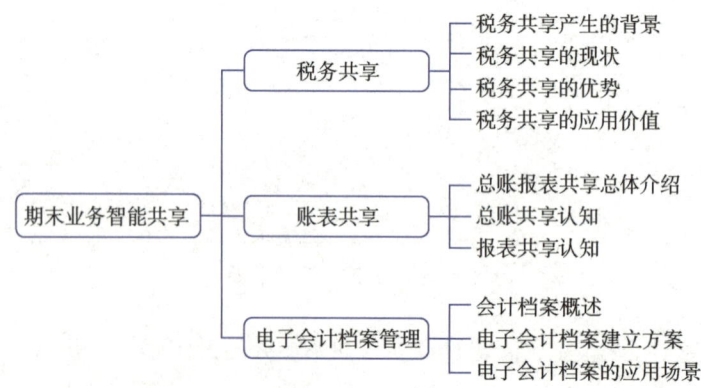

以共享模式推动税务数字化转型[①]

2021年3月,中共中央办公厅、国务院办公厅印发的《关于进一步深化税收征管改革的意见》中明确提出在税收治理上要实现数字化、智能化和智慧化的突破,通过"信用＋风险"的动态税务监管新体系,实现从"以票管税"向"以数治税"分类精准监管转变。税务局已经先于企业实现税务数字化监管。依托于全电发票,金税四期将构建起更加清晰、完整的数据链路。企业从上游采购了什么,向下游销售了什么,税务局一清二楚。再加上纳税申报数据,海关数据,银行数据、工商数据,企业在监管机构面前几乎是透明的。如果企业应对不当,将面临税收处罚甚至是影响声誉。企业的破解之道在于税务数字化转型,搭建自己的税务共享平台,对税务流程实现精细化管理,对涉税数据进行有效分析,对税务风险进行快速识别与阻断。

在本项目中,学生将在财务共享模式下学习票据的开具及查验、纳税申报等知识,建立数字化理念,助推企业税务共享中心建设,实现税务数字化转型,同时建立正确的纳税荣辱观,树立依法纳税意识。

任务一　税务共享

资料一：2023年3月1日,鸿途水泥销售经理周进代表公司与天海中天精细化工有限公司签订销售合同,销售1 000吨天然石膏,约定发货时间为2023年3月6日。销售订单如图7-1所示,销售出库单如图7-2所示。客户开票信息如下：

销售订单

合同日期:	2023年3月1日			合同编号:	SC20190182		
卖方:	鸿途集团水泥有限公司			销售订单号:	HDGXS202003153031		
买方:	天海中天精细化工有限公司			交货日期:	2023年3月6日		
付款条件:				开票情况:	3月6日发货时开出销售发票		
				付款情况:			

序号	名称	编码	单位	数量	无税单价	无税金额	税额	金额
1	天然石膏	SG-001	吨	1000.00	200.00	200 000.00	26 000.00	226 000.00
合计						200 000.00	26 000.00	226 000.00

图7-1　销售订单

[①] 巢忠炜.以共享模式推动税务数字化转型[J].国际商务财会,2022(11):60-64.

出库单								
2023 年 3 月 5 日								编号：3214537001
序号	名称	规格	单位	数量	单价	含税单价	实发数量	备注
1	天然石膏	SG-001	吨	1 000	200	226	226 000	销售给天海中天精细化工有限公司

制单：周进　　复核：王雪珠　　经办人：周进

图 7-2　销售出库单

客户名称：天海中天精细化工有限公司
纳税人识别号：91141022254836101T
地址、电话：山西省临汾市翼城县红旗街 28 号　0357-49273518
开户行及账号：中国工商银行翼城县支行 40033902304942123

资料二：鸿途水泥是一般纳税人，一般纳税人增值税纳税申报表分为主表、附表一、附表二、附表三、附表四，共 5 张表，对应 5 个页签。在企业开票、受票、抵扣、认证等数据都在财务共享税务云服务上维护与管理的情况下，系统可以自动生成增值税纳税申报表的相关内容。

任务要求

（1）打开财务共享服务中心税务管理系统，按照资料一中销售订单和出库单信息，财务共享服务中心的税务会计岗统一开具增值税专用发票。

（2）根据资料二，填写增值税纳税申报表、附加税申报表，并进行申报与缴纳。

任务准备

一、税务共享产生的背景

在新的税务政策实施、金税三期系统监管和电子发票普及的大背景下，作业方式从手工到自动，包括开票、查验、认证、申报自动化；税务管理从粗放到规范，包括报销流程、三单匹配、申报来源规范；信息共享从分散到集中，包括销项、进项、申报数据的集中；风险管理从被动到主动，包括防止虚开、不合规发票、稽查风险。纳税人企业的财务、税务发票管理必须适应税务监管和企业财税转型的需要。借助"互联网+税务"契机，规范企业发票管理，打通"业财税"管理流程，实现税务集中管理，成为更多企业财税数字化的切入点。

二、税务共享的现状

税务共享，作为财务共享业财税一体化业务的一部分，与业务及财务紧密相连。根据不同企业多样的涉税业务、财务等多方面流程及制度设计,以及税务监管方的要求,税务共享业务在一定框架内保证其方案的灵活性。

对应财务共享的应收管理,税务共享主要涉及共享开票服务及发票信息共享;应付管理主要涉及税务信息采集、发票查验、三单匹配等;费用报销主要涉及税务信息采集、发票查验、发票查重等;进项发票认证主要涉及批量认证、进项税转出处理等;纳税申报主要涉及数据抽取、申报表生成及导出等。

共享模式下的税务管理,可以根据具体企业的实际情况,实现税务集中开票、自助开票、自动查验查重、发票关联业务和财务、集中认证、辅助纳税申报等,进而达到提升用户体验、提高效率、控制涉税风险等效果。

三、税务共享的优势

1. 加速报销

报销时经常会遇到如下业务痛点:①电子发票仍需打印报销,纸质发票经常被开错,发票经常找不到;②报销单填报数据多,贴票工作繁琐;③人工查验通不过,电票重复打印、篡改、不合规发票防不胜防;④"等发票、等审批、等财务、等还信用卡",异常发票像"定时炸弹"。

税务共享可以实现从接入税务服务、自动归集、一键报销、自动查验查重、异常发票监控等场景重塑,缩短发票收集—报账—财务审核—付款—入账处理的时间,有效解决以上问题。

2. 报销认证流程优化

(1) 降低企业发票风险。税务共享使企业报账系统与税务服务对接,税务服务可以提供验证服务及发票防伪。

(2) 体验及管理升级。发票池为报销系统提供数据,报账人可以直接在报销系统勾选发票,报账系统可以管理更多的发票信息,方便统计。

(3) 一点灵活自动认证。税务共享使财务系统与税务系统认证接口对接,企业可根据实际情况,实现即时的自动勾选认证,无须登录税局选择确认平台。

3. 极简开票

开具发票时经常会遇到如下业务痛点:①抬头税号记不住,税号输入错误,销货清单项目太多;②线上业务,线下开票,货票不同行,邮递成本高;③开票网点多,无法防止虚开错开,监控难;④开票信息不能回写和记账,月末销项开票数据统计难。税务共享可以实现发票集中受理,职责分离和风险控制,有效解决以上问题。

4. 进项管理建设

现行增值税征管方式是"以票控税",因此建立企业进项发票台账,既是进项管理的基础,又能提供多种发票数字化手段,形成企业发票池。逐张数据重复性校验,防止重复,这也是企业进项管理的关键步骤。发票池中均为开票的真实数,为报销和分析提供数据基础。

5. 销项发票统计

税务共享可以自动生成销项发票汇总、销项发票明细、销售统计表,平均效率能够提升60%。

6. 一键申报

纳税申报时经常会有如下痛点:①每月申报最抓狂,财务未结转认证结果未反馈,数据七零八散;②数据核对少不了,人工填报劳心又劳力;③反复多次上传财务报表和申报表,改来改去又没底稿。税务共享通过接入税务服务系统,可以实现一键申报,有效解决以上问题。

7. 智能认证

企业经常会遇到如下痛点:①专票信息手工录入费时费力,容易出错;②人工核对发票入库单和采购单工作量大,易出错,处理不及时;③月末专票量大,入账和认证不及时,核对工作量大;④进项转出发票未标记,转出记账繁琐。税务共享可以实现智能认证。

8. 风险预警

企业经常会遇到如下问题:①网点多难管控,开票与实际业务不符;②未开票收入的统核对不准确,存在隐瞒收入风险;③不合规发票报账有隐患,逾期未达异常发票有损失;④面对金税系统、申报比对被稽查风险,企业需要建立自身风险预警体系。

四、税务共享的应用价值

税务共享具有以下应用价值:

(1) 一键开票、自助开票提效率,提升客户体验。

(2) 自动查验、查重,建立发票池,控制不合规风险。

(3) 对接报销、采购、财务,提高财务进项发票处理效率。

(4) 智能认证提效率,对未达、逾期和异常预警,降低损失。

(5) 辅助纳税申报,提高申报效率,控制申报比对风险。

税务共享能提供以下服务:

(1) 多场景的发票开具服务。支持与财务共享系统对接实现一键开票,支持扫描票、支付开票、App开票、公众号开票、预约开票等多种开票场景,同时支持纸票和电票开具,支持企业销项发票集中管理和监控。

(2) 深度融合的税务服务。支持发票信息;支持与财务共享系统对接,实现电票报销和发票查验查重;支持与选择确认平台对接,与财务共享中的应收应付、供应链销售发票和采购发票的深度融合,实现在财务共享系统直接开具发票,并回写实现T+1进项发票获取,智能勾选认证;支持财务数据抽取、进销项发票管理,辅助生成纳税申报表。

(3) 集团化的税务管理解决方案。包括集团企业的发票管理、增值税管理、所得税管理、影像及OCR系统对接、纳税申报管理、税务风险管理、税务共享服务解决方案等。

任务要领

税务共享业务处理中,注意理解税务共享产生的背景、现状、优势、应用价值,以及税务共享模式下开具发票的业务处理流程,查验发票、受票、认证进项税的方法,纳税申报的业务处理流程和增值税纳税申报表、附加税申报表的填写、申报及缴纳的方法。

任务实施

角色分配工作由组长完成,将岗位清单中"税务会计"角色分配给小组成员,点击【开始任务】按钮。

一、开具发票

(1) 登录财务共享平台税务云服务,单击【企业开票】,选择【开具蓝票】中【增值税专用发票】或者直接单击【开具增值税专票】。

(2) 根据"资料一"中的销售订单和出库单信息,填写发票信息,开具发票如图 7-3 所示。

(3) 单击【开票】。

7-1-1
开具发票

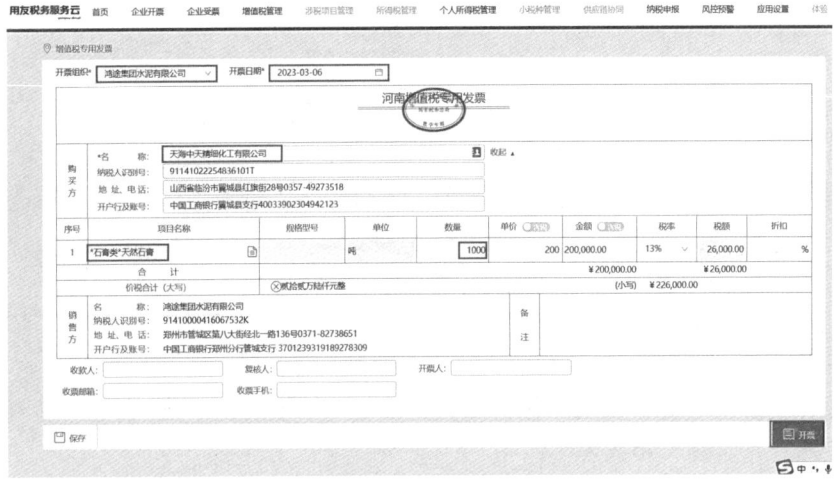

图 7-3 开具发票

二、查验发票

单击【企业受票】,选择【发票查验】,输入采购业务发票信息,采购业务发票如图 7-4 所示,单击【查验】,查验发票如图 7-5 所示。

7-1-2
查验发票

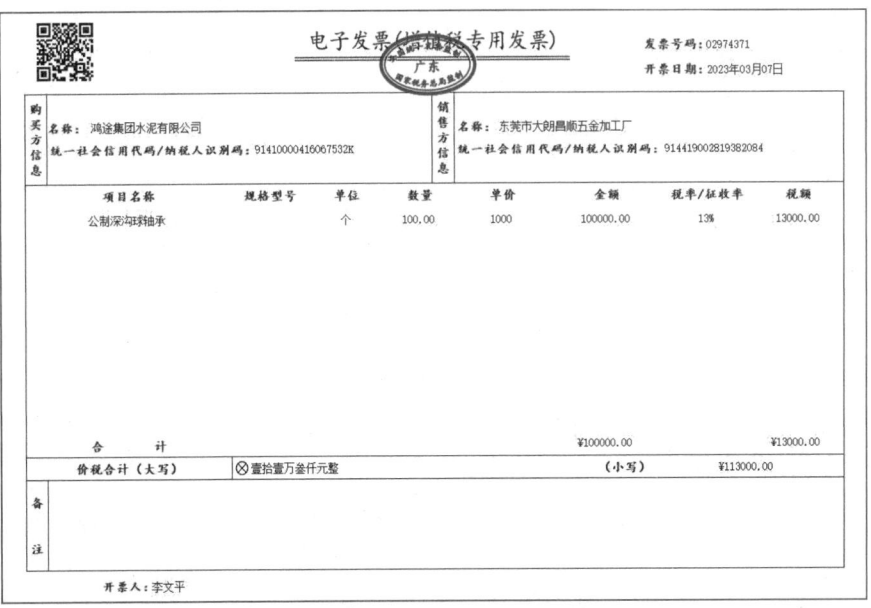

图 7-4 采购业务发票

图 7-5 查验发票

> **提示**
>
> 进行发票查验时需要根据采购业务发票输入正确的发票代码、发票号码、开票日期信息后才能输入开票金额。

三、受票

7-1-3
受票

单击【企业受票】,选择【采购台账】,进入采购受票页面,点击【下载模板】,并根据范例填写采购发票信息,填写完成后,单击【上传】,采购受票如图 7-6 所示,导入模板,单击【打开】。(报销受票同理)

图 7-6 采购受票

7-1-4
认证进项税

四、认证进项税

(1)登录财务共享平台税务云服务,单击【增值税管理】,选择【进项认证管理】中的【发票勾选】。

(2)根据任务资料,选择案例企业纳税人名称,单击【抵扣勾选统计】选择【发票勾选】。

(3) 勾选相应发票,单击【勾选保存】,勾选保存如图 7-7 所示。

图 7-7 勾选保存

(4) 选择勾选状态为【已勾选未确认】,单击【查询】。
(5) 勾选相应发票,单击【确认勾选】,单击【确定】。

五、填制增值税纳税申报表

单击【纳税申报】,选择【增值税申报表】,进入增值税纳税申报表页面。根据选择的纳税人的性质不同,页面显示的内容不同。根据资料二中信息,表明鸿途水泥是一般纳税人,因此进入一般纳税人的页面,一般纳税人增值税纳税申报表如图 7-8 所示。

7-1-5
填制增值税
纳税申报表

图 7-8 一般纳税人增值税纳税申报表

在"增值税申报表"页面依次单击【主表】【附表一】【附表二】【附表三】【附表四】页签,单击【取数】可自动生成相应报表的数据,对查询期间的相关报表项目进行取值计算,从而得到报表结果数据。

六、填制附加税纳税申报表

（1）单击【纳税申报】，选择【附加税费申报表】进入附加税纳税申报表页面。
（2）根据增值税纳税申报表数据填写附加税费申报表，填写完成后单击【保存】。

七、申报及缴纳增值税与附加税

（1）单击【电子报税】进入申报界面，单击【申报】完成税费申报。
（2）单击【纳税申报】，选择【电子税务局】进入税务局界面，输入纳税人识别号及密码，单击【登录】，进入纳税人办税界面。
（3）单击【税费申报及缴纳】，勾选要缴纳的款项，单击【立即缴款】，单击【知道了】，税费缴款成功。

任务总结

税务共享业务处理涉及知识点和技能点两部分内容。知识点包括税务共享产生的背景、现状、优势、应用价值；技能点包括发票的开具和查验，采购和报销受票、进项税的认证，增值税纳税申报表、附加税申报表的填写、申报及缴纳。进行发票查验时，需要注意输入正确的发票代码、发票号码、开票日期之后才能输入开票金额。

任务评价

表7-1 "税务共享"任务清单评价表

评价点	权重	工作任务清单	分值	得分
知识	40%	了解税务共享产生的背景、现状、优势及应用价值	10	
		了解税务共享模式下开具发票的业务处理流程	15	
		了解税务共享模式下纳税申报的业务处理流程	15	
技能	30%	掌握税务共享模式下开具增值税专票的方法	10	
		掌握税务共享模式下查验发票、受票、认证进项税的方法	10	
		掌握税务共享模式下增值税纳税申报表和附加税申报表的填写、申报及缴纳的方法	10	
素养	30%	小组成员之间能有效沟通、团结合作	10	
		及时发现问题，解决问题	10	
		按时、高质量完成任务	10	
		总体评价	100	

任务拓展

根据本任务所学内容,完成企业代扣代缴个人所得税。

任务二　账表共享

任务情境

鸿途集团财务共享服务中心设有 9 个专门处室,总账报表处统一对纳入财务共享服务中心的所有单位进行总账记账、月末结转、总账与业务系统对账、企业报表编报及合并报表业务处理,财务共享服务中心机构设置请参见图 1-3。

任务要求

假设你是鸿途集团的集团财务人员,要求如下:

（1）在财务共享平台上完成鸿途集团水泥有限公司、大连鸿途水泥有限公司、鸿途集团京北水泥有限公司、辽阳鸿途水泥有限公司、鸿途集团金州水泥有限公司、天津鸿途水泥有限公司、京北鸿途水泥有限公司、辽宁辽西水泥集团有限公司 2023 年 3 月的凭证记账、月末损益结转,同时完成鸿途水泥的总账与业务系统对账处理工作。

（2）在财务共享平台完成 2023 年 3 月鸿途水泥资产负债表、利润表、现金流量表、内部交易表等集团报表的编制任务并上报。

（3）在财务共享平台完成鸿途集团合并报表的内部交易对账、编制抵销分录、合并报表工作。

任务准备

一、总账报表共享总体介绍

财务共享服务中心各单位业务处理存在差异,所以财务共享服务中心的业务处理标准需要统一。财务会计业务处理标准的内容主要包括:会计核算方法统一、会计科目核算口径统一、财务报表口径统一、流程标准化、操作规范标准化、岗位职能标准化等。财务共享服务中心的业务处理标准如图 7-9 所示。

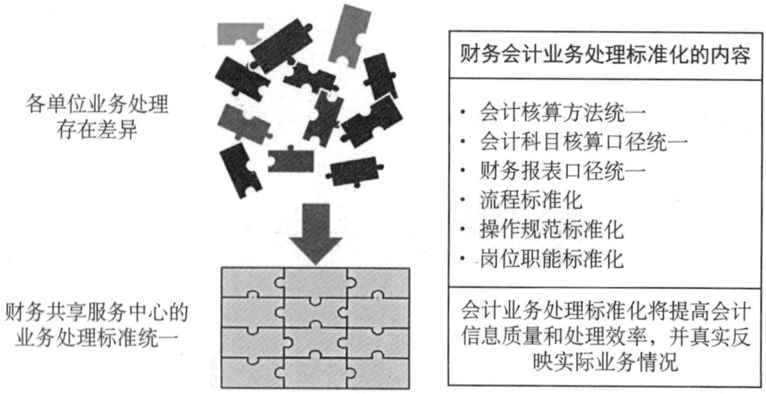

图 7-9　财务共享服务中心的业务处理标准

二、总账共享认知

（一）总账业务范围

总账业务包括除了费用报支、销售应收、采购应付、资金业务、成本业务，其他无信息系统支撑的、需要手工处理的核算业务，具体包括：税金计算及缴纳、工资发放及保险收缴、代收代缴业务、股权投资及处理、押金保证金业务、金融资产业务、罚款滞纳金等营业外收支业务、所有者权益业务、政府补助业务、其他总账业务等。此外，还有计提、结转、调整、分摊等需要财务人员手工录入系统的业务。

（二）总账管理应用

（1）总账月结时可以设置月结检查清单，包括系统预置检查项和自定义检查项。

（2）月结协作工作台可以直观查看多个账簿月结进度，可按负责人编辑检查项执行情况，可按账簿查看月结详情，详细了解账簿未完成的原因，并可执行批量结账。

（三）月末结账要求

（1）总账结账需要试算平衡通过损益结转完成。

（2）凭证全部已记账。

（3）待结账账簿期末结转成功。

（4）待结账账簿损益类科目余额为 0 检查通过。

（5）无断号凭证。

（6）凭证现金流量项目分析通过。

（7）总账与业务系统对账。

（四）总账共享的优势

（1）支持记账/批量记账/快速记账、支持批量取消记账、支持批量导出凭证、支持批量打印凭证，批量记账示例如图 7-10 所示。

（2）支持结转科目和入账科目均无辅助核算的设置、支持结转科目和入账科目有辅助核算的设置、支持其他结转设置，自定义结转示例如图 7-11 所示。

（3）支持总账与业务系统对账，总账与业务系统要对账示例如图 7-12 所示。

图 7-10 批量记账示例

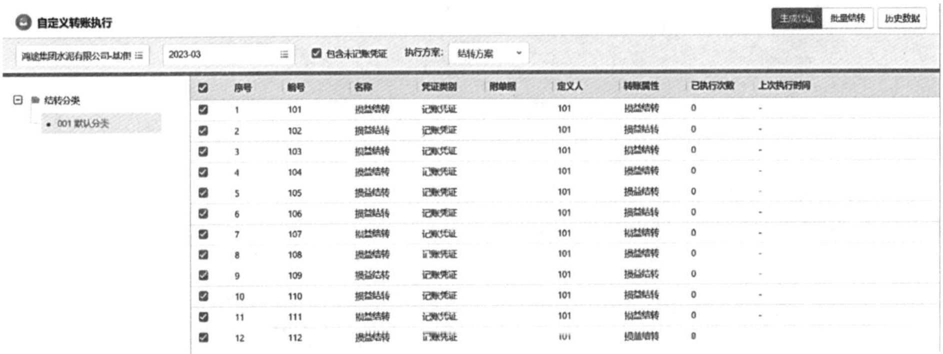

图 7-11 自定义结转示例

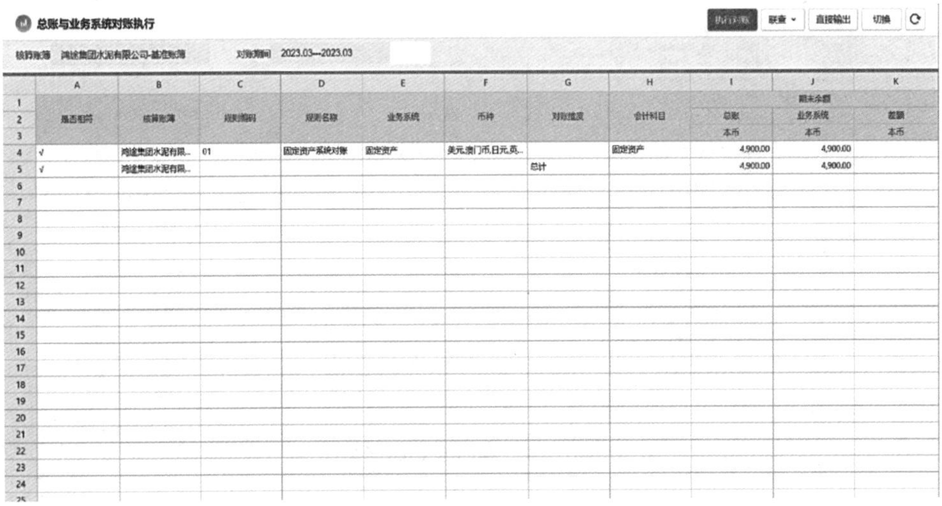

图 7-12 总账与业务系统要对账示例

（4）科目余额表以科目为核心，统计各级科目的本期发生额、累计发生额和余额，科目余额表示例如图 7-13 所示。

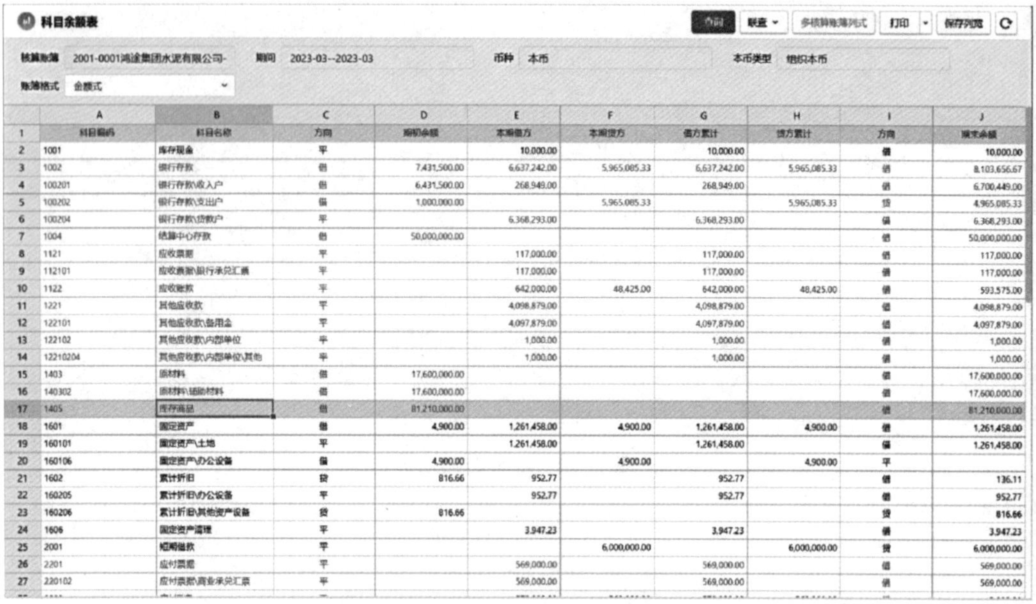

	A	B	C	D	E	F	G	H	I	J
1	科目编码	科目名称	方向	期初余额	本期借方	本期贷方	借方累计	贷方累计	方向	期末余额
2	1001	库存现金	平		10,000.00		10,000.00		借	10,000.00
3	1002	银行存款	借	7,431,500.00	6,637,242.00	5,965,085.33	6,637,242.00	5,965,085.33	借	8,103,656.67
4	100201	银行存款\收入户	借	6,431,500.00	268,949.00		268,949.00		借	6,700,449.00
5	100202	银行存款\支出户	借	1,000,000.00		5,965,085.33		5,965,085.33	贷	4,965,085.33
6	100204	银行存款\贷款户	平		6,368,293.00		6,368,293.00		借	6,368,293.00
7	1004	结算中心存款	借	50,000,000.00					借	50,000,000.00
8	1121	应收票据	平		117,000.00		117,000.00		借	117,000.00
9	112101	应收票据\银行承兑汇票	平		117,000.00		117,000.00		借	117,000.00
10	1122	应收账款	平		642,000.00	48,425.00	642,000.00	48,425.00	借	593,575.00
11	1221	其他应收款	平		4,098,879.00		4,098,879.00		借	4,098,879.00
12	122101	其他应收款\备用金	平		4,097,879.00		4,097,879.00		借	4,097,879.00
13	122102	其他应收款\内部单位	平		1,000.00		1,000.00		借	1,000.00
14	12210204	其他应收款\内部单位\其他	平		1,000.00		1,000.00		借	1,000.00
15	1403	原材料	借	17,600,000.00					借	17,600,000.00
16	140302	原材料\辅助材料	借	17,600,000.00					借	17,600,000.00
17	1405	库存商品	借	81,210,000.00					借	81,210,000.00
18	1601	固定资产	借	4,900.00	1,261,458.00	4,900.00	1,261,458.00	4,900.00	借	1,261,458.00
19	160101	固定资产\土地	平		1,261,458.00		1,261,458.00		借	1,261,458.00
20	160106	固定资产\办公设备	借	4,900.00		4,900.00		4,900.00	平	
21	1602	累计折旧	贷	816.66	952.77		952.77		借	136.11
22	160205	累计折旧\办公设备	平		952.77		952.77		借	952.77
23	160206	累计折旧\其他资产设备	贷	816.66					贷	816.66
24	1606	固定资产清理	平		3,947.23		3,947.23		借	3,947.23
25	2001	短期借款	平			6,000,000.00		6,000,000.00	贷	6,000,000.00
26	2201	应付票据	平		569,000.00		569,000.00		借	569,000.00
27	220102	应付票据\商业承兑汇票	平		569,000.00		569,000.00		借	569,000.00

图 7-13 科目余额表示例

（5）辅助余额表以“科目 + 辅助核算”为核心，统计本期发生额、累计发生额和余额，辅助余额表示例如图 7-14 所示。

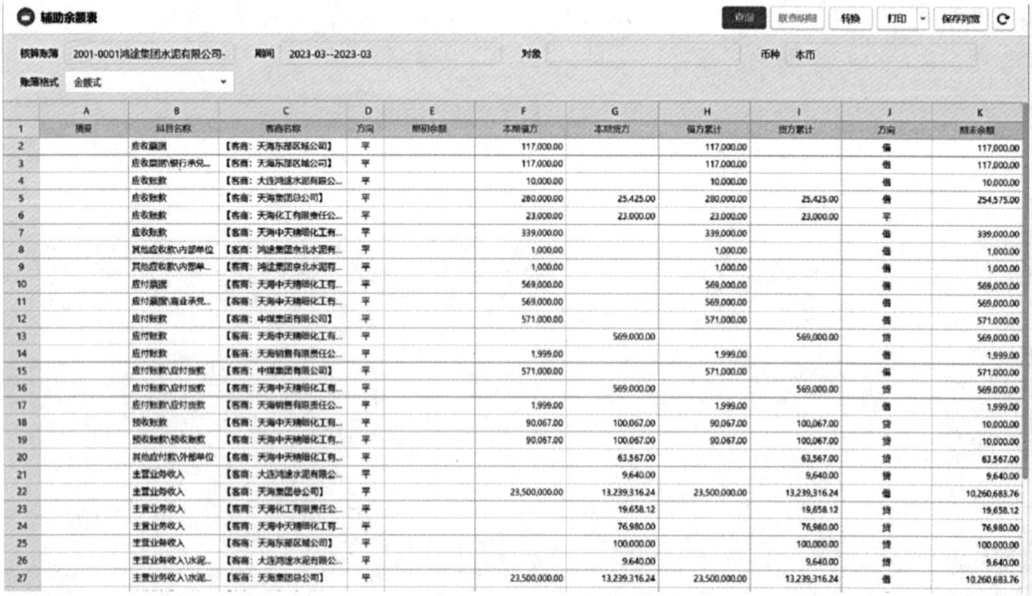

	A	B	C	D	E	F	G	H	I	J	K
1	摘要	科目名称	客商名称	方向	期初余额	本期借方	本期贷方	借方累计	贷方累计	方向	期末余额
2		应收票据	【客商：天海东部区域公司】	平		117,000.00		117,000.00		借	117,000.00
3		应收票据\银行承兑...	【客商：天海东部区域公司】	平		117,000.00		117,000.00		借	117,000.00
4		应收账款	【客商：大连鸿途水泥有限公...	平		10,000.00		10,000.00		借	10,000.00
5		应收账款	【客商：天海集团总公司】	平		280,000.00	25,425.00	280,000.00	25,425.00	借	254,575.00
6		应收账款	【客商：天海化工有限责任公...	平		23,000.00	23,000.00	23,000.00	23,000.00	平	
7		应收账款	【客商：天海中天精细化工有...	平		339,000.00		339,000.00		借	339,000.00
8		其他应收款\内部单位	【客商：鸿途集团京北水泥有...	平		1,000.00		1,000.00		借	1,000.00
9		其他应收款\内部单...	【客商：鸿途集团京北水泥有...	平		1,000.00		1,000.00		借	1,000.00
10		应付票据	【客商：天海中天精细化工有...	平		569,000.00		569,000.00		借	569,000.00
11		应付票据\商业承兑...	【客商：天海中天精细化工有...	平		569,000.00		569,000.00		借	569,000.00
12		应付账款	【客商：中煤集团有限公司】	平		571,000.00		571,000.00		借	571,000.00
13		应付账款	【客商：天海中天精细化工有...	平			569,000.00		569,000.00	贷	569,000.00
14		应付账款	【客商：天海销售有限责任公...	平		1,999.00		1,999.00		借	1,999.00
15		应付账款\应付货款	【客商：中煤集团有限公司】	平		571,000.00		571,000.00		借	571,000.00
16		应付账款\应付货款	【客商：天海中天精细化工有...	平			569,000.00		569,000.00	贷	569,000.00
17		应付账款\应付货款	【客商：天海销售有限责任公...	平		1,999.00		1,999.00		借	1,999.00
18		预收账款	【客商：天海中天精细化工有...	平		90,067.00	100,067.00	90,067.00	100,067.00	贷	10,000.00
19		预收账款\预收账款	【客商：天海中天精细化工有...	平		90,067.00	100,067.00	90,067.00	100,067.00	贷	10,000.00
20		其他应付款\外部单位	【客商：天海中天精细化工有...	平			63,567.00		63,567.00	贷	63,567.00
21		主营业务收入	【客商：大连鸿途水泥有限公...	平			9,640.00		9,640.00	贷	9,640.00
22		主营业务收入	【客商：天海集团总公司】	平		23,500,000.00	13,239,316.24	23,500,000.00	13,239,316.24	借	10,260,683.76
23		主营业务收入	【客商：天海化工有限责任公...	平			19,658.12		19,658.12	贷	19,658.12
24		主营业务收入	【客商：天海中天精细化工有...	平			76,980.00		76,980.00	贷	76,980.00
25		主营业务收入	【客商：天海东部区域公司】	平			100,000.00		100,000.00	贷	100,000.00
26		主营业务收入\水泥...	【客商：大连鸿途水泥有限公...	平			9,640.00		9,640.00	贷	9,640.00
27		主营业务收入\水泥...	【客商：天海集团总公司】	平		23,500,000.00	13,239,316.24	23,500,000.00	13,239,316.24	借	10,260,683.76

图 7-14 辅助余额表示例

(6) 总账以科目为核心,关注累计金额发生情况,三栏式总账示例如图 7-15 所示。

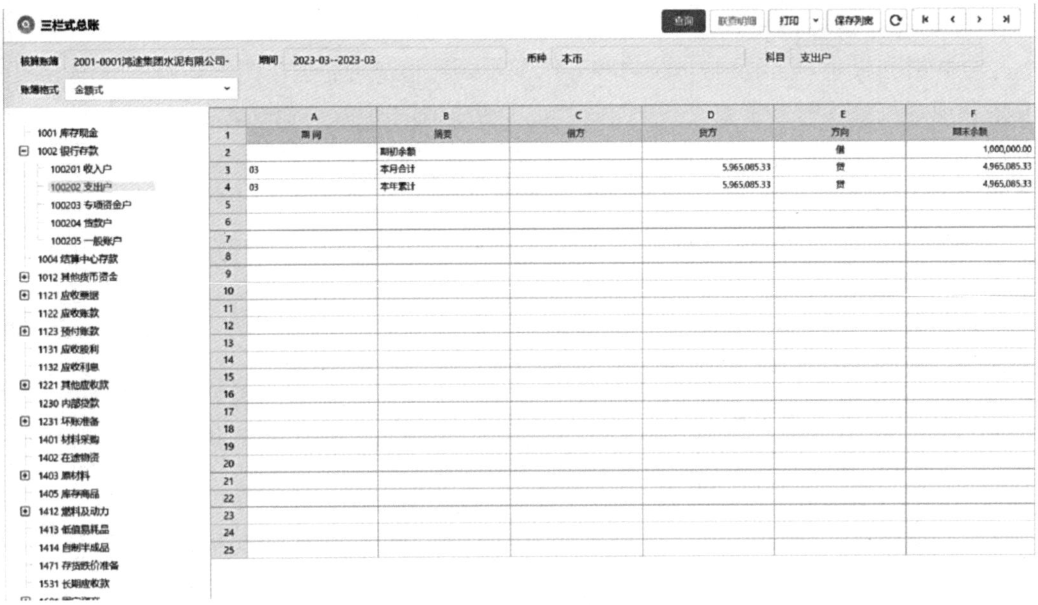

图 7-15 三栏式总账示例

(7) 明细账以科目为核心,展现查询期间内的明细发生情况,三栏式明细账示例如图 7-16 所示。

图 7-16 三栏式明细账示例

三、报表共享认知

(一) 合并财务报表认知

合并财务报表,是指反映母公司和其全部子公司形成的企业集团整体财务状况、经营成果和现金流量的财务报表。其中,母公司,是指控制一个或一个以上主体(含企业、被投资单位中可分割的部分,以及企业所控制的结构化主体等)的主体;子公司,是指被母公司控制的主体。

合并财务报表至少应当包括合并资产负债表、合并利润表、合并现金流量表、合并所有者权益(或股东权益)变动表以及附注。

企业集团中期期末编制合并财务报表的,至少应当包括合并资产负债表、合并利润表、合并现金流量表和附注。

(二) 合并财务报表的程序

母公司应当以自身和其子公司的财务报表为基础,根据其他有关资料,编制合并财务报表。母公司编制合并财务报表,应当将整个企业集团视为一个会计主体,依据相关企业会计准则的确认、计量和列报要求,按照统一的会计政策,反映企业集团整体财务状况、经营成果和现金流量。具体包括以下内容:

(1) 合并母公司与子公司的资产、负债、所有者权益、收入、费用和现金流等项目。

(2) 抵销母公司对子公司的长期股权投资与母公司在子公司所有者权益中所享有的份额。

(3) 抵销母公司与子公司、子公司相互之间发生的内部交易的影响。内部交易表相关资产发生减值损失的,应当全额确认该部分损失。

(4) 站在企业集团角度对特殊交易事项予以调整。

(三) 合并财务报表相关会计科目

合并财务报表相关会计科目如图 7-17 所示。

内部股权投资抵销业务		内部债权债务抵销业务	
· 实收资本	· 长期股权投资	· 应收账款	· 应收股利
· 资本公积	· 交易性金融资产	· 应付账款	· 应付股利
· 盈余公积	· 投资收益	· 应收票据	· 其他应收款
· 未分配利润	· 其他综合收益	· 应付票据	· 其他应付款
		· 预付账款	· 应收利息
		· 预收账款	· 应付利息

内部交易及融资抵销业务		内部现金流抵销业务
· 营业收入	· 无形资产	
· 营业成本	· 投资性房地产	· 库存现金
· 存货	· 应付债券	· 银行存款
· 营业外收入	· 短期借款	· 其他货币资金
· 固定资产/在建工程	· 资产减值损失	
· 管理(销售)费用		

图 7-17 合并财务报表相关会计科目

（四）报表共享应用

企业基础的财务报表主要包括资产负债表、利润表和现金流量表，报表共享之后不再需要各分（子）公司自己编制报表并上报，而是在财务共享平台上由总账报表人员统一对集团及成员单位的基础财务报表进行数据采集、审核、上报、查询等相关工作，实现企业报表的自动取值与全面管理，为合并报表提供准确的财务报表数据。

合并报表共享后要求企业统一对账及合并规则，将合并业务规则化、标准化、模块化。

任务要领

账表共享业务处理中，注意理解总账共享的优势、报表共享的应用以及操作过程中结转月末损益、凭证审核、总账月末处理的方法，月报任务编制上报的方法和编制合并报表的方法。

任务实施

角色分配工作由组长完成，将岗位清单中"总账主管岗"角色分配给小组成员，单击【开始任务】按钮。

一、结转月末损益

（1）进入财务共享云平台，修改业务日期，单击【月末账务处理】选择【自定义转账执行】，进入自定义转账执行页面。

> 登录财务共享云平台系统后需要先将【业务日期】切换为案例中要求的日期。

（2）根据任务要求选择"财务核算账簿"和"会计期间档案"，勾选"包含未记账凭证"，勾选结转规则，单击【批量结转】，批量结转设置如图7-18所示。

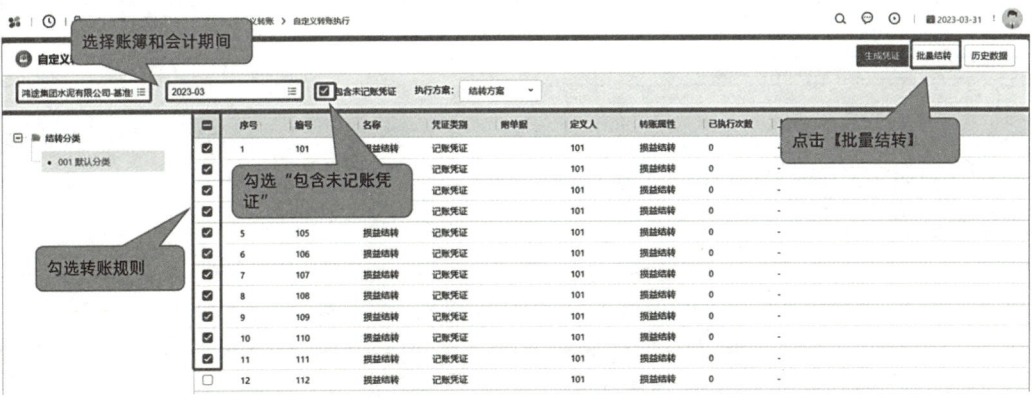

图7-18　批量结转设置

> **提示**
> 因为自定义转账执行中编号 112 的损益结转是年末处理,在此我们不需要勾选编号 112 所在行。

(3) 根据任务要求选择"核算账户",单击【确定】,选择【批量结转结果报告】。批量结转结果报告如图 7-19 所示。

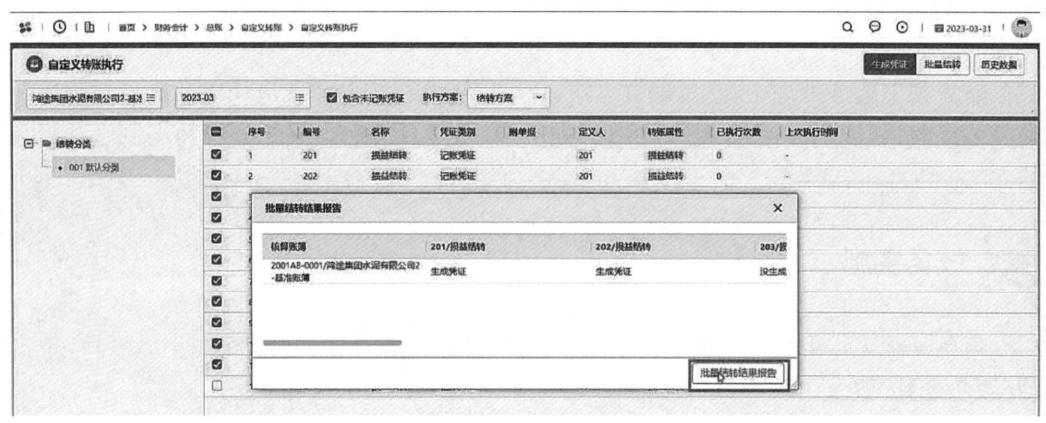

图 7-19　批量结转结果报告

(4) 勾选生成的凭证,单击【保存】,月末损益自定义结转完成。

二、凭证审核

(1) 修改业务日期,单击右上角"四叶草图标",单击【总账】,选择【凭证审核】,进入凭证审核页面。

(2) 根据任务要求选择"财务核算账簿"和"会计期间档案",单击【查询】。

(3) 勾选全部凭证,单击【审核】,完成凭证审核工作。凭证审核设置如图 7-20 所示。

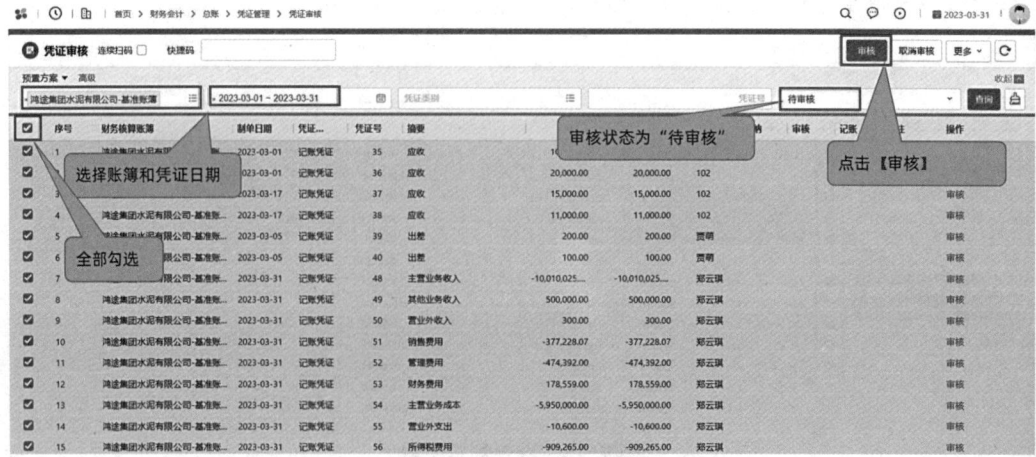

图 7-20　凭证审核设置

三、总账月末处理

（1）修改业务日期，单击【月末账务处理】，选择【凭证记账】，进入凭证记账页面。

（2）根据任务要求选择"财务核算账簿"和"会计期间档案"，单击【查询】。

（3）勾选全部凭证，单击【记账】，完成凭证记账工作。凭证记账设置如图 7-21 所示。

图 7-21　凭证记账设置

（4）返回首页，单击【总账与业务系统对账执行】，进入总账与业务系统对账执行页面。

（5）单击【执行对账】，根据任务要求选择"核算账簿""业务系统"及"对账规则"，勾选"未记账凭证"，单击【确定】，即可完成固定资产对账。总账与业务系统对账执行设置如图 7-22 所示。

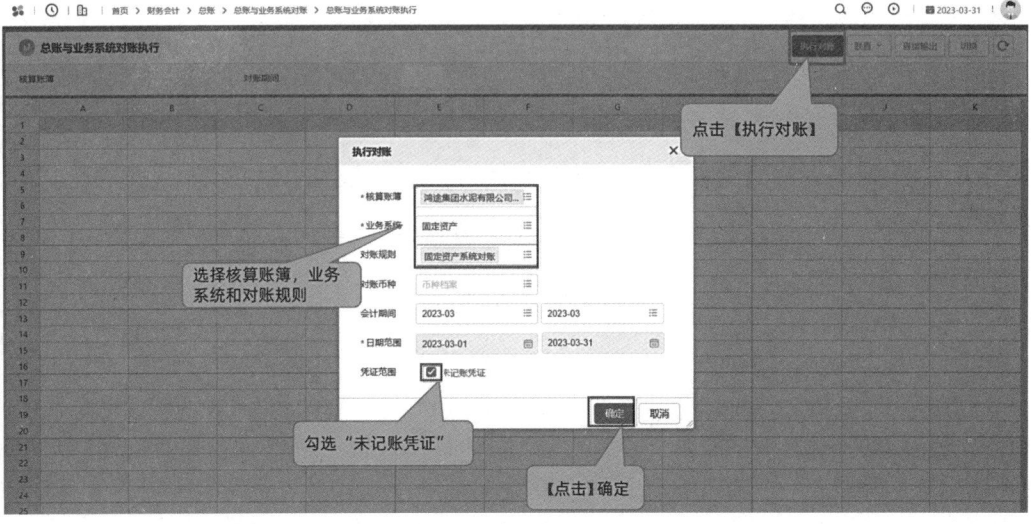

图 7-22　总账与业务系统对账执行设置

（6）返回首页，单击【科目余额表】，进入科目余额表页面。

（7）单击【查询】，根据任务要求选择"核算账簿"和"会计期间"，单击【查询】，即可完成科目余额表查询。科目余额表查询设置如图7-23所示。三栏式总账、明细账查询方法采用同样操作方法。

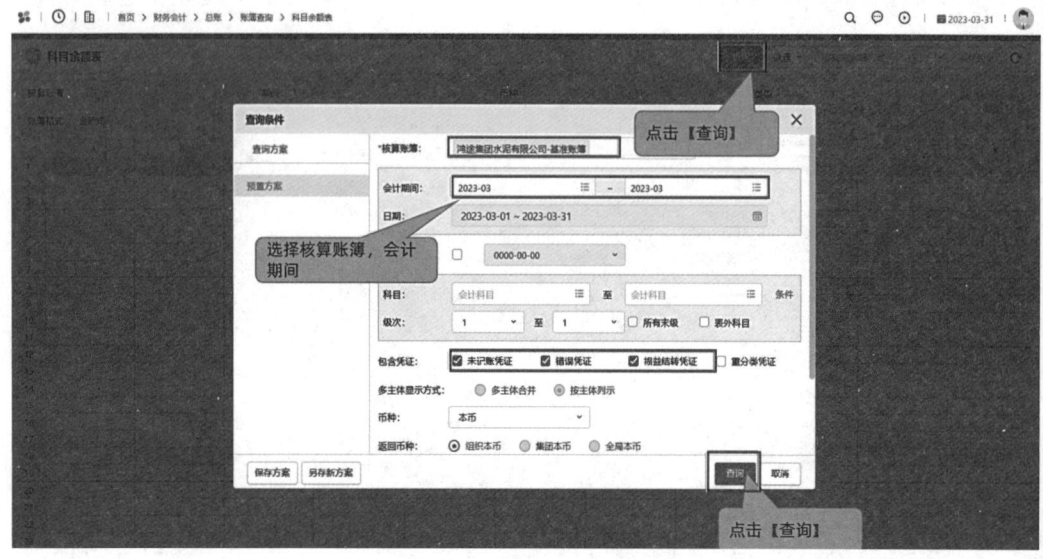

图7-23　科目余额表查询设置

四、月报任务编制上报

（1）修改业务日期，单击左上角"四叶草图标"，单击【集团报表】，选择【报表数据中心】，进入报表数据中心页面。

（2）根据任务要求选择"任务""会计期间""会计月"及案例企业，单击【保存计算】，即可查看资产负债表、利润表、现金流量表以及内部交易表计算结果，报表查询如图7-24所示。

 提示

　　选择"任务"时，需点击所在组别的月报。所在组别查看方法为单击右上角图像，姓名后缀数字即为组别号。

（3）重复以上操作，分别将其他公司的报表进行保存计算，数据检查无误后单击【上报】。

（4）鼠标定位单元格，单击左键，选择"公式追踪"，即可查看公式追踪结果，公式追踪如图7-25所示。

（5）单击计算的值，可以联查数据来源。

（6）单击【取联查数据数】，即可查看联查明细数结果；单击想要查看的数据后，单击【联查凭证】，即可查看联查明细数据对应的凭证结果；单击【联查单据】，即可查看联查凭证结果。

项目七 期末业务智能共享

图 7-24 报表查询

图 7-25 公式追踪

（7）单击【联查汇总数】，即可查看联查汇总数结果；单击想要查看的数据后，单击【联查】，即可根据需求联查明细账、总账及辅助账，联查汇总数如图 7-26 所示。

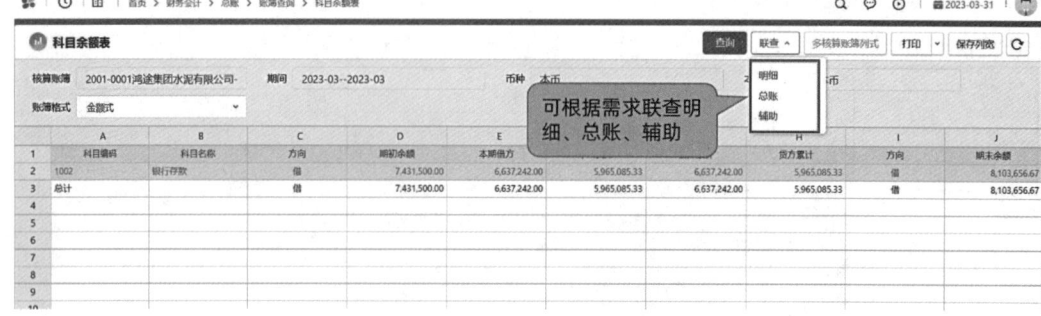

图 7-26 联查汇总数

五、编制合并报表

(1) 修改业务日期,单击左上角"四叶草图标",单击【集团财务合并】,选择【内部交易对账】,进入内部交易对账页面。

(2) 单击【多对多对账】,根据任务要求选择"个别任务""会计期间""会计月""对账规则",对账规则如图 7-27 所示,选中全部"本方主体"和"对方主体",单击【执行对账】,选择【确定】,即可查看对账结果。

图 7-27 对账规则

 提示

"√"代表已对符结果,"×"代表未对符结果。

(3) 单击【集团财务合并】,选择【合并执行】,进入合并执行页面。

(4) 根据任务要求选择"合并方案""会计期间""会计月"及案例企业,单击【自动抵销】,选择【执行】,生成抵销分录如图 7-28 所示。

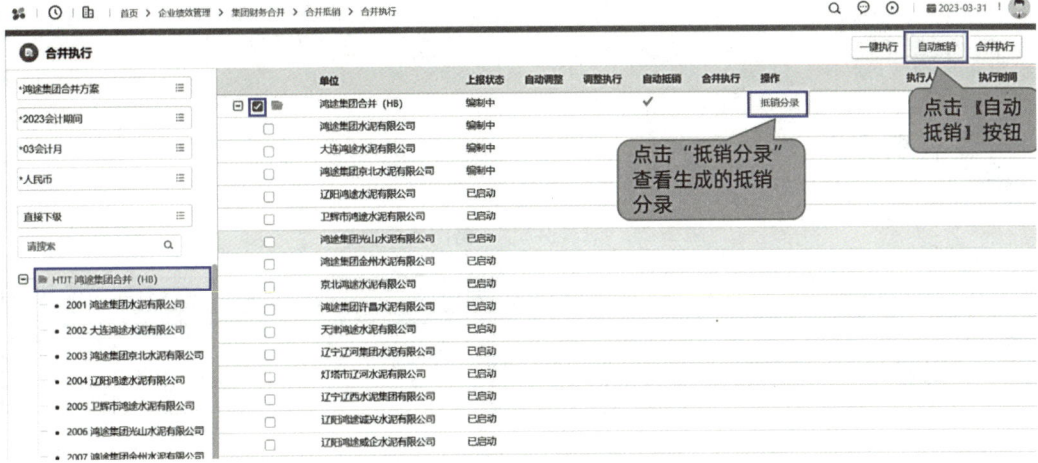

图 7-28　生成抵销分录

（5）单击【抵销分录】,即可查看生成的抵销分录;单击【数据追踪】,即可穿透查询;单击【金额】,即可查看数据来源。

（6）单击【合并执行】,选择【合并数据】,查看合并报表数据,合并数据如图 7-29 所示。

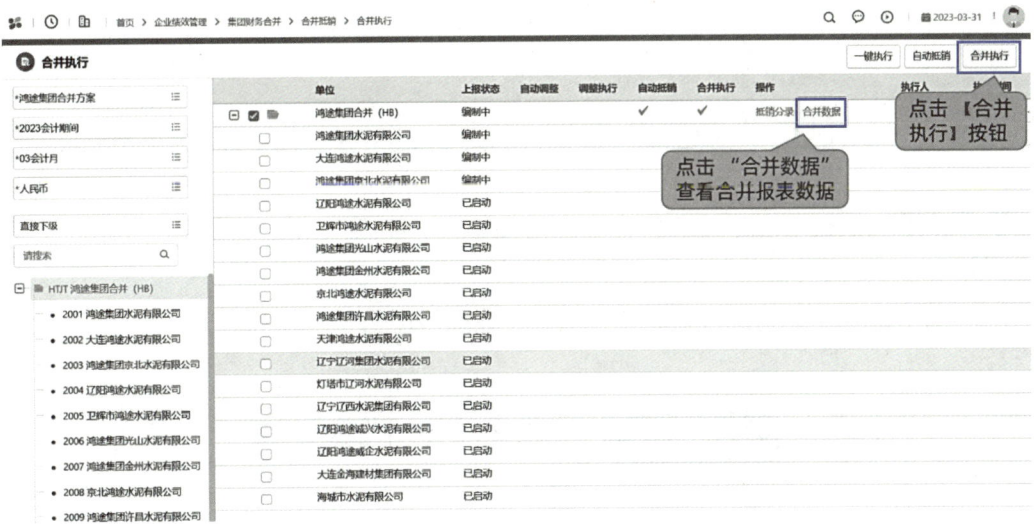

图 7-29　合并数据

（7）鼠标定位单元格,单击右键,选择"联查凭证",即可联查抵销分录。

任务总结

账表共享的业务处理涉及知识点和技能点两部分内容。知识点包括总账业务范围、总账管理的应用、月末结账要求及总账共享的优势,合并财务报表的构成、合并财务报表的程序及报表共享的应用;技能点包括月末损益的结转、凭证的审核、总账月末的处理,月报的编制上报及合并报表的编制。需要注意的是登录财务共享云平台系统后需要先将业务日期切换为要求的日期。

 **任务评价**

表 7-2 "账表共享"任务清单评价表

评价点	权重	工作任务清单	分值	得分
知识	40%	了解总账业务范围、总账管理的应用、月末结账要求及总账共享的优势	20	
		了解合并财务报表的构成、合并财务报表的程序及报表共享的应用	20	
技能	30%	掌握结转月末损益、凭证审核、总账月末处理的方法	10	
		掌握月报任务编制上报的方法	10	
		掌握编制合并报表的方法	10	
素养	30%	小组成员之间能有效沟通、团结合作	10	
		及时发现问题,解决问题	10	
		按时、高质量完成任务	10	
总体评价			100	

 **任务拓展**

根据本任务所学内容,完成总账月结检查机器人的管理和运行。

任务三　电子会计档案管理

 **任务情境**

资料一:电子会计档案立卷

2023 年 3 月 31 日,档案管理员张艺根据《会计档案管理办法》及企业会计核算规范,在财务共享平台上对鸿途水泥 2023 年 3 月的电子会计档案进行上传、装册。

资料二:影像采集整理

2023 年 3 月 31 日,档案管理员张艺手工完成电子回单的数据采集,数据采集时将

3月份的银行纸质回单进行上传。

资料三：电子会计档案装册

2023年3月31日，档案管理员张艺手工完成会计凭证01的数据采集，凭证录入完成后进行装册。

资料四：电子会计档案归档

2023年3月31日，档案管理员张艺在财务共享平台电子会计档案系统中对鸿途水泥2023年3月的电子会计档案进行归档处理。

资料五：电子会计档案借阅管理

2023年4月10日，内部审计人员赵杰需要在4月10日至14日对鸿途水泥2023年3月的纸质会计凭证及其相关原始附件进行审计检查，2023年3月14日检查完成后，内部审计将所借纸质档案归还。

任务要求

请你以鸿途集团财务共享服务中心档案管理员张艺的身份，完成下列任务：
（1）给鸿途水泥进行立卷，全宗号为2001，编码为2001KJ00120230310001。
（2）手工完成会计凭证01的数据采集，凭证录入完成后进行装册。
（3）装册完毕后进行归档。

任务准备

一、会计档案概述

会计档案作为企业记录和反映企业经济业务的重要凭据，随着企业信息化发展，ERP系统中的各个业务系统在处理经济业务时，同时也形成了会计凭证的重要原始凭证（如物料出入库、费用报销、人工成本等），随着企业规模日益扩大，业务类型不断增加，系统产生的原始凭证数量巨大，进一步加大了凭证打印的数量和成本，对会计资料保管、使用也提出更多要求。

传统的会计档案管理模式弊端越来越突出，大量的会计档案传统打印输出，保管存放，查询调阅影响了用户高效运作，降低了工作效率。

（一）传统档案管理的缺点

1. 无法满足信息化的要求

（1）纸质凭证等档案资料打印量大，耗材及存储成本高。
（2）核算系统形成的会计资料归档保管，占用空间大，人工管理成本高。
（3）会计资料不能自动归档，手工装册归档的工作量巨大。
（4）纸质档案归档、检索、调阅、鉴定效率低。
（5）传统档案不便于上级单位对下级单位的监管。

2. 不符合长期保管和备份要求

（1）会计档案的保管要求有备份机制，以应对意外事故、自然灾害、人为破坏等特殊情况,案容易被损坏、丢失和泄密。

(2) 建立会计档案备份制度,能够有效防范自然灾害、意外事故和人为破坏。

(3) 使用的电子档案管理系统能够有效接收、管理、利用电子会计档案,符合电子档案长期保管的要求。

(二) 电子会计档案的发展前景

2020年3月31日,财政部、国家档案局发布了《关于规范电子会计凭证报销入账归档的通知》,明确了电子会计档案的法律地位,来源合法、真实的电子会计凭证与纸质会计凭证具有同等法律效力,规定了电子会计档案单套制归档,可不再另以纸质形式保存,提出了电子会计凭证电子化单轨制报销入账归档全流程电子化的要求。目前,包括电子发票、财政电子票据、电子客票、电子行程单、电子海关专用缴款书、银行电子回单等在内的电子票据,都属于电子会计档案。电子会计档案发展历程如图7-30所示。

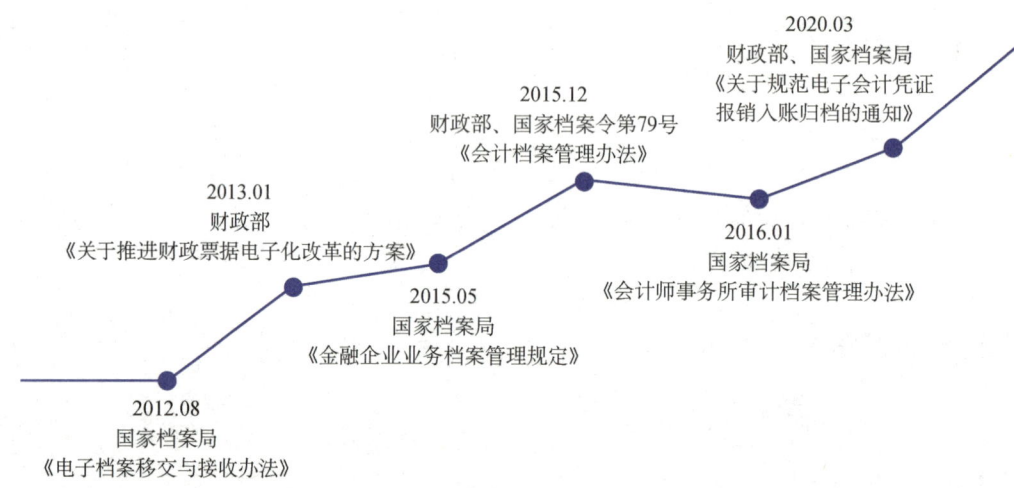

图7-30 电子会计档案发展历程

(三) 电子会计档案与纸质会计档案的关系

(1) 应建立电子会计档案与纸质档案索引关系,记录存储位置。

(2) 准确查询,提高查询使用效率。

(3) 根据纸质档案快速查询电子会计档案信息,在线浏览。

(四) 《会计档案管理办法》的相关规定

2015年12月14日,财政部、国家档案局发布了《会计档案管理办法》,并于2016年1月1日起实施。

1. 相关重要规定

该办法中明确规定如下:

(1) "满足本办法第八条规定条件,单位从外部接收的电子会计资料附有符合《中华人民共和国电子签名法》规定的电子签名的,可仅以电子形式归档保存,形成电子会计档案。"

(2) "单位可以利用计算机、网络通信等信息技术手段管理会计档案。"

(3) "单位内部形成的电子会计资料和从外部接收的电子会计资料在满足一定条件

时可以仅以电子形式归档保存,形成电子会计档案。"

2. 对会计档案归档的要求

1）归档范围

（1）会计凭证,包括原始凭证、记账凭证。

（2）会计账簿,包括总账、明细账、日记账、固定资产卡片及其他辅助性账簿。

（3）财务会计报告,包括月度、季度、半年度、年度财务会计报告。

（4）其他会计资料,包括银行存款余额调节表、银行对账单、纳税申报表、会计档案移交清册、会计档案保管清册、会计档案销毁清册、会计档案鉴定意见书及其他具有保存价值的会计资料。

2）归档时间

当年形成的会计档案,在会计年度终了后,可由单位会计管理机构临时保管1年,再移交单位档案管理机构保管。因工作需要确需推迟移交的,应当经单位档案管理机构同意。单位会计管理机构临时保管会计档案最长不超过3年。

二、电子会计档案建立方案

构建电子会计档案的三个关键方面：优化业务流程、系统间数据对接和归档范围。

（一）优化业务流程

财务核算系统、业务系统、会计档案系统为企业电子会计档案管理全过程提供信息化支撑,从收单、制单到归档,再到存储以及档案的利用,企业电子会计档案管理全过程的信息化支撑如图7-31所示。

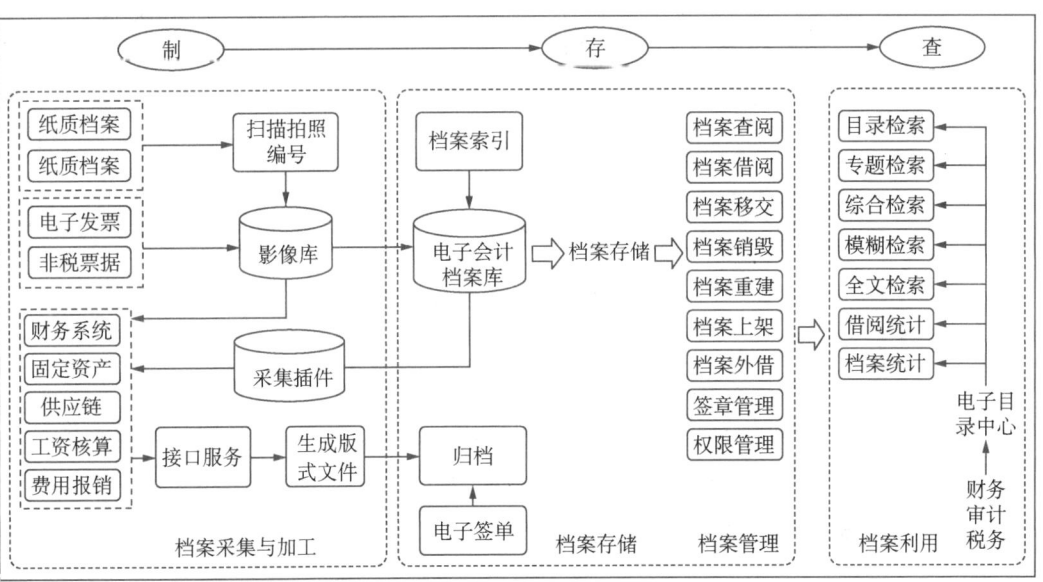

图7-31 企业电子会计档案管理全过程的信息化支撑

(二)系统间数据对接

电子会计档案与ERP数据接口如图7-32所示。核心是总账、报表(合并)系统,如图7-32左侧部分所示,其次是生成记账凭证的原始凭证所在系统,如图7-32右侧部分所示。

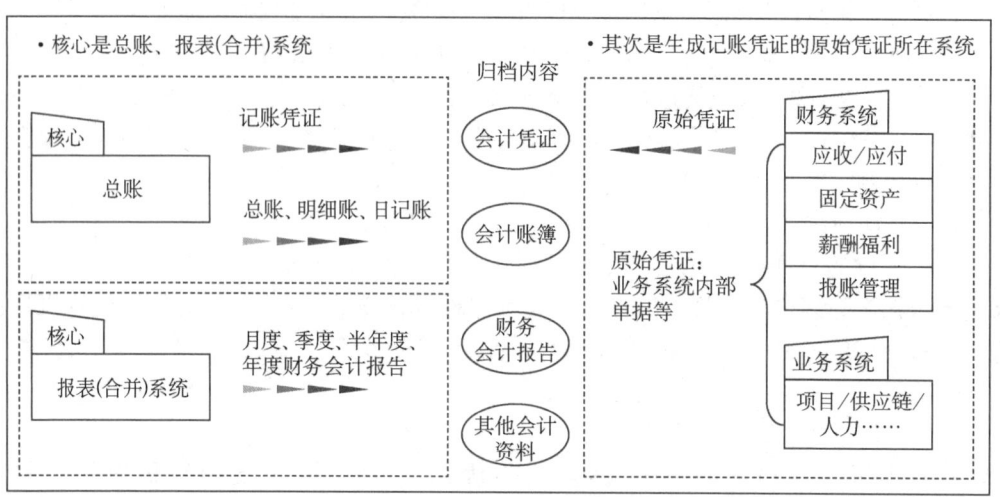

图7-32 电子会计档案与ERP数据接口

(三)归档范围

电子会计档案的归档范围如图7-33所示。

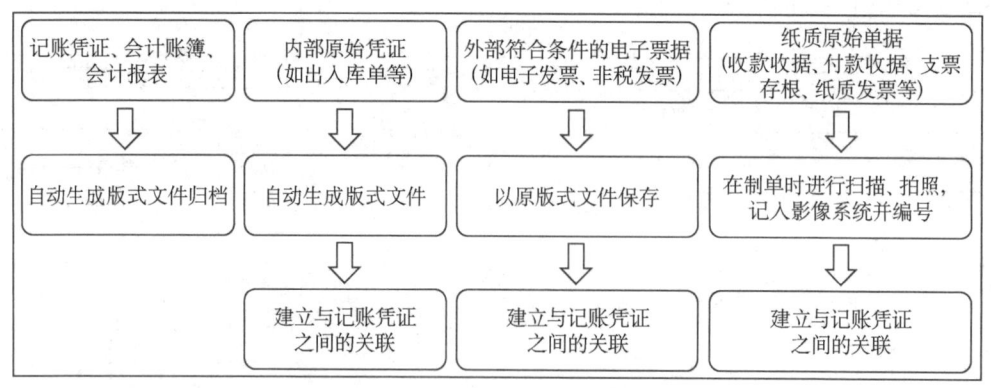

图7-33 电子会计档案归档范围

电子会计档案管理的总体原则是通过加密、索引、数字签名、数字版权等技术保证电子文件的安全性以及可用性。

三、电子会计档案的应用场景

电子会计档案的应用场景包括:影像件采集,自动装册、归档、上架,检索,档案管理,建立电子会计档案与纸质档案索引,利用纸质档案反向查找电子会计档案。

(一)影像件采集

影像件采集的总体过程如图7-34所示。根据影像件采集的地点和时间,还可以分为多种采集方式。

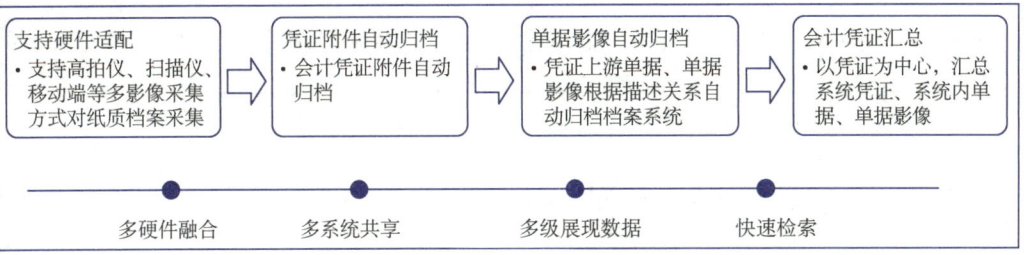

图7-34 影像件采集的总体过程

1. 报销人影像采集

由报销人(报账人)在制单后立即自助扫描影像并上传,报销人影像采集方式如图7-35所示。

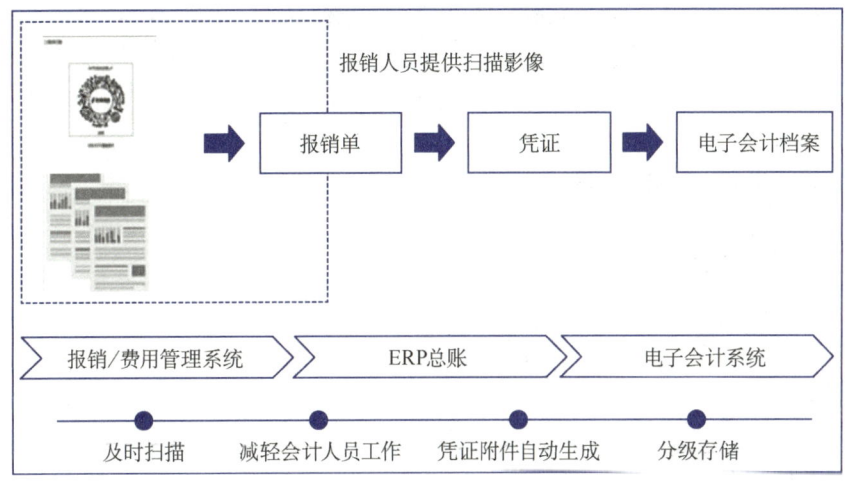

图7-35 报销人影像采集方式

2. 电子会计档案系统补扫采集

在业务系统处理完所有工作后,由专职扫描人员补扫影像并上传电子会计档案系统,电子会计档案系统补扫采集方式如图7-36所示。

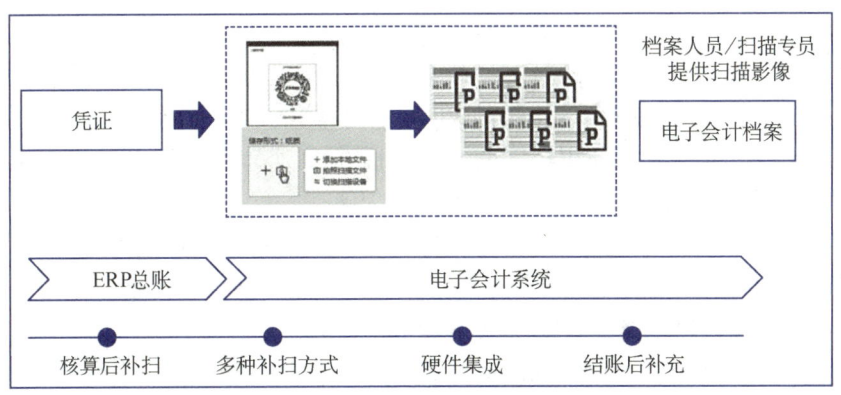

图7-36 电子会计档案系统补扫采集方式

3. 业务系统实时采集

在单据由业务系统(采购、销售、应收、应付、合同等)处理完毕、转至ERP的财务系统处理环节,指定扫描专岗或专人扫描影像并上传,业务系统实时采集方式如图7-37所示。

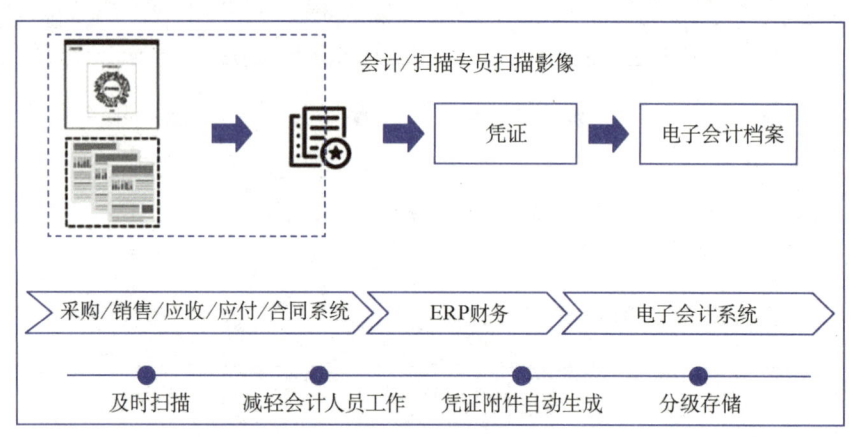

图7-37 业务系统实时采集方式

(二)自动装册、归档、上架

1. 自动装册

凭证以及影像文件的不同维度、不同方式装册、拆册、浏览。

2. 自动归档

档案装册完成,所有已装册的档案盒自动归档。

3. 自动上架

归档的档案盒对应的纸质档案自动上架到档案保管位置,方便调阅。

(三)多维度检索

系统支持对会计凭证、账簿、报表、其他会计资料的信息检索。用户可以在电子会计档案系统对会计档案进行检索查阅,检索时在不同节点支持不同查询条件,如题名、文号、关键字、摘要、责任人、凭证号、册号等条件进行快速检索。此外,系统还可以进行全文检索、模糊检索、综合检索和目录检索。

(四)严格档案管理

档案管理,是指档案的查阅、借阅、移交等。

档案管理工作中对档案管理员工的基本要求包括:严格区分用户、角色、单位可操作档案范围;权限外使用需审批通过;移交需申请通过;档案系统记录行为日志。

档案管理工作中对高层使用档案的要求包括:对各类审批进行审批处理;定期检查、监督档案管理工作;档案利用。

档案管理工作中对外部人员使用档案的要求包括:外部人员在线查阅需申请;纸质档案外借需审批;纸质档案到期未归还系统催还;档案系统记录行为日志。

(五)建立电子会计档案与纸质档案索引

归档成功后档案按照企业管理要求上架到指定档案室,系统记录上架的档案室信息,上架的档案支持外借申请,外借后支持归还、催还等,建立电子会计档案与纸质档案索引如图 7-38 所示。

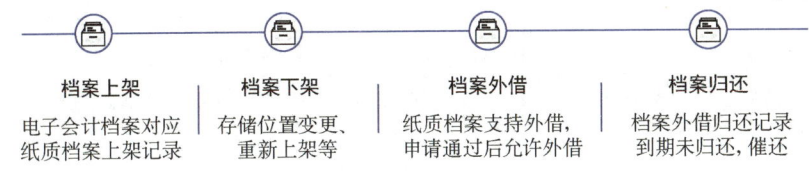

图 7-38　建立电子会计档案与纸质档案索引

（六）纸质档案反向查找电子会计档案

凭证生成二维码，扫描识别二维码批扫纸质文件；打印二维码与纸质档案装订，并且支持扫描二维码查找电子会计档案。财务共享服务中心单据及档案管理如图 7-39 所示。

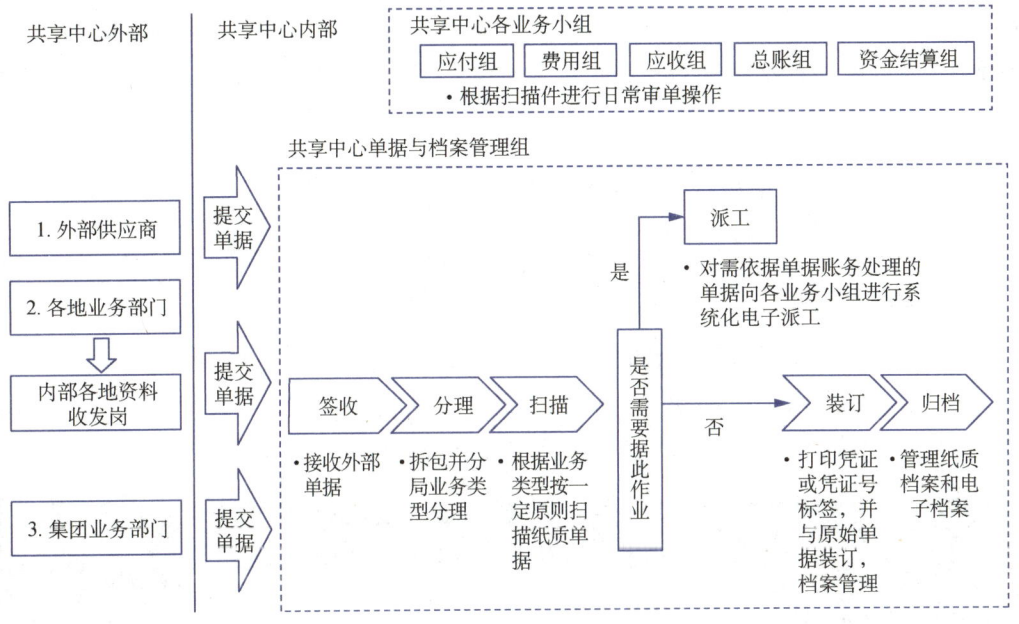

图 7-39　财务共享服务中心单据及档案管理

任务要领

电子会计档案共享业务处理中，注意理解电子会计档案与纸质会计档案的关系、电子会计档案建立方案、电子会计档案应用场景以及电子会计档案共享模式下档案立卷、整理、归档的方法。

任务实施

角色分配工作由组长完成，将岗位清单中"档案综合岗"角色分配给小组成员，单击【开始任务】按钮。

一、档案立卷

(1) 进入用友电子会计档案系统,单击【档案管理】,选择【立卷】。

(2) 单击蓝色小框里的【立卷】,录入立卷所需要的相关信息,单击【确定】,完成立卷。立卷完成如图 7-40 所示。

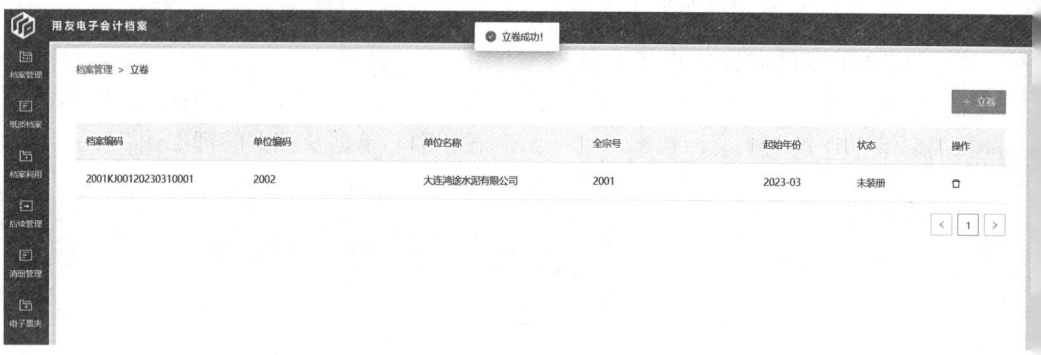

图 7-40　立卷完成

二、档案整理

(1) 单击【档案管理】,选择【整理】,选择档案项目。

(2) 单击【新增】,输入题名和日期,然后点击下方加号进行影像采集,并单击【确定】按钮,影像采集如图 7-41 所示。按此步骤完成全部票据影像采集。

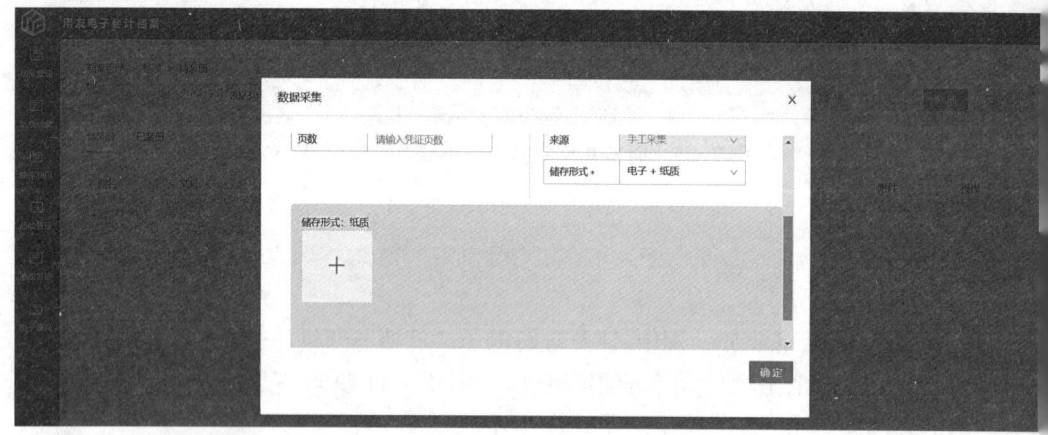

图 7-41　影像采集

(3) 单击【装册】,选择【已装册】,显示档案列表,装册完成如图 7-42 所示。

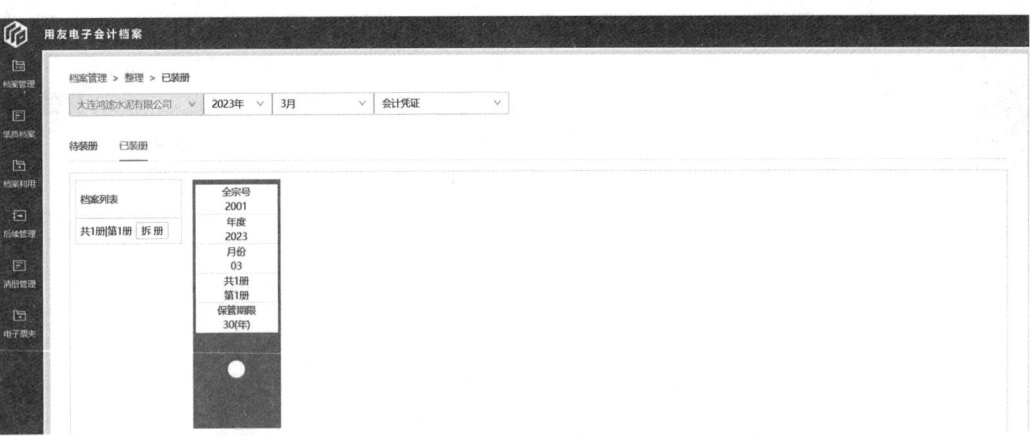

图 7-42 装册完成

三、档案归档

(1) 单击【档案管理】,选择【归档】。

(2) 单击蓝色小框里的【归档】,单击【确定】按钮,完成归档,归档完成如图 7-43 所示。

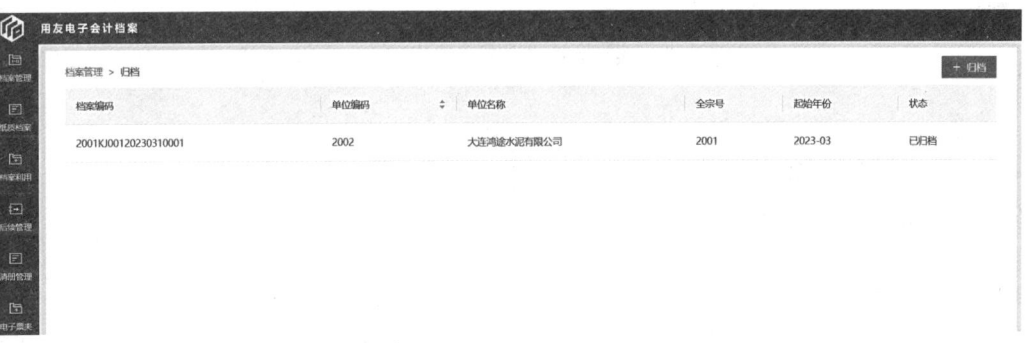

图 7-43 归档完成

四、档案外借与归还

(一) 档案外借

(1) 单击【纸质档案】,选择【档案外借】。

(2) 单击蓝色小框里的【外借申请】,勾选项目,单击【选择】。

(3) 输入相关的信息,单击【保存】,选择【确定】,外借审批通过,外借成功,档案外借成功如图 7-44 所示。

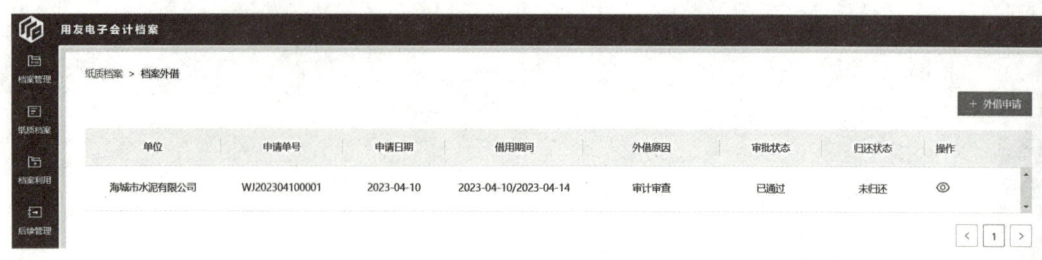

图 7-44　档案外借成功

(二) 档案归还

(1) 单击【纸质档案】,选择【档案归还】。

(2) 单击界面上的时钟标志【归还】,输入相关信息,并单击【归还】,选择【确定】。

(3) 单击【已归还】,显示档案归还成功,档案归还成功如图 7-45 所示。

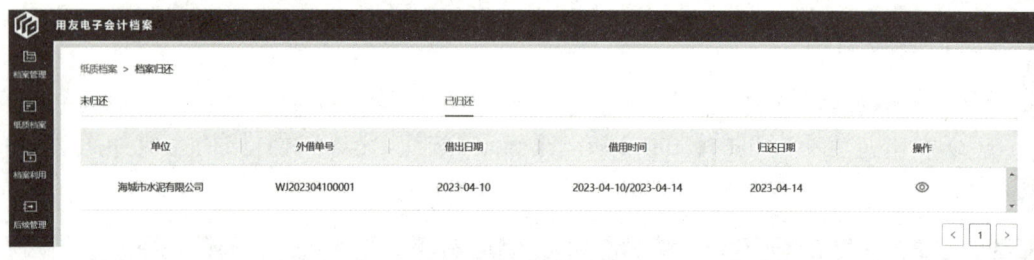

图 7-45　档案归还成功

电子会计档案共享处理涉及知识点和技能点两部分内容。知识点包括传统档案管理的缺点、电子会计档案的发展前景、电子会计档案与纸质会计档案的关系、《会计档案管理办法》的相关规定;技能点包括电子会计档案共享模式下档案的立卷、整理、归档。

表 7-3　"档案共享"任务清单评价表

评价点	权重	工作任务清单	分值	得分
知识	40%	了解电子会计档案与纸质会计档案的关系	10	
		熟悉《会计档案管理办法》的相关规定	10	
		了解电子会计档案建立方案	10	
		了解电子会计档案应用场景	10	

(续表)

评价点	权重	工作任务清单	分值	得分
技能	30%	掌握档案立卷的方法	10	
		掌握档案整理的方法	10	
		掌握档案归档的方法	10	
素养	30%	小组成员之间能有效沟通、团结合作	10	
		及时发现问题,解决问题	10	
		按时、高质量完成任务	10	
		总体评价	100	

任务拓展

根据本任务所学内容,完成剩余纸质票据影像采集,并整理归档。

知识巩固

项目七 知识巩固

技能提升

请根据本项目内容的学习,试想期末共享业务处理中应用的新信息技术有哪些?

项目八 财务共享服务中心运营管理

 知识目标

1. 了解财务共享作业绩效管理的含义。
2. 了解财务共享绩效看板和财务共享稽核的价值。
3. 了解财务共享绩效看板、财务共享绩效稽核的规划设计。

 能力目标

1. 能够完成综合主题定义、中心主题定义、作业组主题定义及作业人员主题定义的设置。
2. 能够完成看板管理的设置。
3. 能够完成稽核内容定义、稽核问题类型定义、稽核任务创建和启用的设置。
4. 能够完成单据抽取、单据稽核、稽核报告的设置。

 素养目标

1. 熟悉财务共享绩效的数据衡量标准。
2. 熟悉财务共享绩效稽核需求。
3. 提升数字化绩效管理能力。

 **知识导图**

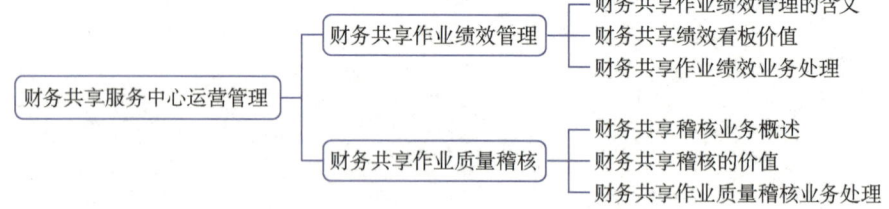

 **项目导读·思政园地**

全面实施绩效管理

习近平总书记强调:"建立全面规范透明、标准科学、约束有力的预算制度,全面实施绩效管理"①。《中共中央 国务院关于全面实施预算绩效管理的意见》提出,"抓紧健全科学规范的管理制度,完善绩效目标、绩效监控、绩效评价、结果运用等管理流程,健全共性的绩效指标框架和分行业领域的绩效指标体系"。

在本任务中,学生将在财务共享模式下学习作业绩效管理、作业质量稽核等知识,提升数字化绩效管理能力。

任务一　财务共享作业绩效管理

 任务情境

鸿途集团共享服务中心各个岗位的财务人员进行单据的提取审核工作,经共享中心作业组长巡查,无法了解全部财务人员的工作成果、工作效率和工作质量,共享中心运营管理部决定设计绩效看板,可以清晰地展现各个财务人员及各个岗位的工作成效。

绩效看板配置内容如表 8-1 所示。

表 8-1　绩效看板配置内容

序号	内容	对应菜单	要求
1	当日分组统计表	中心主题定义	—
2	应付组 01 月监控	综合主题定义	—
3	应付组业务量统计表	作业组主题定义	时间维度:按月 时间范围:本月
4	应付组人员作业统计表	作业人员主题定义	时间维度:按月 时间范围:本月

 任务要求

请根据表 8-1 要求完成绩效系统配置,将绩效看板命名为"共享服务中心绩效看板",并将配置内容排版。

---

① 习近平在中国共产党第十九次全国代表大会上的报告,http://www.gov.cn/zhuanti/2017-10/27/content_5234876.htm。

 任务准备

一、财务共享作业绩效管理的含义

财务共享作业绩效管理,是利用技术手段自动提取财务共享服务中心作业处理的数据、加工处理数据并将这些数据以可视化的形式展现出来,以便用于日常绩效显示、监控以及为员工评价提供参考依据等。

二、财务共享绩效看板价值

财务共享作业绩效看板是集中以可视化形式展示财务共享服务中心作业处理数据的载体。财务共享作业绩效看板示例如图8-1所示。它可以满足共享中心管理层对共享整体业务管理、监管需要,实现对共享业务数字化跟踪管理,方便时时查看相关业务数据,关注、对比、分析共享流程中每个环节的工作量、工作效率、工作质量。利用财务共享作业绩效看板可以帮助企业集团了解共享中心任务执行情况、运行效率;有效提高企业在内部管理决策方面的有效性、可靠性、准确性。

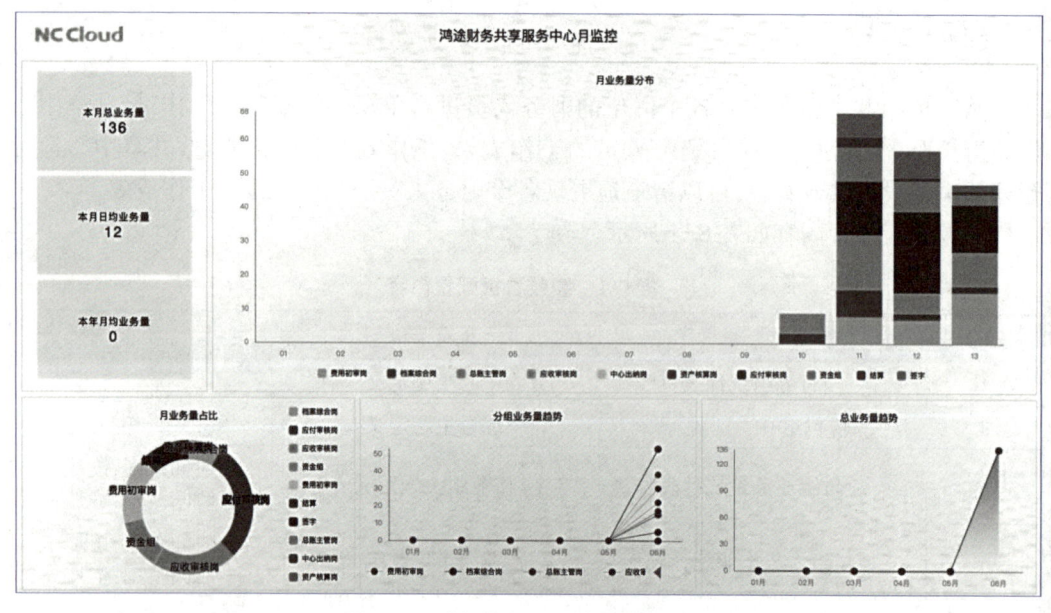

图8-1 财务共享作业绩效看板示例

 任务要领

财务共享作业绩效管理中,注意理解财务共享作业绩效管理的含义、财务共享绩效看板价值以及综合主题定义、中心主题定义、作业组主题定义、作业人员主题定义的设置方法和看板管理的设置方法。

 任务实施

一、鸿途集团财务共享服务中心绩效考评现状分析

(一) 评价组织与标准

1. 评价的组织

财务共享服务中心总经理负责共享中心工作质量、效率、态度的日常评价,并定期(至少每月)向集团财务部/财务总监提交质量评价报告;集团财务部负责财务共享服务中心工作质量效率、态度的总体评价,评价频率根据财务部财务稽核工作计划安排。

运营支持处处长负责组织与整体协调质量管理有关工作,组建质量管理团队;对各处室的质量管控工作进行指导;组织质量检查工作;按时发布各类质量报告,提供考核依据;督促有关人员对有关问题进行整改,对整改情况进行通报;负责质量管理体系建立和完善;负责质量环境建设规范工作;协助培训负责人组织质量管理培训工作。

财务共享服务中心各业务处室业务处理人员既是质量管理对象,又是一级质量管理员,在保证本岗位工作质量的同时,负责管控上一工序工作质量,并进行本工序的交叉复核,提供质量检测数据。

2. 财务共享服务中心业务质量评价标准

财务共享服务中心业务质量评价标准如表8-2所示。

表8-2 财务共享服务中心业务质量评价标准

业务类型	评价标的	责任人	考核办法
扫描 (100分)	1. 扫描质量	扫描员	扫描影像不清楚或重叠,单据漏扫或夹页,每单扣5分,共50分
	2. 原始单据	扫描员	原始单据不符合公司要求的,每单扣2分,共20分
	3. 单据台账记录	扫描员	台账内容未核对,每发现一次扣5分,共20分
	4. 影像效果	扫描员	单据影像未上传或不能辨认的,每单扣5分,共10分
归档 (100分)	1. 档案装订质量	归档员	档案装订错误,包括:倒装、缺页、装订错页、卷宗编号错误等。每单扣5分,共20分
	2. 单据匹配	归档员	匹配错误,每单扣5分,共30分
	3. 归档及时性	归档员	未及时归档,每发现一次,扣5分,共15分
	4. 档案调阅	归档员	档案调阅未经审批、登记,每单扣5分,共15分
	5. 档案安全	归档员	档案丢失、毁损,每单扣5分,共20分

(续表)

业务类型	评价标的	责任人	考核办法
审核核算 （100分）	1. 审核报账信息准确	审核会计	未依照制度正确审核，每单扣5分，共30分
	2. 会计核算的科目、金额、币种、期间等正确	审核会计	科目核算信息错误，每单扣5分，共20分
	3. 原始凭证审核无误	审核会计	使用不当原始凭证做账，每单扣5分，共20分
	4. 其他信息准确无误，包括摘要规范、调整说明等	审核会计	错误处理，每单业务扣5分，共20分
	5. 内部对账准确、及时	审核会计	未按时对账或对账错误未查明，每检测出一次扣5分，共10分
资金结算 （100分）	1. 准确支付：账户信息准确、金额准确、及时处理未成功支付问题	出纳	支付错误，每单扣5分，共50分
	2. 收、付款及时准确	出纳	未及时准确进行收付款确认，每单扣5分，共30分
	3. 系统密码及银行支付保密工具管理	出纳	未按照规定保管密钥和其他银行加密工具，每一项扣5分，共20分
企业报表 （100分）	1. 及时编制个体报表	报表会计	未按时提交报表，每延迟一天扣10分，共40分
	2. 保证报表的信息准确	报表会计	报表信息错误，每检测出一项扣10分，共60分

3. 工作时效评价标准

时效目标值是每笔业务从发起流程到处理完毕流程关闭期间所用时间的目标值。评价频率：时效评价每月进行一次，在次月的6日前完成上一月度的时效评价。

财务共享服务中心时效考核指标如表8-3所示。

表8-3 财务共享服务中心时效考核指标

考察内容	考察岗位	说明	时效目标	评价人
单据接收	票据档案岗	从员工提交实物单据到会计初审岗在影像系统中完成接收	2个工作日	绩效负责人
扫描上传		从影像系统接收到扫描并影像上传完成	2个工作日	

(续表)

考察内容	考察岗位	说明	时效目标	评价人
单据邮寄	票据档案岗	从员工提交单据(项目部无扫描点)或单据扫描上传后到整理汇总邮寄至共享服务中心	1周	绩效负责人
单据移交		从单据扫描上传后到分类整理移交至归档岗	2个工作日	
打印凭证	归档岗	从账务处理完成到打印生成的会计凭证	2个工作日	
匹配顺号		将打印的凭证与原始单据匹配并顺号	2个工作日	
影像复核		从实物单据匹配顺号到影像复核无误确认	2个工作日	
装订归档		从影像复核无误到会计档案装订成册并移送至档案室	2个工作日	
单据初审	结算/费用审核岗	从接收审核任务到初审完成	2个工作日	
单据复审		从接收到复审任务到复审完成生成会计凭证	2个工作日	
出纳付款	资金结算岗	从生成会计凭证到出纳付款成功并确认	2个工作日	

(二) 工作质量评价方法

工作质量评价所覆盖的范围主要是业务处理的全过程,包括账务处理、审批流及相关附件单据的真实性、准确性及完整性。质量检测的主要方法为工序检测及分析性检测,因此评价对象既包括财务共享中心工作岗位也包括在机构财务部门设置的财务初审及扫描岗位。

1. 工序性检测规范

工序性检测规范如表8-4所示。

表 8-4 工序性检测规范

岗位	内 容
会计初审岗(本地财务)	√ 原始单据粘贴规范性 √ 原始凭证完整性、合规性 √ 发票真实性、合规性
票据档案岗	√ 实物单据提交及时完整,并按索引号顺序排列 √ 单据登记与实物单据一致,无缺漏或不符情况 √ 原始实物单据与会计凭证匹配无误,装订整洁、及时 √ 会计档案借阅经过审批、登记,并及时归还
费用/结算审核岗(含收入、费用、成本、工程、资产)	√ 单据影像清晰,符合扫描要求,没有夹单、漏扫现象 √ 原始单据提供完整,并符合相关法律法规要求 √ 报销内容符合公司财务制度,报销金额无误 √ 业务类型、科目、辅助等选择正确 √ 前端审批流程完整 √ 系统自动生成的凭证中会计分录正确,金额无误 √ 税金计提、申报、缴纳是否及时,准确

(续表)

岗位	内 容
资金审核/支付岗	√ 银行收款信息是否与经办人提交信息一致 √ 付款信息、网银制单信息是否完整准确 √ 资金收付确认是否及时、准确
总账主管岗	√ 账务处理及时准确 √ 总账凭证稽核完整 √ 对账、结账及时 √ 会计档案归档完整,装订规范
报表分析岗	√ 报表编制准确、及时 √ 报表项目无遗漏,无错误 √ 财务分析编制及时 √ 响应业务管理需求分析

2. 分析性检测规范

1) 分析性检测的定义

分析性检测是通过数据的逻辑性判断检查质量、工序问题,即通过抽样、专项检查、专项统计、专项分析、流程梳理等方法,定期或专项对工序、质量等指标进行逻辑性、合理性、实操性、规范性等方面的检测、检查、核对,通过检测、检查、核对纠正偏差,完善质量体系和工序,查找偏差的原因,以保证集中核算工作的质量和时效。

2) 分析性检测的主要内容

分析性检测由共享中心运营管理处通过对会计核算、资金结算、稽核管理、档案管理、运营支撑管理等数据、工序的逻辑性判断,检查其是否符合质量规范的要求。

二、规划设计

用友 NCC 共享服务新一代绩效看板,采用了最新的技术,可以定义多组绩效看板,同时在多个大屏上展示不同的内容。每组绩效看板可以定义多块展板,每块展板可以设置不同的停留时间。每块展板按照 16 宫格细分,可以自由合并或拆分,并定义展示内容。绩效看板支持多个共享中心定义看板。

(一) 业务流程

财务共享服务中心绩效看板业务流程如图 8-2 所示。

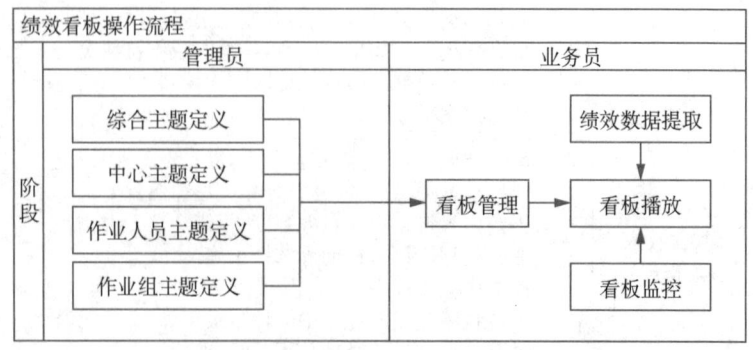

图 8-2 财务共享服务中心绩效看板业务流程

(二) 应用功能节点清单

财务共享服务中心应用功能节点清单如表 8-5 所示。

表 8-5　财务共享服务中心应用功能节点清单

领域	产品模块	应用点\功能节点	应用类型	职责类型
共享服务	绩效看板	综合主题定义	小应用	管理类
		中心主题定义	小应用	管理类
		作业人员主题定义	小应用	管理类
		作业组主题定义	小应用	管理类
		看板管理	小应用	业务类
		绩效数据提取	小部件	管理+业务类
		看板监控	小部件	管理+业务类

三、业务操作

角色分配工作由组长完成,将岗位清单中"共享中心运营管理"角色分配给小组成员,单击【开始任务】按钮。

(一) 综合主题定义

(1) 单击【看板管理】,进入看板管理页面。

(2) 单击【综合主题定义】,选择共享中心下的作业组,可以查看对应的日监控图和月监控图表。

(3) 选择月监控,单击【保存图表】,修改名称为"应付组 01 月监控",单击【保存】,完成综合主题定义,综合主题定义如图 8-3 所示。

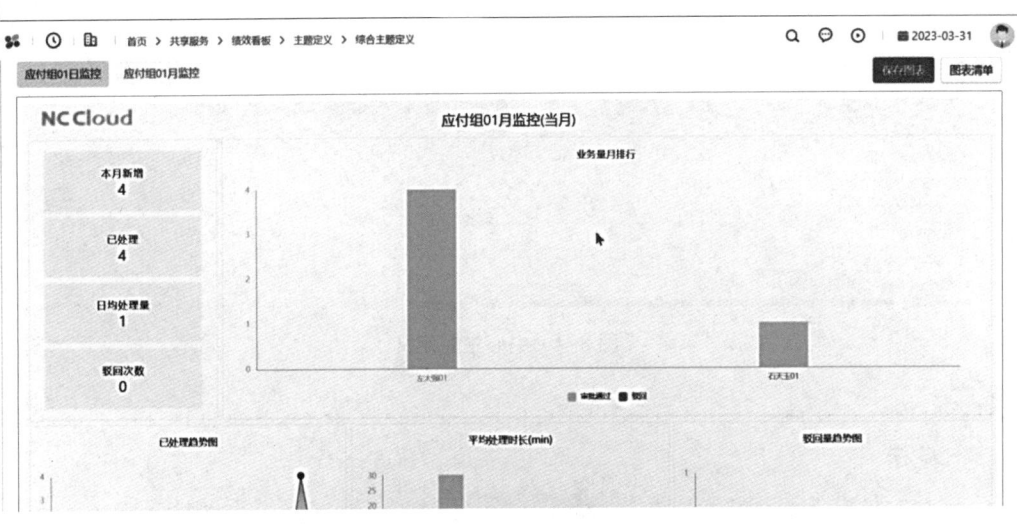

图 8-3　综合主题定义

> 💡 **提示**
>
> （1）确定一个共享服务中心，系统会自动根据这个共享服务中心找到已定义的作业组，作业组只能单选，在作业组下可以定义日监控主题和月监控主题。
>
> （2）通过保存图表功能可以把当前图表保存起来，之后可以被看板定义时引用。
>
> （3）通过图表清单功能查看当前主题下定义的图表，并进行删除操作。
>
> （4）日监控主题包含的内容有：当日关键数据统计（待处理、已处理、当日新增、上日留存、驳回次数等），业务量日排行（按人）柱形图（大图），分时已处理趋势图，平均处理时长（按人）柱形图，分时待处理趋势图。
>
> （5）月监控主题包含的内容有：当月关键数据统计（本月新增、已处理、日均处理量、驳回次数等），业务量月排行（按人）柱形图（大图），已处理趋势图，平均处理时长（按人）柱形图，驳回量趋势图。

（二）中心主题定义

（1）单击【中心主题定义】，选择共享中心下的作业组，可以查看对应的月监控图和当日分组统计图表。

（2）选择当日分组统计，单击【保存图表】，修改名称为"当日分组统计表"，单击【保存】，完成中心主题定义，中心主题定义如图8-4所示。

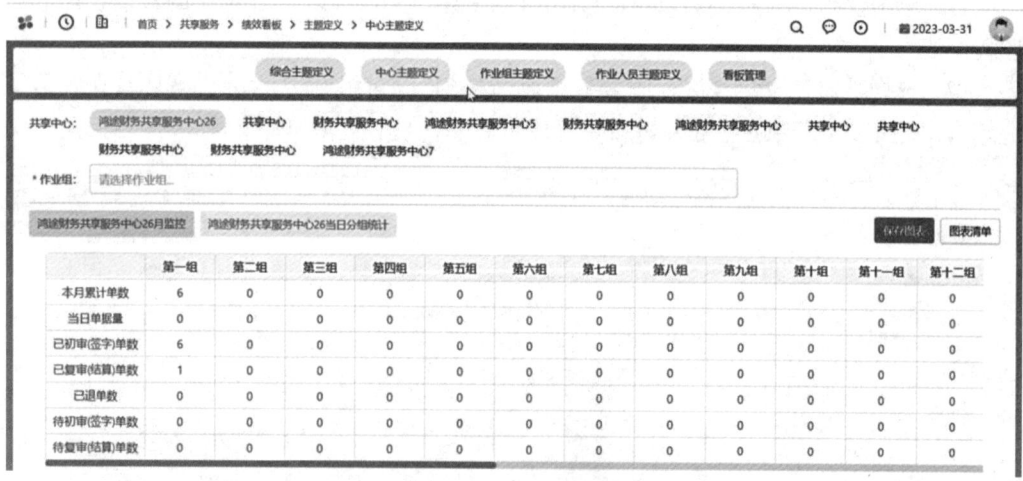

图8-4 中心主题定义

> 💡 **提示**
>
> （1）确定一个共享服务中心，系统会自动根据这个共享服务中心找到已定义的作业组，然后再选择一个作业组，可多选作业组。

(2) 选定了当前共享中心作业组后,可以定义该中心的月监控主题。
(3) 通过保存图表,把当前图表保存起来,之后以被看板定义时引用。
(4) 通过图表清单功能查看当前主题下定义的图表,并进行删除操作。
(5) 中心月监控主题包含的内容有:当月关键数据统计(本月总业务量、当月日均业务量、本年月均业务量等),业务量月排行(按人)柱形图(大图),月业务量占比,平均处理时长(按人)柱形图,总业务量趋势图。
(6) 中心当日分组统计主题包含的内容有:本月累计单数、当日单据量、已初审(签字)单数、已复审(结算)单数、已退单数、待初审(签字)单数、待复审(结算)单数。

(三) 作业组主题定义

(1) 单击【作业组主题定义】,选择共享中心下的作业组和时间维度与时间范围,可以查看作业组业务量统计表、作业组业务量趋势图、作业组业务量面积堆积图、作业组业务量对比图和作业组单据量分布图。

(2) 选择作业组业务量统计表,单击【保存图表】,修改名称为"应付组业务量统计表",单击【保存】,完成作业组主题定义,作业组主题定义如图8-5所示。

图8-5 作业组主题定义

> **提示**
>
> (1) 确定一个共享服务中心,系统会自动根据这个共享服务中心找到已定义的作业组,然后再选择一个作业组,可多选作业组。
>
> (2) 选定了当前共享中心作业组后可以定义所选作业组的各种业务量统计。
>
> (3) 定义这些统计表时,还需要确定时间维度,分别是按天、按周、按月,所谓按天,是指以每天为单位进行统计和展示,按周是指以周为单位进行统计和展示,不足一周的按整周对待,按月是指以月为单位进行统计和展示,不足一月的按整月对待。

(4) 时间范围，是指统计的时间区间，可选值为本周或本月，也可以指定近几个月的，或者自由指定查询统计的时间区间。

(5) 选择主题，即确定展示的风格与色调，系统默认了三种风格，还可以自定义主题风格，分别选择文字颜色、图形颜色，并上传背景图片。

(6) 定义以后，还需要操作保存图表，把当前图表保存起来，才可以被看板定义时引用。

(7) 可通过图表清单功能查看当前主题下定义的图表，并进行删除操作。

(8) 作业组主题包含的内容有：作业组业务量统计表（按指定的时间维度和作业岗位展现的二维表），作业组业务量趋势图（以折线图展示作业组或岗位的业务量趋势），作业组业务量面积堆积图，作业组业务量对比图，作业组单据量分布图等等，以作业组为集合进行统计和展现的各种形式的图或表。

（四）作业人员主题定义

(1) 单击【作业组主题定义】，选择共享中心下的作业组和时间维度与时间范围，可以查看人员作业量统计表、人员驳回率统计图、人员作业量统计图和作业组作业量统计图。

(2) 选择人员作业量统计表，单击【保存图表】，修改名称为"应付组人员作业统计表"，单击【保存】，完成作业人员主题定义，作业人员主题定义如图8-6所示。

图 8-6　作业人员主题定义

(1) 确定一个共享服务中心，系统会自动根据这个共享服务中心找到已定义的作业组，然后再选择一个或多个末级作业组（代表岗位），所选作业组必须同属于一个上级作业组。

(2) 选定了当前共享中心作业组后可以定义所选作业组下各个人员的业务量统计。

(3) 定义这些统计表时,还需要确定时间维度,分别是按天、按周、按月,所谓按天,是指以每天为单位进行统计和展示,按周是指以周为单位进行统计和展示,不足一周的按整周对待,按月是指以月为单位进行统计和展示,不足一月的按整月对待。

(4) 时间范围,是指统计的时间区间,可选值为本周或本月,也可以指定近几个月的,或者自由指定查询统计的时间区间。

(5) 选择主题,即确定展示的风格与色调,系统默认了三种风格,还可以自定义主题风格,分别选择文字颜色、图形颜色,并上传背景图片。

(6) 定义以后,还需要操作保存图表,把当前图表保存起来,才可以被看板定义时引用。

(7) 可通过图表清单功能查看当前主题下定义的图表,并进行删除操作。

(8) 作业人员主题包含的内容有:人员作业量统计表(按指定的时间维度和作业人员展现的二维表,包含的指标有:通过数量、驳回数量、被驳回的数量、总处理时长 min、平均处理时长 min、驳回率),人员驳回率统计图(以柱形图展示作业人员的审批通过业务量,驳回业务量和驳回率情况),人员作业量统计图(以柱形图展示指定区间内每个作业人员的作业量),作业组业务量统计图等等,以所选作业组下的作业人员为单元进行统计和展现的各种形式的图或表。

(五) 看板管理

(1) 单击【看板管理】,选择【新增】,填写名称为"共享服务中心绩效看板",单击【保存】。

(2) 单击新增看板后的【设置】,进入看板设置界面。

(3) 单击"屏幕列表"后的【增加】,填写名称和显示时间,单击【保存】。

(4) 选择区域后单击【合并】,将相应表格拖拽至该区域后,单击【保存】。

(5) 重复第三、四步,依次在"屏幕列表"下增加"应付组01月监控""当日分组统计表""应付组业务量统计表""应付组人员作业统计表",看板管理如图8-7所示。

(6) 返回到初始界面,刷新页面后单击【看板管理】—【共享服务中心绩效看板】,即可横向滑动查看相关信息。

图 8-7　看板管理

> **提示**
>
> （1）打开看板管理后，可通过【新增】并录入看板名称和序号后，增加一组看板并对该组看板进行设置。
>
> （2）设置界面的左侧为已增加的每一块看板及排列顺序，中间为当前看板的预览效果图，右侧为待选的资源，具体为之前在各个主题定义保存的各类图表。
>
> （3）设置界面左侧的屏幕列表里增加一块看板，录入每一块看板的名称、显示时间、排列序号后，【确定】即增加一块空的看板。
>
> （4）空的看板默认以 16 宫格展现，16 宫格是最细的颗粒度，不能再细分了。一张图表只能在同一个宫格展现，不可以跨宫格展现。可以拖选相邻的四方格，进行"合并"宫格的操作，合并后的区域即可以完整地定义和展现图表，还可以对已合并的宫格进行拆分操作。通过对宫格的合并拆分，确定好当前展板的布局，就可以把右边的各种图表资源往相应的区域进行拖拽了。
>
> （5）定义好把要展现的图表后，可以选择左侧的图片确定当前展板的背景图。
>
> （6）通过预览当前展板查看实际效果，当整组看板定义好，可通过预览全部查看实际滚动效果，不满意可重新编辑修改。
>
> （7）实际展示的时候，先切换到预览的效果，然后利用 windows 连接到投影仪的功能，把当前浏览器视窗拖到另外界面上。

任务总结

财务共享作业绩效管理涉及知识点和技能点两部分内容。知识点包括财务共享作业绩效管理的含义、财务共享绩效看板价值、财务共享绩效的数据衡量标准；技能点包括综合主题定义、中心主题定义、作业组主题定义、作业人员主题定义的设置和看板管理的设置。

任务评价

表 8-6 "财务共享作业绩效管理"任务清单评价表

评价点	权重	工作任务清单	分值	得分
知识	40%	了解财务共享作业绩效管理的含义	10	
		了解财务共享绩效看板价值	15	
		了解财务共享绩效看板的规划设计	15	

(续表)

评价点	权重	工作任务清单	分值	得分
技能	30%	掌握综合主题定义、中心主题定义、作业组主题定义及作业人员主题定义的设置方法	20	
		掌握看板管理的设置方法	20	
素养	30%	小组成员之间能有效沟通、团结合作	10	
		及时发现问题,解决问题	10	
		按时、高质量完成任务	10	
总体评价			100	

任务拓展

根据本任务所学内容,完成看板监控设置。

任务二 财务共享作业质量稽核

任务情境

资料一:2023 年 3 月份,鸿途集团财务共享服务中心根据 2023 年第一季度的运营经验和所发现的问题,结合 2023 年《鸿途财务共享服务中心业务质量评价指标表》的要求,确定的稽核内容,鸿途集团共享稽核内容如表 8-7 所示。

表 8-7 鸿途集团共享稽核内容

内容编码	内容名称
A01	单据质量
A0101	单据完整性
A0102	单据准确性
A02	影像质量
A0201	影像完整性
A0202	影像清晰度

资料二:2023 年 3 月 1 日,鸿途集团财务共享服务中心根据《鸿途财务共享服务中心业务质量评价指标表》中的扣分项目及扣分分值,抽取了共享稽核的问题类型及严重程度,鸿途集团共享稽核问题类型如表 8-8 所示。

表 8-8　鸿途集团共享稽核问题类型

编码	名称	扣分标准	严重程度
AB001	扫描影像不清楚	-5	非常严重
AB002	单据影像未上传	-5	严重
AB003	原始单据不符合公司要求	-2	一般
AB004	单据匹配错误	-5	严重
AB005	单据未按照制度正确审核	-5	非常严重

资料三：2023 年 3 月 31 日，鸿途集团财务共享服务中心拟对 2023 年 3 月（1 日至 31 日）的单据进行共享质量稽核。鸿途集团财务共享服务中心 3 月总共处理了 17 家服务对象大约 1 550 张单据（假设），本次指定的抽样规则如下：

（1）总体范围：对 17 家服务对象财务组织进行平等抽样，总的抽样样本数为 78 张，即抽样比例为 5%。

（2）样本金额的范围为 15 000 元（含）以上。

资料四：2023 年 3 月 31 日，鸿途财务共享服务中心抽调资深作业组成员组成质量稽核小组，启用上述中所创建的稽核任务并进行质量稽核。

资料五：2023 年 3 月 31 日，鸿途财务共享服务中心质量稽核小组完成了全部抽样单据的稽核工作，小组负责人拟生成稽核报告向鸿途财务共享服务中心总经理进行汇报。

任务要求

打开 NCC 系统，根据资料一、二、三中的信息，以"共享中心营运管理"角色完成稽核内容定义、稽核问题类型定义及稽核任务创建和启用；根据资料四、五中的信息，以"共享中心作业组长"角色完成全部抽样单据的稽核工作，并生成财务共享稽核报告。

任务准备

一、财务共享稽核业务概述

共享稽核，是针对流入了共享中心的单据为目标范围进行的稽核，即以共享服务中心的作业任务为对象而进行的。

通过检查共享服务各个岗位人员是否按照操作规范及操作要求处理作业，加强中心所有员工的质量意识，产出符合质量保证的作业成果；同时根据检查结果不断总结、归纳发生问题原因，并提出解决办法，从而为不断完善制度和规则提供依据。

二、财务共享稽核的价值

企业利用分层抽样的技术，从共享服务处理的历史作业任务中抽取有代表性的单据，进行检查，对发现的问题进行记录，通知作业人员整改，描述整改过程，进而评估共享服务的作业处理情况,指导共享服务中心建立健全内控制度,堵塞漏洞,提高管理水平。

任务要领

财务共享作业质量稽核中,注意理解财务共享稽核的含义、财务共享稽核的价值以及稽核内容定义、稽核问题类型定义、稽核任务创建、启用的设置方法和单据抽取、单据稽核、稽核报告的生成方法。

任务实施

一、现状分析

(一) 总体描述

鸿途财务共享服务中心建成之后,共享中心会计核算质量管理主要面临以下几个问题。

1. 核算规范

共享中心服务的各成员单位管理水平及业务复杂程度存在差异化,没有一套标准、规范的核算管理办法;共享中心随着业务规模的逐步增加,新员工不断增加,各核算岗位不能按照统一的规范操作。

2. 质量检测

会计核算集中后,如何通过常规检查和随机检查相配合的方式控制核算质量;如何将监督手段与员工日常工作相结合,保证质量检测常态化和持续化。

3. 质量评价

面对上述问题与挑战,财务共享中心必须实现日常岗位操作规范、财务信息处理检查机制与管理评价的有机衔接,从组织、文化、制度、培训四个方面营造核算质量管理氛围,建立起一套完善的财务信息稽核管理体系。

(二) 需求描述

1. 范围

已生效的共享单据,能够支持抽检,结果反映到共享单据上,支持统计结果的查询。抽检时需要根据财务共享中心绩效考评方案,结合鸿途集团财务共享服务中心的业务量及资源情况设计稽核方案,并在系统中实现相关内容,出具稽核报告。

2. 稽核方案设计应考虑的因素

(1) 范围的设定(组织、交易类型、审核人、收支项目、是否抽检等)。

(2) 时间的设定。

(3) 抽检的比例。

(4) 对抽检结果的统计分析等。

二、规划设计

(一) 业务流程

财务共享服务中心稽核业务流程如图 8-8 所示,其中"整改"环节为信息系统外的线下操作。

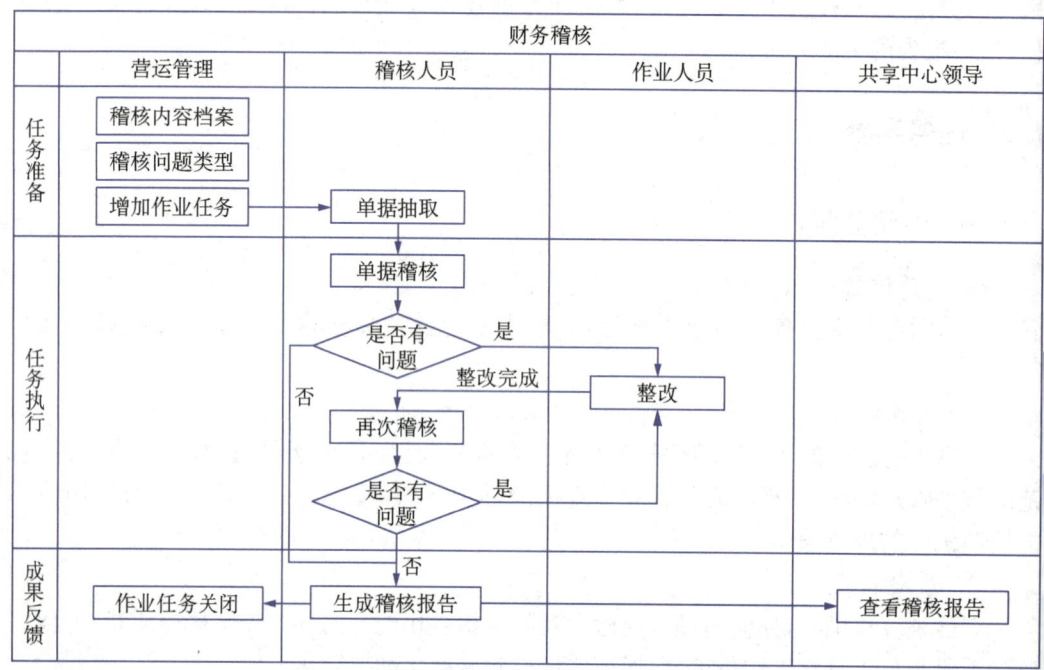

图 8-8　鸿途集团财务共享服务中心稽核业务流程

(二) 应用功能节点清单

财务共享服务中心应用功能节点清单如表 8-9 所示。

表 8-9　财务共享服务中心应用功能节点清单

领域	产品模块	应用点\功能节点
共享服务	共享稽核	稽核内容
		稽核问题类型
		稽核任务
		单据抽取
		单据稽核
		稽核报告

三、业务实操

角色分配工作由组长完成,将岗位清单中"共享中心运营管理"角色分配给小组成员,单击"开始任务"按钮。

(一) 稽核内容定义

(1) 单击【共享稽核】,选择【稽核内容】,进入稽核内容页面。

(2) 在"root 稽核内容"右侧单击"⊕",添加内容编码和内容名称,稽核内容的定义如图 8-9 所示。

图 8-9　稽核内容定义

> **提示**
> (1) 定义稽核内容时,可以设置多级档案,保存后自动启用。
> (2) 已启用的稽核内容档案可以停用,已停用的稽核内容档案不可以被稽核任务引用。已停用的稽核内容末级档案可以删除,即使该档案已被稽核任务引用;非末级档案不可以删除。
> (3) 非末级档案的停用,会把所有下级均停用,但启用时,只启用本级。
> (4) 已删除的稽核内容档案不会再显示在单据稽核界面,即使它已经被分配给当前任务。
> (5) 这是一个全局型的档案,可以被所有的共享服务中心使用。
> (6) 随着业务复杂度的提高,需要检查稽核的内容也越来越多,会导致在稽核时漏掉关键内容未检查,所以要先定义稽核的检查内容,然后再明确到任务中,在稽核时给以提醒,确保稽核的有效性。

(二) 稽核问题类型定义

(1) 单击【共享稽核】,选择【稽核问题类型】,进入稽核问题类型页面。

(2) 在"root 稽核问题类型"右侧单击"⊕",添加问题类型编码和名称,录入扣分标准,选择"严重程度",稽核问题类型定义如图 8-10 所示。

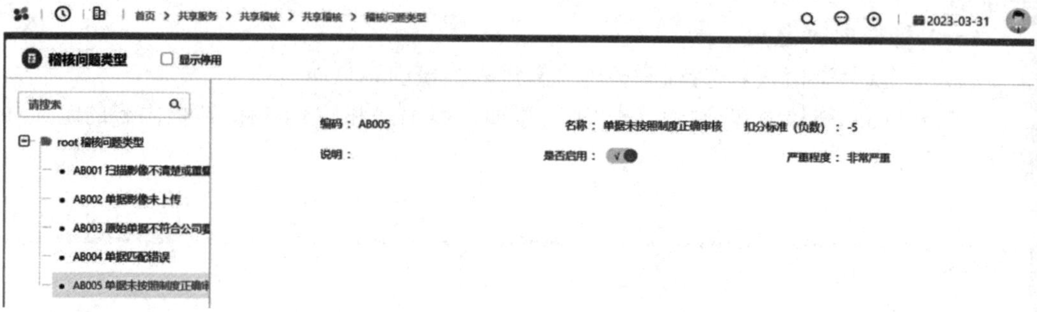

图 8-10　稽核问题类型定义

> **提示**
>
> （1）在启用稽核任务时，应先尽可能列举出可能会出现所有问题，统一规划并对这些问题进行归类，确定其严重程度和扣分值。
>
> （2）定义稽核问题时，可以设置多级档案，保存后自动启用。
>
> （3）稽核问题的严重程度系统默认为五类：非常严重、严重、一般、轻微、很轻微，不可以修改。
>
> （4）已启用的稽核问题档案可以停用，已停用的稽核问题档案不可以被稽核时选择和计算；已停用的稽核问题末级档案可以删除，但如果该档案已被稽核时选择引用，则不可以删除；非末级档案不可以删除。
>
> （5）非末级档案的停用，会把所有下级均停用，但启用时，只启用本级。
>
> （6）已被使用的稽核问题档案不可以被修改，所以应谨慎并事先规划好各类问题档案。
>
> （7）这是一个全局型的档案，可以被所有的共享服务中心使用。
>
> （8）稽核问题类型，用于在稽核时发现了问题以后，标记出该问题的类型，自动显示当前问题的严重程度，进而计算出因为该问题的出现应该扣分数，统一标准，减少稽核人员的主观性，使评价更为客观。

（三）稽核任务创建和启用

（1）单击【共享稽核】，选择【稽核任务】，进入稽核任务页面。

（2）单击【新增】，录入稽核任务参数后单击【保存】。

（3）单击【分配】，选择"包含下级""分配稽核内容"，单击【确定】。

（4）显示"分配成功"后，返回上一界面，单击【启用】，稽核任务创建和启用如图 8-11 所示。

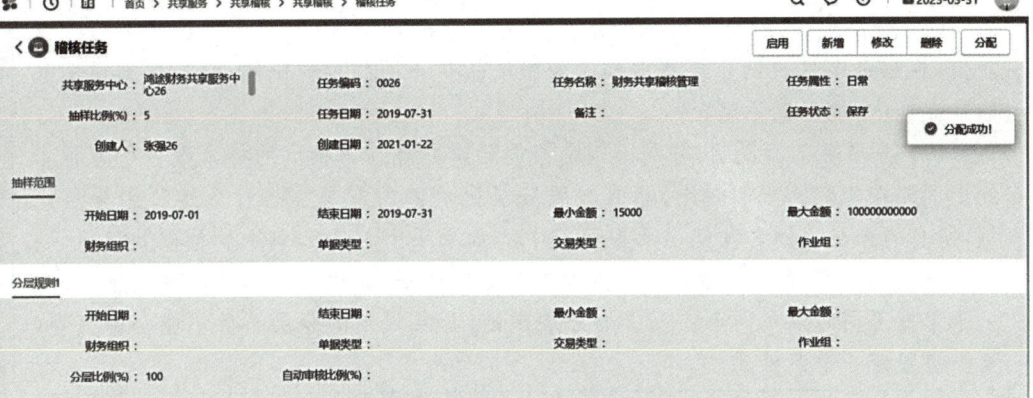

图 8-11 稽核任务创建和启用

>  提示
>
> （1）每一次稽核，需要由管理人员发起一个稽核事项，明确本次稽核包含的单据范围，比如时间区间，哪些作业组等，本次稽核要关注的重点内容等等，以及稽核以后的阶段性评价和成果汇报，这个事项的表现形式就是稽核任务。
>
> （2）稽核任务是在每一个共享服务中心下定义的，不同的共享服务中心不可以共用同一个稽核任务。
>
> （3）稽核任务定义以后，还需要给这些任务分配稽核内容，用以稽核人员在稽核时，清楚自己都要关注哪些方面。稽核内容在稽核任务保存以后可以随时分配和取消分配，只要该任务未关闭；稽核时按照最新的分配内容显示。
>
> （4）稽核任务有多个状态，稽核任务状态如表 8-10 所示。
>
> 表 8-10 稽核任务状态
>
> | 序号 | 状态 | 解释 |
> | --- | --- | --- |
> | 1 | 保存 | 任务保存或启用后的取消 |
> | 2 | 已启用 | 任务已启用 |
> | 3 | 已抽取 | 单据按照抽样范围进行了抽取 |
> | 4 | 已确认 | 对单据抽取的结果进行了确认 |
> | 5 | 已稽核 | 只要有一张单据的稽核状态为已稽核 |
> | 6 | 已报告 | 生成了稽核报告 |
> | 7 | 已关闭 | 报告审核通过后自动关闭 |
>
> （5）定义稽核任务时，必须要确定抽样范围及抽样比例，抽样范围有日期范围、组织范围、金额范围、单据范围、作业组等维度，其中日期范围是必须指定的，其他的维度可指定也可不指定；如果对稽核的单据有较高的要求，希望能尽最大可能地抽出有代表性的单据，也可以定义分层规则。

(6)分层规则,就是在大的样本总体里划分出若干区域,然后对这些区域分别对待,根据每个区域的重要程度和风险程度指定不同的抽样比例;分层规则最多只能定义五个,也可以不定义。

(7)分层规则的说明:分层比例是指按照这一规则下抽取的样本数占所有样本的比例要在指定的比例之上,除非按照分层比例的所有单据合计数达不到分层比例,所有的分层比例之和就小于等于100%,如果小于100%,剩余的抽取就随机了;如果不同的分层规则条件圈定的范围相互之间有交叉,则按照各自的规则抽取,即一张单据可同时满足两个或以上的分层规则;分层规则的分层条件不能全部为空,至少应限定一个条件。

(四)单据抽取

角色分配工作由组长完成,将岗位清单中"共享中心作业组长"角色分配给小组成员,单击【开始任务】按钮。

(1)单击【共享稽核】,选择【单据抽取】,进入单据抽取页面。

(2)选择共享服务中心、稽核任务、财务组织等信息,单击【抽取】,单据抽取如图8-12所示。

(3)待稽核的共享单据抽取后,再次单击【抽取】,选择【确认】。

图8-12 单据抽取

> **提示**
>
> (1)任务启用以后,可以进行单据抽取。
>
> (2)单据抽取就是按照当前稽核任务所定义的抽样范围和分层规则从样本总体里随机抽取单据,供稽核使用。

(3) 在当前抽取的结果未确认前,可以无限次抽取单据,下一次抽取的结果覆盖上一次的结果。

(4) 抽取结果未确认前,任务还可以取消启用;抽取结果确认后,任务不可以取消启用,也不可以再抽取单据。

(5) 未进行稽核的任务可以取消单据抽取的确认。

(6) 稽核结果同时会反馈到已抽取的单据列表中,如果想实时查看当前任务的每张单据稽核明细情况,可以在此查看。

(五) 单据稽核

(1) 单击【共享稽核】,选择【单据稽核】,进入单据稽核页面。

(2) 选择共享服务中心、稽核任务、财务组织等信息,单击【查询】,选择【稽核】,进入对应单据稽核页面。

(3) 单击【稽核】,选择"稽核问题",单击【稽核】,稽核成功。单据稽核如图 8-13 所示。

图 8-13 单据稽核

> **提示**
>
> (1) 单据抽取的结果确认以后,可以进行单据稽核。一旦开始稽核操作,单据抽取的结果可以取消确认;如果已稽核了多张单据,发现还需要重新抽取单据,则需要把每张已稽核的单据恢复为未稽核的状态,才可以取消确认,重新抽取单据。
>
> (2) 只要有当前任务的权限,多个可以同时稽核。
>
> (3) 稽核时,应参照稽核内容的提示进行稽核;可以标注稽核说明以备忘;针对无问题的单据,可以直接点"通过",当前单据自动更新为已稽核的状态。

(4) 如果发现了当前单据的一个或多个问题,则需要选择发现的问题类型,系统自动带出所选问题的严重程度和扣分标准;对当前单据严重程度的评价,自动取所选择的最严重问题的严重程度。

(5) 发现了稽核问题,如果需要整改,应线下通知共享作业人员进行整改,并对整改的结果进行检查,符合要求后,记录整改过程,并完成稽核;如果不符合要求,可以要求作业人员重新整改。

(6) 稽核时,支持根据单据列表上下翻页依次稽核;可以查看当前单据的卡片界面,联查凭证、联查影像、联查附件、联查电子发票、联查工作流、联查上下游单据等与当前单据有关的所有信息,但不可做任何修改。

(六) 稽核报告的生成

(1) 单击【共享稽核】,选择【稽核报告】,进入稽核报告页面。

(2) 选择共享服务中心等信息,单击【生成】。

(3) 选择共享服务中心和稽核任务,单击【确定】,单击【保存】,单击【审核】,生成的财务共享稽核报告,稽核报告如图 8-14 所示。

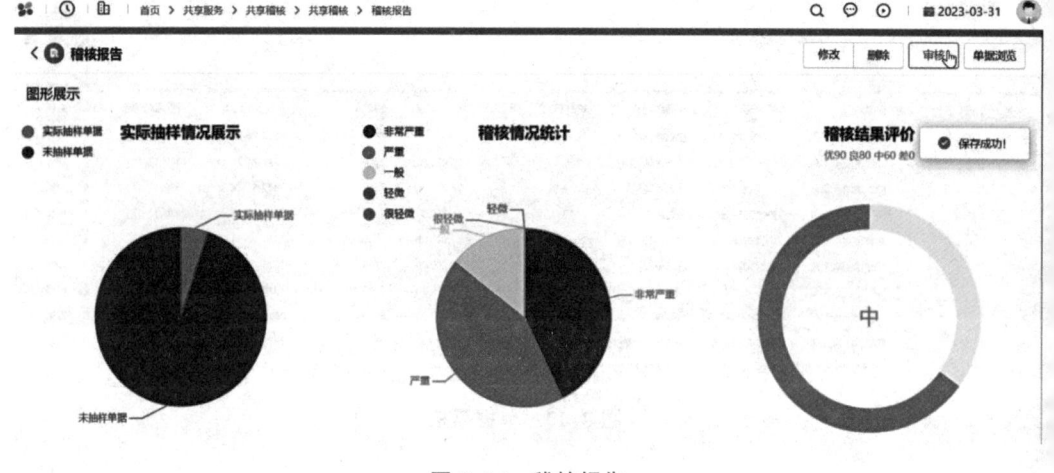

图 8-14 稽核报告

> **提示**
>
> (1) 当前任务的所有单据均已稽核后,可以生成稽核报告。
>
> (2) 生成报告时,系统会自动计算出当前任务的单据抽取情况、稽核结果情况,并根据稽核的结果自动给出一个评分(满分 100),和该评分对应的此次整个稽核任务的评价。系统默认给出的评分是可以根据对稽核情况的评价进行人工修正。稽核评分与评价的对应情况如表 8-11 所示。

表 8-11　稽核评分与评价的对应情况

序号	评分区间	稽核评价
1	90~100	优
2	80~89	良
3	60~79	中
4	59 以下	差

（3）生成的报告同时统计出各种稽核的问题，并可以按这些问题联查单据的明细情况；可以通过图形展示出抽样情况统计、稽核情况统计、稽核结果统计，一目了然，清清楚楚。

（4）生成的稽核报告需要审核后才生效，审核通过后，此次的稽核任务工作就算全部完成了，系统会自动关闭当前稽核任务。此时不再可以对当前稽核任务做任何处理和修改了。

（5）如果取消审核了当前的稽核报告，系统会自动打开当前的稽核任务。

（6）生成稽核报告以后，可以截图或打印出来送共享中心领导审阅。

任务总结

财务共享作业质量稽核涉及知识点和技能点两部分内容。知识点包括财务共享稽核的含义和价值；技能点包括稽核内容、稽核问题类型的定义，稽核任务创建和启用的设置，单据抽取、单据稽核、稽核报告的生成。

表 8-12　"财务共享作业质量稽核"任务清单评价表

评价点	权重	工作任务清单	分值	得分
知识	40%	了解财务共享稽核业务	10	
		了解财务共享稽核的价值	10	
		了解财务共享绩效稽核需求	10	
		了解财务共享绩效稽核的规划设计	10	
技能	30%	掌握稽核内容定义、稽核问题类型定义、稽核任务创建和启用的设置方法	15	
		掌握单据抽取、单据稽核、稽核报告的生成	15	
素养	30%	小组成员之间能有效沟通、团结合作	10	
		及时发现问题，解决问题	10	
		按时、高质量完成任务	10	
		总体评价	100	

 **任务拓展**

根据本任务所学内容,完成全部抽样单据的稽核工作。

 **知识巩固**

项目八　知识巩固

 **技能提升**

假设你是鸿途集团财务共享服务中心的管理层,你将如何改进服务共享服务中心的运营管理?

参考文献

[1] 新道科技股份有限公司.财务共享服务业务处理[M].北京:高等教育出版社,2021.
[2] 石贵泉,宋国荣.智能财务共享[M].上海:立信会计出版社,2021.
[3] 张洪波,李迎,翟晶晶.财务共享服务实务[M].北京:高等教育出版社,2021.
[4] 贾小强,郝宇晓,卢闯.财务共享的智能化升级:业财税一体化的深度融合[M].北京:人民邮电出版社,2020.
[5] 付建华,刘梅玲.财务共享:财务数字化案例精选[M].上海:立信会计出版社,2019.
[6] 哈默·赫什曼.端到端流程:为客户创造真正的价值[M].方也可,译.北京:机械工业出版社,2019.
[7] 陈虎,孙彦丛.财务共享服务[M].2版.北京:中国财政经济出版社,2018.
[8] 陈剑,梅震.构建财务共享服务中心:管理咨询→系统落地→运营提升[M].北京:清华大学出版社,2017.